U0457207

中国边疆安全研究

（二）

THE STUDY OF CHINA'S
BORDERLAND SECURITY
(Vol.2)

徐黎丽 / 主编

社会科学文献出版社
SOCIAL SCIENCES ACADEMIC PRESS (CHINA)

《中国边疆安全研究》（二）由兰州大学中国边疆安全研究中心资助出版

兰州大学中国边疆安全研究中心

目　录

Contents

Borderland Governance

Cross-border Ethnic Groups

"One Belt One Road" Strategy and Border Security

绪　论

作为边疆安全研究的提倡者，我们曾经提出过"边疆安全学"，出版了《边疆安全学引论》、《中国边疆安全研究》（以书代刊杂志，从 2015 年起每年只出版 1 期），发表了近 30 篇有关边疆各类问题研究的论文。但随着研究的不断深入，我们不得不对边疆研究进行深刻的反思。这些反思就成为《中国边疆安全研究》（二）出版之前的绪论。

反思之一：边疆研究范式的缺失

从历时性角度来看，中国的边疆研究始于陆疆危机，学术界最近才因海疆问题日益突出而开始重视对海疆的研究；从共时性角度来看，中国边疆研究偏重于硬边疆的研究，如如何守卫边地，如何治理边土，但对边民的重视和研究不够。也许大多数族群为农耕人的中国人善于在已有的一亩三分地上精耕细作，也善于处理因农业结成的各种社会关系，尽可能以协商、调解的方式化解近在眼前的生活纠纷，让自己在等级明确、分工精细的社会中找到自己的社会地位和生活。在此基础上形成的国家政权也如一个大家庭一样，注重对内的修炼和统治，却不擅长开疆拓土，在边疆的事务上以被动防御为主。形成的一系列治边策略也主要体现在文韬方面，如和亲、结盟、质子、以夷制夷、守中沿边，等等，在不得已的情况下才付诸武力。最能反映中国人以防治边理念的事情莫过于对边疆少数族群的态度，即如果皈依中国就欢迎，如果离开中国皈依其他国家，中国王朝也听之任之。中国的中原人只有到了土地无法满足不断增长的人口需求时才被动地向邻近的地区迁徙。这种随人口增长而进行的代际迁徙或同一代中较小兄弟的迁徙仍然遵循够种够吃的原则，最终中国人因人口不断增长而在地毯式迁徙中形成统一的多民族国家，但这只能是被动迁徙的结果，而不是有意识地开拓疆土。因此，中国人自古以来缺少对边疆的认识和经略边疆的经验，由此形成的能够指导实践的边疆理论也极为缺乏。如今当边疆出现危机时，众多的学者均想为国家边疆治理出谋划策，但限于传统和经验，受当代学术风气的影响，研究边疆的成果体现出与其他国家不同的特点。这种特点表现在与边疆相关的学科的研究中，如边疆学、边政学、边防学、边疆地理学、边疆安全学，等等。这样的研究固然重要，但如果兴起了许多研究边疆的学科，却没有出现好的理论或方法对解决边疆各种各样问题有所帮助的话，那么这些学科也将会在学术研究的长河中逐渐被淘汰。我们就以自己所提出的边疆安全学为例来说明：由于当初在边疆调研时发现边疆诸多问题都对边疆安全形成威胁，所以不同学科背景的学者们都认为有必要首先对边疆诸多问题进行具体调查研究，在条件成熟以后再提边疆安全学。但学者们的学科背景不同，在研究过程中缺乏共同认可的范式指导，因此我们在回顾历史上的治边策略和当今影响边疆安全的诸多问题的基础上，发表了题为《"边安学"刍议》的文章，后又出版了《边疆安全学引论》等著作。然而，在研究的实践过程中，我们又不得不回过头来再对边疆安全构成威胁的问题一一进行梳理。从我们本身的研究经历来看，无论哪个学科都可以从不同视角关注边疆、研究边疆，不同学科的人都努力从不同学科出发建构边疆学科，实际上都是想在研究范式上有所突破，并以此作为研究的指导，但从目前出现的这些边疆学科来看，都存在着不同程度的片面性。而现实存在的边疆诸多问题是那样的复杂和多变。因此，研究边疆存在的诸多问题，需要不同学术共同体规范明确的研究范式。在范式提出者的库恩看来："我所谓的范式通常是指那些公认的科学成就，它们在一段时间里为实践共同体提供典型的问题和解答。"① 也就是说，"范式就是某一科学家集团（科学共同体）在某一专业或学科中所具有的共同信念，这种信念规定了他们共同的基本理论、基本观点和基本方法，为他们提供了共同的理论模型和解决问题的框架，从而形成了该

① 〔美〕托马斯·库恩：《科学革命的结构》，金吾伦、胡新和译，北京大学出版社，2003，序4。转引自杨长福、幸小勤《库恩的范式理论与李约瑟难题》，《四川大学学报》（哲学社会科学版）2008年第2期，第68~73页。

学科一种共同的传统，并为该学科的发展规定了共同的方向"①。由于"一个范式就是一个科学共同体的成员所共有的东西，反过来，一个科学共同体由共有一个范式的人组成"②，那么最重要的因素就是科学共同体，"直观地看，科学共同体是由一些学有专长的实际工作者组成，他们由他们所受教育和训练中的共同因素结合在一起，他们自认为也被认为专门探索一些共同的目标，也包括培养自己的接班人"③。就边疆研究的科学共同体而言，每个研究边疆的科学共同体必须有一个公认的研究范式，否则，在具体的问题研究中就没有指导理论。在我们这些从安全角度研究边疆的共同体看来，安全是视角，研究框架是历时性和共时性、理论与实践相结合，在解决边疆诸多安全问题的基础上，凝练治边理论，但这只是一个大体的努力方向，我们仍然走在不断探索边疆研究范式的路上。

反思之二：边疆问题的界定缺失

边疆研究范式缺失的结果就是对边疆问题的界定缺失。目前在边疆具体研究方面有三种趋势。一种趋势是对边疆相关问题的研究，如民族（包括跨国民族）、宗教、边界、生态、恐怖及极端组织活动，等等。这些问题的确存在，也对边疆的安全稳定和发展具有重大的影响，但它们和边疆之间的关系如何？是不是就是边疆问题？由此引出了边疆问题的界定。这是边疆研究的第二种趋势。第三种趋势则是对某类专项问题进行研究。比如提倡边疆安全研究的学者，就从源头上的多源性、过程上的突发性、内容上的交织性、后果上的破坏性等评价指标出发，将边疆群体性事件、边界冲突、边疆重大自然与人文灾害、跨国民族移民与难民问题、周边国家关系问题、恐怖与极端组织活动上升为边疆安全问题，并分别进行具体研

① http://wenku.baidu.com/link?url=CwLsuqLcn1SLL1f3EkDcUNyj6wgNdhlfmgkrBhn6YTXJ1Gcupknk-xWDTmgm1Can0zoEUTngq-o2EBu-rqSKaYV0uLZVT2kl0nysDB3vng3，2015 年 4 月 29 日。
② 〔美〕托马斯·库恩：《科学革命的结构》，金吾伦、胡新和译，北京大学出版社，2003，第 158 页，转引自杨长福、幸小勤《库恩的范式理论与李约瑟难题》，《四川大学学报》（哲学社会科学版）2008 年第 2 期，第 68~73 页。
③ 〔美〕托马斯·库恩：《必要的张力》，福建人民出版社，1981，第 292 页，转引自杨长福、幸小勤《库恩的范式理论与李约瑟难题》，《四川大学学报》（哲学社会科学版）2008 年第 2 期，第 68~73 页。

究。边防学、边政学则从军事、政治角度界定哪些问题是边防问题，哪些问题是边政问题。可以说边疆之所以出现危机，肯定是存在着问题，但与边疆相关的问题有很多，是不是这些问题都是边疆问题，这就需要我们通过范式及具体分析和归纳来确定。但目前边疆问题的界定还没有达成共识，这就影响了我们对边疆危机的因果分析和解决。

反思之三：边疆理论的缺失

从国内外古今边疆治理策略和理论来看，有基于人与自然的关系形成的自然边疆理论，这种理论指出，基于不同生态环境造就的人类从生计到文化的不同特征，使不同自然环境的边缘地带成为国家边疆。有从本国历史角度提出的历史继承论，这在每个国家的历史上均出现过，其核心观点：祖先足迹到达的地带就是国土的组成部分，这是人类自然迁徙的结果。有从本国治边角度提出的理论，如苏联的民族自决权理论、中国的民族区域自治理论。这是对边疆多为少数民族居住地带的认同，其目的是通过对少数民族权利和义务的尊重而治理边疆。有从地缘政治角度形成的边疆理论，如麦金德的欧亚心脏地带理论、殖民主义理论、战略边疆理论、高边疆理论，等等。地缘政治其实是将各国利益放在一个局部或全球国际关系背景中考虑的结果。它注重从国家外部环境入手来看国内边疆，通过在国际关系中的博弈来达到国家利益的实现。一般来说发达国家从地缘政治入手达成的国家利益份额比较充足，发展中国家相对较少。还有以人的活动为中心而创造的边疆理论，如特纳的移动边疆理论、拉铁摩尔的互相边疆理论、德国的文化边疆理论，等等。这些理论强调人的边疆行为的能动性，给我们的启示就是治理边疆的核心在于边疆不同族群安居乐业于边疆。从以上边疆理论的梳理来看，这些边疆理论之所以能够流传并为我们所继承，主要在于它们曾经解决了历史上的边疆问题，因此它们是真正有实践价值的理论，也是可以存活下去的理论。但现在的中国，无论用老祖宗留下来的守中治边理论或现代的民族区域自治理论，均无法解决日益严峻的陆疆和海疆问题，以及未来肯定会面临的空疆问题。我们在边疆理论的研究方面，缺少与时俱进的态度和眼光，导致我们总是在边疆问题出现之时束手无策或开了"头痛医头"的偏方。由于面临新问题没有新思路和新办法，所以不能上升为治理当代中国边疆问题的新理论。

以上便是我们对中国边疆研究的反思。但这并不意味着我们对边疆研究失去信心和勇气。相反，正是因为反思，我们才能找出边疆研究中存在的问题，然后沿着分析问题和解决问题的途径，最终或许能够在前人理论和当代实践相结合、问题与范式相结合的基础上，实现边疆理论的再创造。

本期收集文章就是从理论梳理与边疆问题相结合的角度，选择了边疆理论篇、文化戍边篇、边疆治理篇、跨国民族篇和"一带一路"战略与边疆安全研究篇五个专栏，以期在不断进行问题研究的基础上，为创造边疆理论奠定基础。

边 疆 理 论 篇

中外边疆理论及其功能分析

田俊迁*

摘　要：本文通过古今中外的边疆理论及其功能的分析和对中国边疆现实的考察，指出中外边疆理论为不同时代的边疆界定提供了理论依据；为谋求各国利益提供了理论指导；为解决边疆具体问题提供了解决方案。

关键词：中外边疆理论　功能

近年来，中国陆疆、海疆危机不断出现，迫切需要进行边疆具体问题和边疆宏观理论的研究，以便为国家解决边疆问题提供理论指导和解决方案。但由于各国利益与边疆息息相关，边疆诸多问题与地缘政治、国际关系及各国内政相联系，难以形成统一的边疆理论体系，所以边疆诸多问题一直成为困扰各国且有时成为影响各国生存与发展的大事。中国自古以来就有自己的治边方略，但不同王朝因为边疆问题不同而采取了不同的战略和策略，且一直停留于治边的行为层面，从理论上进行系统梳理的成果不多。因此，当面临全球化对国家边疆带来的挑战时，中国对纷纷涌现的边疆问题有些应接不暇。本文从梳理国内外公认的边疆理论入手，论述这些理论在解决边疆问题方面的功能。

一　国外边疆理论

国家时代的边疆问题一直是困扰国家的重要问题之一。综观国外传播较广的边疆理论，大多为发达国家的边疆理论，这些理论内容不同，但均

---

*　田俊迁，兰州大学历史文化学院副教授。

有自己的独到之处。下面分别论述。

（一）欧洲边疆理论

欧洲是边疆理论的发源地和集大成者。这不仅因为欧洲列强是地理大发现后首先遇到殖民地国家边疆问题的国度，也因为欧洲在古老的罗马帝国和后来的众多小国边疆治理中积累了解决边疆问题的经验与教训，并最终将其上升为各种各样的理论。得到广泛认同的边疆理论　　　。

欧亚心脏地带理论。这一理论是欧洲相对成熟的边疆理论之一，其代表人物是麦金德。早在 1904 年，他在《历史的地理枢纽》（Geographical Pivot of History）一文中将世界划分为三个区域：一是欧亚大陆中心的由草原和沙漠构成的内陆区域，二是由围绕欧亚大陆的边缘陆地形成的包括德国、奥地利、土耳其、印度和中国在内的"内新月形地带"，三是由近海岛屿、南北美洲、澳大利亚等构成的"外新月形地带"，由海路可以到达，被称为边缘地带。① 其中，"欧亚大陆中心的内陆区域是一个巨大的天然要塞，三面（除西面外）山系环绕，且河流主要流入内陆湖泊或北冰洋，因而历来系海上人无法到达的区域"。② 然后他又"根据历史上欧亚大陆中心地带的游牧民族对边缘地区的压力程度，将古典时代后的历史划分为三个时期，即前哥伦布时代、哥伦布时代、后哥伦布时代"。③ 其中在前哥伦布时代，欧洲不断受到来自内陆中心草原的游牧民族的威胁；哥伦布时代的新航路的开辟使欧洲得以从海上迂回到游牧民族的后方，从而抵消了中心地带的战略优势；在后哥伦布时代，技术发展使欧亚大陆中心地区同边缘地区的力量对比再次发生了根本的变化。于是他得出结论："欧亚大陆上那一片广大的、船舶不能到达，但在古代却任凭骑马牧民纵横驰骋而今天又即将布满铁路的地区，不是世界政治的一个枢纽区域吗？"④ 后来他将其改称为心脏地带，并在地理范围上有所扩大。扩大的方向是："一则向南扩展到中亚细亚山

---

① 张世明：《拉铁摩尔及其相互边疆理论》，《史林》2011 年第 6 期，第 165～177 页。
② 张世明：《拉铁摩尔及其相互边疆理论》，《史林》2011 年第 6 期，第 165～177 页。
③ 张世明：《拉铁摩尔及其相互边疆理论》，《史林》2011 年第 6 期，第 165～177 页。
④ Halforg J. Mackinder, "The Geographical Pivot of History," *The Geographical Journal*, 23 (1904): .

地，一则向西扩展到黑海和波罗的海水域"。① 后来他的这一理论就成为美国地缘政治学家尼古拉斯·斯皮克曼的战略名言："谁控制陆缘地带，谁就能统治欧亚大陆；谁统治欧亚大陆，谁就能控制世界。"②

德国的国家空间有机体理论。这是德国地理学家拉泽尔（Friedrich Ratzel）的边疆理论。他认为，"国家作为一个可以不断生长的空间有机体，首都是其头脑、心脏与肺腑，边疆是它的末端器官，生长的地域就成为它的四肢，公路、铁路、水道则是它的循环系统"。而由于地理、政治扩张是运动中物体的所有特性，因此国家边疆交替地前进扩张和倒退收缩，其"目的是建立国家而征服空间"。③ 在此基础上，"纳粹德国的地缘政治学理论曾提出过'人为边疆'，豪斯霍弗等人把'人为边疆'又称为经济的、军事的、防御的、文化的、司法的边疆"。④ 可见边疆是以人为中心的综合地理、政治、文化、军事等各个方面的国家边缘地带。

英国的殖民地边疆理论。英国在"一战"之前是世界上拥有殖民地最多的国家，对殖民地的统治是这一理论产生的前提。我们从这一理论的代表人物寇松有关控制殖民地的话语中可以理解其理论内容。他"强调了解远东各国边疆、边界的迫切性，建议英国的外交部、印度事务部搜集有关的资料，为以后的外交决策服务"。"一战"之后，随着英属殖民地的不断瓦解，寇松非常关注日益脆弱的英帝国边疆，特别是英属印度的持久安全，主张以更加有力的前进政策加以维护，为防范俄国革命之火蔓延，他提出一条临时的苏波边界线——"寇松线"，⑤ 把应属于波兰的一切地区都划归波兰。由此可见，殖民地边疆理论是为英国进行殖民统治服务的理论。

西欧的"维达尔传统"与欧洲一体化的边疆理论。"维达尔传统"是欧洲走向一体化的思想和理论基础。它既强调地理研究的整体性，

---

① 张世明：《拉铁摩尔及其相互边疆理论》，《史林》2011 年第 6 期，第 165～177 页。
② 张世明：《拉铁摩尔及其相互边疆理论》，《史林》2011 年第 6 期，第 165～177 页。
③ 刘从德：《地缘政治学：历史、方法与世界格局》，华中师范大学出版社，1998，第 43～48 页。
④ 董欣洁：《冷战期间西方边疆理论的发展》，《中国边疆史地研究》2005 年第 2 期，第 22～30 页。
⑤ Geoffrey Parker, *Western Geopolitical Thought in the Twentieth Century*, 1985, 33。

又关注地缘政治学中的人文主义精神。以此为基础，法国的地缘政治学家"认为只有开放的而不是隐藏在高墙后面的社会才能产生高度的文明"。① 这一学说为欧洲近现代一体化行动奠定了思想基础。可以说强调地缘、弱化欧洲各国边界是欧洲当代边疆理论的核心。

（二）美国边疆理论

美国边疆理论随着美国国家利益的不断外延而变化。以下五个边疆理论不仅反映了美国不同时代对边疆的认识，也体现出美国的全球战略。

移动边疆理论。这是特纳的美国本土边疆理论。特纳认为"1890年前美国边疆是不断移动、变化着的"②，他认为边疆促进了美国民族性的形成，"边疆使美国民族摆脱'旧社会'的思想束缚，使美国社会有着强烈的'拓荒者'的精神"。③ 可见对于美国本土边疆，特纳强调人在边疆中的重大能动作用。

"新边疆"理论。这是肯尼迪政府时期随着美国科技发展出现的边疆理论，即"利用美国先进的技术和强大的经济实力去开拓新的领域，迎接新的挑战，在空间技术上赶超苏联，并在其他领域保持美国的领先地位"。④ 这一理论主要是与苏联争夺制空权，为巩固其世界霸主地位服务。

"高边疆"理论。继肯尼迪政府的"新边疆"理论之后，里根政府时期以格雷厄姆为首的美国研究小组又提出了"高边疆"理论。这一理论的核心是"保护性战略防御"体系。"这是一种分层的战略防御体系。由天基防御系统、覆盖面更广的天基保护系统、陆基点防御系统和民防系统等四个层次构成"。⑤ "高边疆"理论有其独特的军事和经济目标，"其军事目标就是美国的战略防御计划，即改变核均势的局面，抢占太空的战略控

① 董欣洁：《冷战期间西方边疆理论的发展》，《中国边疆史地研究》2005年第2期，第22~30页。

② Frederick Jackson Turner, *The Frontier of American History* (New York: Henry Holt and Company, 1920), 1–38, 311–334。

③ 孙宏年：《相对成熟的西方边疆理论简论（1871~1945）》，《中国边疆史地研究》2005年第2期，第12~21页。

④ 董欣洁：《冷战期间西方边疆理论的发展》，《中国边疆史地研究》2005年第2期，第22~30页。

⑤ 朱听昌、刘菁：《争夺制天权：美国"高边疆"战略的发展历程及其影响》，《军事历史研究》2004年第3期，第115~126页。

制权，使苏联的核武库失去作用，确保美国及其西方盟国单方面的生存。其经济目标是开发和平利用太空的商业能力，也就是把太空工业化"，① 即美国通过"高边疆"理论达到最大限度开发利用太空资源和抢先占领太空空间的目的。

"新帝国"边疆理论。美国乔治敦大学教授约翰·伊肯伯里从七个方面总结了"新帝国"理论的内容：第一，维持美国的单极霸权世界；第二，对全球性的威胁以及如何应对这些威胁做出全新的分析；第三，先发制人去进攻是唯一有效的消灭威胁的办法；第四，重新确定"主权"的含义，因为恐怖分子没有主权的约束；第五，各种多边合作机制是对恐怖分子做出迅速反应和打击的制约因素；第六，在反对恐怖威胁方面，美国需要发挥直接和不受任何约束的作用；第七，美国传统的现实主义和自由主义战略已无法解决美国当前面临的安全问题。② 由此可见，"新帝国"边疆理论是美帝国主义思想的充分体现。

"利益边疆"理论。"新帝国"边疆理论直接催生了"利益边疆"理论。此种理论认为，要保证国家的安全，必须使自身的"利益边疆"远远大于"地理边疆"。③ 正如于沛所说："利益边疆回答的是国家利益的范围，战略边疆则是回答国家利益的战略要求。国家利益是主权国家制定内外发展战略的基本依据。在全球化时代，国家利益日益呈现全球化趋势，这样，维护国家主权有两方面的意义，一是维护领土边疆；另一是维护国家的利益边疆或战略边疆"。④ 也就是说，美国可以随时根据国家利益需要而进入任何一个有地理边疆的国家。

（三）沙俄－苏联－俄罗斯边疆理论

恢复世袭地产论。这是沙俄早期向外扩张的借口，因为扩张必须

---

① 董欣洁：《冷战期间西方边疆理论的发展》，《中国边疆史地研究》2005 年第 2 期，第 22～30 页。

② G. John Ikenberry, "America's Imperial Ambition," *Foreign Affairs*, 81（2002）44 – 60。于沛：《经济全球化和现代西方边疆理论》，《云南师范大学学报》2009 年第 5 期，第 1～12 页。

③ 于沛：《经济全球化和现代西方边疆理论》，《云南师范大学学报》2009 年第 5 期，第 1～12 页。

④ 于沛：《经济全球化和现代西方边疆理论》，《云南师范大学学报》2009 年第 5 期，第 1～12 页。

涉及沙俄的边疆，所以借恢复世袭地产的名义扩大疆土就成为其边疆理论。沙俄政府认为他们"所要恢复的世袭地产包括两方面，一是作为留里克王朝的继承人要恢复祖传'世袭地产'，二是作为罗马帝国继承人要恢复第三罗马"。① 在此理论指导下，沙俄的疆域不断扩大。

浩罕继承论。19 世纪末，沙俄为侵占我国萨雷库勒岭以西的帕米尔地区，又提出"浩罕继承论"，这一理论是恢复世袭地产论的延续。"沙俄谎称这些地区历史上属于浩罕，浩罕又被沙俄侵占，沙俄因此有权继承这些地区。"② 结果由于我国清朝政府腐败无能，使这些地区成为沙俄的疆土。

民族自决权理论。十月革命后，以列宁为首的苏维埃政府在批判沙俄边疆政策及理论的基础上，提出解决边疆问题的"民族自决权"理论。这种理论的实质是：把反对资本主义的革命斗争同实现一切民主要求的革命纲领和革命策略结合起来；民族融合才是民族自决权的归宿；民族自决权的行使必须通过体现绝大多数人意愿的合理或合法途径，脱离压迫民族，成为独立国家；联邦制是适用于当时俄国及其沙皇统治下的被压迫人民及被压迫民族解放的，并在新中国成立后作为实行充分的民主集中制的唯一道路。③ 让边疆各族人民自己选择自己的归属，实行的结果是边疆各族人民自愿加入苏维埃政权。

缓冲与突破理论。冷战期间苏联的边疆理论在总体上可以概括为缓冲与突破。所谓缓冲是指"苏联在边疆外围建立一系列的缓冲地带以保障自身安全"。所谓突破是指"尽可能冲出西方的包围圈，在欧亚大陆的边缘得到新的突破口；也通过在世界各地建立苏联的军事基地，扶持亲苏政权和进行经济、军事援助等方式在全球扩展苏联的影响，并与美国争霸"。④ 这突出地表现在海疆方面。早在冷战初期，苏联海洋战略的指导思想只限

---

① 黄盛璋：《驳无耻的浩罕继承论——中俄关系史论文集》，甘肃人民出版社，1979。转引自孙宏年《相对成熟的西方边疆理论简论（1871～1945）》，《中国边疆史地研究》2005 年第 2 期，第 12～21 页。

② 黄盛璋：《驳无耻的浩罕继承论——中俄关系史论文集》，甘肃人民出版社，1979。转引自孙宏年《相对成熟的西方边疆理论简论（1871～1945）》，《中国边疆史地研究》2005 年第 2 期，第 12～21 页。

③ 尚伟：《列宁的"民族自决权"理论及其意义》，《马克思主义研究》2011 年第 12 期，第 49～54 页。

④ 叶自成主编《地缘政治与中国外交》，北京出版社，1998，第 124 页。

于近海防御。20 世纪 50 年代中期，苏联改近海防御为远洋进攻。到 60 年代中期，苏联远洋进攻的海洋战略最终形成。[①] 70 年代至 90 年代，苏联的边疆理论仍沿袭缓冲与突破的传统，"在冷战的正面战场欧洲搞缓和，在侧翼的亚非地区进行扩张，采用迂回手段谋求世界霸权"。[②] 从后果来看，苏联的边疆理论收到了极好的拓土效果。苏联解体后，俄罗斯继续实施这一理论。

二　国内边疆理论

(一) 西方中国边疆理论

近代以来，一些西方学者致力于中国边疆研究，并创建了有关中国边疆的理论。其中集大成者为拉铁摩尔和费正清。

互相边疆理论。这是美国著名汉学家拉铁摩尔的理论。他认为，"长城边疆地带是草原部落团结与分裂循环的一个因素，也是中国王朝兴亡循环的一个因素。中国主要的核心利益需要一种封闭的经济、一种自给自足的社会和一个绝对的边疆，但边疆的内在本质所包含的力量会使边境倾向草原，这种情况强迫整个中国全力以赴维护该边境，边疆地区的局部利益使绝对边疆的理想模型的边缘变得错综复杂，使其无法将中国和亚洲内陆两个世界截然分开。中国农业和社会的进化，对草原边境民族产生压力，从而促进真正草原社会。在这个意义上，游牧循环至少有一部分是中国循环的结果。另一方面，游牧社会一经形成后，游牧循环所造成的力量使之能够以独立的形式影响中国的历史循环"。[③] 由此可见，他不仅从边疆来解释中国历史和亚洲内陆边疆社会，而且根据亚洲腹地农耕文明与草原文明间互动往来的拉锯状态，将双方交汇之边疆视为这两种文明的黏合剂，从而提出中国内地王朝与草原游牧社会在历史循环中构成互相边疆。

冲击－反应模式。这是美国另一位中国通费正清的中国边疆理论。他长期致力于中国东南沿海通商口岸外贸历史研究。他的研究结论是："西

---

① 董欣洁：《冷战期间西方边疆理论的发展》，《中国边疆史地研究》2005 年第 2 期，第 22～30 页。

② 刘德斌主编《国际关系史》，高等教育出版社，2003，第 454 页。

③ 张世明：《拉铁摩尔及其相互边疆理论》，《史林》2011 年第 6 期，第 165～177 页。

欧是内源式经济增长，此后向世界其他地区扩张。近代以来的世界历史确实是以西方为中心展开的。没有西方扩张这一'外生变量'，古老的中国将一直维持传统状态。因此中国现代化的模式是西方冲击、东方反应的'冲击－反应'模式（Impact－Response Model）"。① 即中国作为国家的发展，是欧洲扩张冲击的被动结果，好像与中国内部几千年的发展无关。因此有人评价费正清的"冲击－反应"模式体现了一种"外因决定论"。② 但正因为西方列强的入侵，中国首先受到冲击的区域就是陆疆和海疆地区，所以这也是西方有关中国的边疆理论之一。

（二）本土边疆理论

古代守中治边理论。中国古代中央王朝治边思想的核心是"守中治边""羁縻四夷""德泽洽夷""守在四夷"。③ 比如"不以蛮夷而劳中国""欲理外，先理内""治安中国，而四夷自服"④ 等话语就是这种思想的反映。在这种边疆思想的指导下，古代中央王朝常视边疆为代表异己文化的异邦或蛮狄，以自身为华夏正统，制定治边的方略，如"以蛮夷攻蛮夷，中国之长算"⑤"以藩为屏""以夷治夷"⑥"亦无常法，临事制宜，略依其俗"。⑦ 关于具体的治边措施，则有羁縻之治、土官土司治策、改土归流、和亲、盟誓、纳质、教化、互市、屯田等。正如方铁所说："有向边疆地区的移民、设治、驻兵、进行军民屯田；与边疆地区的蛮夷和亲及盟誓；在边疆地区实行羁縻政策与军事镇守相结合的统治方法；要求边疆蛮夷纳质与定期朝贡，利用互市等经济手段羁縻与控制边疆蛮夷；开发边疆地区，汲取其资源和产品为己所用等"。⑧ 在处理边疆冲突时也提出了"合纵

---

① 张世明：《拉铁摩尔及其相互边疆理论》，《史林》2011 年第 6 期，第 165～177 页。
② 张世明：《拉铁摩尔及其相互边疆理论》，《史林》2011 年第 6 期，第 165～177 页。
③ 方铁：《古代"守中治边"、"守在四夷"治边思想初探》，《中国边疆史地研究》2006 年第 4 期，第 1～8 页。
④ 司马光：《资治通鉴》卷一百九十三《唐纪九》"贞观三年十二月"条，中华书局，1956。
⑤ 刘煦等：《旧唐书》卷一百九十四上《突厥传》，中华书局，1975。
⑥ 方铁：《古代治理边疆理论与实践的研究构想》，《社会科学战线》2008 年第 2 期，第 130～136 页。
⑦ 范晔：《后汉书》卷八十七《西羌传》，中华书局，1965。
⑧ 方铁：《古代治理边疆理论与实践的研究构想》，《社会科学战线》2008 年第 2 期，第 130～136 页。

连横""远交近攻"等应用于战争的策略。由于西北自古以来就是边事居多的地方，所以历朝历代对西北边疆尤为重视，正如宋人王象之所言："朝廷御边，重西北而轻东南。"① 这主要源于古代的疆域主要以陆疆为主，而西北陆疆的安宁与否，直接关系中心在长安的国家安全。

民族区域自治理论。这是中国共产党根据中国国情解决边疆问题而创造的理论。其主要内容是：第一，建立民族自治地方。民族区域自治是在中华人民共和国领土之内，在国家的统一领导下，执行统一的宪法，以少数民族聚居区为基础的区域自治。一切民族区域自治的地方，都是中华人民共和国不可分割的一部分。第二，设立自治机关。民族区域自治是少数民族人民的自治，是少数民族当家做主、自己管理自己的内部事务。自治机关是我国人民民主专政在少数民族地区的具体体现形式，是国家统一领导下的一级地方国家政权。第三，行使自治权。自治机关依法行使自治权，管理本民族、本地区事务。民族区域自治的核心是自治权的行使。② 由于绝大多数少数民族聚居边疆，所以民族区域自治理论就成为中国当代解决边疆问题的指导思想。

不同边疆学科中的边疆理论。"边疆学"的发起人、中国边疆史地研究中心的马大正教授认为，边疆学的使命就是研究边疆危机中的各种问题。他认为，鸦片战争之后出现过边疆研究的两次高潮。"第一次，是在鸦片战争后，资本主义列强用鸦片和大炮敲开了闭锁的清帝国大门，一系列不平等条约的签订导致西北、东北、西南边疆相继出现严重危机，以魏源、何秋涛、夏燮、梁廷楠、曹廷杰等为代表的具有爱国主义思想的地主阶级学者深感大清帝国国运日落，为捍御外侮、巩固边防，乃发愤潜心地进行边疆研究。他们的著作至今仍不失警世之用。这一研究发展的势头至清末而不衰。第二次，是在本世纪 20 年代至 40 年代，一批接受资产阶级史学理论与方法的中国学者，痛心深重的民族危机，希冀通过边疆问题研究，抒发国人爱国热忱。他们孜孜耕耘，取得了令世人瞩目的成果。一时学人辈出，学术团体和刊物如雨后春笋，用群星灿烂形容此时研究发展盛

---

① 王象之：《舆地纪胜》卷一《广南西路门》，中华书局，1992。
② 金炳镐：《中国民族区域自治理论要点概说》，《中国民族教育》2007 年第 10 期，第 22 ~ 24 页。

况，并不为过。"① 因此边疆危机促使人们关注和解决边疆问题。"边政学"② 的边疆理论主要体现在"边疆的出现从来就带有明显的政治色彩，而理论界提到边疆政治学高度的实践过程并不长久，就是因为现代民族国家的定型和现代世界格局的形成在上个世纪中叶才完成。只有当边疆政治的特殊地位在整个社会政治经济文化生活中的作用突出后，理论体系的产生才是不可避免的。但对古老的中国来说，近代以来频频出现的疆域危机，就已经促使中国知识分子中的有志之士开始从边疆政治的高度去思考边疆危机的政治经济原因"。③ "边防学"认为，边疆与领土、边界、边境等概念是边防理论的基本范畴，边防学"是一门研究国家边境防卫、边境管理、边防建设活动基本规律，并指导边防实践的综合性应用性军事学科"。④ 从"边防学"的视角看，我国的陆疆有东北边疆、北部边疆、西北边疆、西南边疆；我国的海疆有黄海海疆、东海海疆和南海海疆；我国的空疆则包括陆地领土的上空和海疆上空的广大空域。鉴于中国近代边防指导思想的失误，导致中国近代边防的全面危机，新中国成功实行了军事强边、政治安边、经济兴边、屯垦戍边、科技固边战略。⑤ "边安学"则认为边疆作为一个国家的特定地域，维护安全是国际首要任务。安全不仅是作为国家实体的物理边界安全，更是为国家守边的各族人民的人身安全和心理安全。此说注重全球化背景下当代中国边疆的非传统安全问题及其引发的各类危机，注重根据以"和谐"为目标探索边疆地区安全治理的规律与模式。⑥

三　中外边疆理论的功能分析

首先，中外边疆理论为不同时代的边疆界定提供了依据。当人类早期

---

① 马大正：《当代中国边疆研究者的历史使命》，《中国边疆史地研究》1992 年第 2 期，第 13～14 页。

② 1942 年，吴文藻先生发表《边政学发凡》，最早提出"边政学"概念，该文阐述了边政学的目的及重要性；提出了边政学的性质、内容与有关学科的关系，初步形成了边政学的框架体系。《边政学发凡》一文刊于 1942 年《边政公论》第 1 卷。

③ 吴楚克：《建设当代中国边疆政治学应有的理论思考》，《中央民族大学学报》2003 年第 6 期，第 15～20 页。

④ 李星主编《边防学》，军事科学出版社，2004，第 13 页。

⑤ 李星主编《边防学》，军事科学出版社，2004，第 142～177 页。

⑥ 余潇枫、徐黎丽：《"边安学"刍议》，《浙江大学学报》（人文社会科学版）2009 年第 5 期，第 5～18 页。

生活局限在埃及、巴比伦、中国和印度时，人类向往的是文明的中心而不
是边疆，因为那时人类作为地球物种之一只是生活在适合人类生长的地
区。随着人类数量不断增长，不仅地球上适合人类居住的地区已经全部被
人类占据且划界，而且不适合人类生存的太热或太冷的地球表面也因人类
具有文化的力量而改造成适合人居的地区并划界，这样就出现了边疆。
"从这个意义上看，边界或边疆问题从一开始就具有政治性。边疆是一种
发展的概念。边疆概念和理论具有鲜明的时代性。"①　而边疆的政治性和时
代性是边疆理论产生的前提，也是边疆或边界概念产生的前提。在陆疆时
代，"谁控制了欧亚大陆，谁就掌握了世界"的麦金德陆疆理论就成为欧
亚大陆不同国家划界的依据。但由于陆疆时代的国家经历了人类不同生产
方式的转变，其中"农业社会中的国家发展，大多以自然边疆为基础，而
在工业社会，人类大范围频繁交往逐渐形成一种制度和潮流。自工业革命
以来，人类社会在物质生产方式、生活方式、思维方式、行为方式和交往
方式等方面，与农业社会相比都发生了质的变化，国家利益迅速向更大的
地缘'势力范围'延伸，在其直接影响下国家的战略控制线往往会超越边
界"。②　其结果就是地理大发现后的海疆时代的到来。在海疆时代，出现了
"领海"或"海疆"的问题，"曾经两次出任美国海军学院院长的马汉，
在认真总结和研究人类历史上的海战及其影响后，1890 年撰写了《海权对
历史的影响》，强调'制海权决定了一个国家的国运兴衰'，创立其影响人
类历史进程的海权理论"。③　而他的海权理论则为海疆界定奠定了基础。在
空疆时代，"领空"被纳入国家主权的范畴。空军战略理论家意大利人杜
黑（1869～1930）"在 1921 年出版的《制空权》一书中提出：天空比海洋
更重要，战争取胜的关键是掌握制空权；制空权包括空中交通控制权和空
中作战成功两部分"。④　20 世纪中期以后，随着太空航行、星球探测等技

① 董欣洁：《冷战期间西方边疆理论的发展》，《中国边疆史地研究》2005 年第 2 期，第22～30 页。
② 于沛：《从地理边疆到"利益边疆"——冷战结束以来西方边疆理论的演变》，《中国边疆史地研究》2005 年第 2 期，第31～38 页。
③ 于沛：《从地理边疆到"利益边疆"——冷战结束以来西方边疆理论的演变》，《中国边疆史地研究》2005 年第 2 期，第31～38 页。
④ 于沛：《从地理边疆到"利益边疆"——冷战结束以来西方边疆理论的演变》，《中国边疆史地研究》2005 年第 2 期，第31～38 页。

术日益成熟，拥有这些高科技的美、苏（俄）等大国首先提出高边疆、战略边疆等理论，这就为天疆或空疆的界定奠定了基础。我们从现有的一些边疆概念的界定和分类中就可以看出边疆理论对边疆界定的重大影响。比如有人认为："边界包括陆地边界、海上边界、空中边界、地下边界，甚至还有一些对国家利益来说十分重要的无形边界。边疆就是由这些真实的或无形的线所组成的面。"① 一些疆域的观念也与边疆理论有关。比如"陆疆、海疆、空疆的观念自出现以来就与国家的利益密不可分，并对国家生活发生重要的影响。冷战期间，第四种疆域——'天疆'，也就是太空边疆的观念开始出现"。② 经由理论指导的边疆概念又通过法律手段得到确定和认可。比如"'二战'之后，国际法明确规定，国家领土是指完全隶属于国家主权下的地球空间部分，也就是指主权国管辖之下的全部国家疆域，由领陆、领海、领空和领底土（底层领土）组成。它在组成部分上增加了'领底土'，而在领土构成要件上则取消了'宗主权、保护或委任统治'与主权的同样重要性"。③ 1982 年通过的《联合国海洋法公约》也规定："海域种类包括领海、内海、群岛国的群岛水域、毗连区、专属经济区、大陆架、公海、国际海底区域和用于国际航行的海峡。"④ 空疆也以条约的形式得到公认。"空间边界涉及内层空间和外层空间。国家主权只能及于领土之上的空气空间，不能达到外层空间。1967 年签署的《外层空间条约》等条约指出：外层空间是对全人类开放的空间，是全人类的共同继承财产，是共有物而不是无主物，各国均可探索和利用，但必须是为全人类谋福利，任何国家、组织不得通过任何方式提出主权要求，禁止将外层空间用于军事和战争目的。"⑤ 如今随着信息化时代的到来，"谁掌握了信息，控制了网络，谁就将拥有整个世界"。于是，"信息边疆"就成为继陆

---

① 董欣洁：《冷战期间西方边疆理论的发展》，《中国边疆史地研究》2005 年第 2 期，第 22 ~ 30 页。
② 董欣洁：《冷战期间西方边疆理论的发展》，《中国边疆史地研究》2005 年第 2 期，第 22 ~ 30 页。
③ 王铁崖、田如萱编《国际法资料选编》，法律出版社，1982，第 496 ~ 497 页。
④ 董欣洁：《冷战期间西方边疆理论的发展》，《中国边疆史地研究》2005 年第 2 期，第 22 ~ 30 页。
⑤ 董欣洁：《冷战期间西方边疆理论的发展》，《中国边疆史地研究》2005 年第 2 期，第 22 ~ 30 页。

疆、海疆、领空和太空之后的"第五边疆"。① 这种界定与认可也是信息边疆理论指导的结果。因为"谁能占有信息社会，谁就能称雄全球以至整个宇宙。不难预料，占有或垄断信息资源，必会成为世界各国的奢望，攫取信息资源赖以生存的信息空间以拓展各自的信息疆域，必会成为世界各国的战略目标"。② 同样，利益边疆理论也是利益边疆概念兴起的前提。"经济全球化的深入发展，使作为经济全球化载体的跨国公司四处安家，国际垄断资产阶级对'利益边疆'的追求也愈加狂热"，③ 利益边疆理论随之成为西方大国寻求利益边疆的实践指导。

在中国，守中治边的理论也是中国古代人边疆概念形成的基础。正如方铁所言，中国古代边疆有如下几个特点："其一，古人多以'华夷'不同文化分布的差异、区域经济开发的强弱等作为划分核心地区与'边疆'的分野。主要为蛮夷所控制、经济显然落后于核心地区的僻远之地，通常被认为是边疆乃至徼外。其二，封建王朝的疆土范围，不同时期不仅常盈缩改变，而且封建王朝与其他政权实体之间，疆界多存在犬牙交错的情形，或因双方拉锯争夺及长期对峙而产生大小不一的缓冲地带，这些犬牙交错与属于缓冲地带的区域，通常也被视为边疆。其三，封建王朝对边疆及徼外蛮夷多实行'来则纳之，去则不追'，鼓励朝贡以收羁縻之效的政策，历代还有一些他国商旅假托使节朝贡以邀厚利，而封建王朝多视为其国归附的象征，并赐朝贡者以名号及财物，因此封建王朝'边疆'的范围，有时含混甚至迷茫难知。"④ 正是这种古代边疆认识和理论的含混，才使得中国古代陆疆的概念也比较模糊。边疆理论对边疆概念及其界定的指导作用由此可见一斑。

其次，为谋求各国利益提供理论指导。这是人类选择以国家作为普遍生存保障的必然结果。"地理大发现"使传统亚欧大陆国家边疆发生改变。它"不仅促进了世界各地区的联系，而且加速了世界各国的解体与重组。

① 黄立军编《信息边疆》，新华出版社，2003，第13页。
② 黄立军编《信息边疆》，新华出版社，2003，第23页。
③ 于沛：《经济全球化和现代西方边疆理论》，《云南师范大学学报》2009年第5期，第1~12页。
④ 方铁：《古代治理边疆理论与实践的研究构想》，《社会科学战线》2008年第2期，第130~136页。

在亚、非等地的帝国衰落之后，民族国家逐渐成为主导的地缘政治形式，成为地缘政治中的实体。它们之间为争夺土地、人口等资源，进行了长期争战。近代边疆理论正是在这样的时代背景下形成与发展的"。① 而近代边疆理论也恰恰反映了各国利益所在。因为"从近代主要的资本主义民族国家的兴起过程来看，重商主义往往借助强大的王权作后盾，掠夺殖民地、扩大对外贸易。16 世纪开始的商业战争是新兴的英、法、荷兰等国家与西班牙和葡萄牙争夺商业霸权而发生的，其目的即在于争夺欧洲以外尚未被占领的土地或海域。重商主义推动了资本主义的殖民扩张，造成了全球格局和世界版图的重大变动，也因之推动了各国边疆以及领土、疆界等变动"。② 经过几个世纪的国家历史的变动与发展，全球化代替国家化成为人类社会生存与发展的主流。但全球化与国家化之间既有联动也有矛盾。为了在全球化过程中保护本国利益，西方军事理论家认为：必须使自身的"利益边疆"远远大于"地理边疆"。③ 因此利益边疆理论就为西方国家维护自己国家利益提供了理论指导。美国近代以来出现的任何边疆理论都是为了在全球化的背景中谋求本国的利益。比如克林顿时期的美国国务卿奥尔布赖特之所以把世界上的国家分成 4 类，即"国际体系内的国家""过渡国家""失败国家"和"无赖国家"，就是为推行美国霸权主义的强权政治提供理论依据，为日后的某一天对这些国家实施打击奠定基础。④ 新帝国理论更是西方国家对全球化时代国家利益的保护。比如 2000 年意大利学者安东尼奥·奈格里与美国学者迈克尔·哈特合著的《帝国——全球化的政治秩序》一书指出："我们已经见证了经济和文化方面交流的不可抗拒、不可扭转的全球化。伴随全球市场和生产的全球流水线的形成，全球化的秩序、一种新的规则的逻辑和结构，简单地说，一种新的主权形式正

---

① 章永俊：《西方近代边疆理论的初步发展》，《中国边疆史地研究》2005 年第 2 期，第 1 ~ 11 页。

② 章永俊：《西方近代边疆理论的初步发展》，《中国边疆史地研究》2005 年第 2 期，第 1 ~ 11 页。

③ 于沛：《从地理边疆到"利益边疆"——冷战结束以来西方边疆理论的演变》，《中国边疆史地研究》2005 年第 2 期，第 31 ~ 38 页。

④ 于沛：《经济全球化和现代西方边疆理论》，《云南师范大学学报》2009 年第 5 期，第 1 ~ 12 页。

在出现。帝国是一个政治主体，它有效地控制着这些全球交流，它是统治世界的最高权力。"作者强调，"新的全球的主权形式就是我们所称的帝国"，帝国"真正地统治了整个'文明的'世界。没有国界限定它的统治权"。"帝国的出现又是和民族国家正在衰落的主权，以及它们对经济、文化交流不断减弱的控制力联系在一起的。"① 在这种边疆理论的支撑下，美国政府从 2002 年 9 月 20 日开始"放弃了以前在全球事务中的多边政策，正式采取了一种帝国姿态，即基于帝国主义和帝国价值、带有神权政治弦外之音的所谓的'布什主义'"。② 由此可见，任何边疆理论都是国家利益的直接或间接反映。

最后，为解决边疆具体问题提供解决方案。中国古代的治边方略就是中国古代边疆问题的解决之策。比如"古人认为中国是世界文明的中心，王朝的核心区域与其他地区之间的关系，其密切的程度依距离的近远而逐渐递减：古人重视对边疆乃至徼外的'蛮夷'进行羁縻与教化，不同于西方常见的武力征服与广征赋税。封建政治家考虑治边方面的问题，较重视国际通道的畅通与安全，注意边疆诸地域板块以及统治中心之间的关联，这些都表明他们十分重视并较熟悉边疆地区的地缘政治关系"。③ 熟悉中国历史的拉铁摩尔之所以以中国边疆作为研究对象，其主观意愿是为西方解决中国边疆问题服务，如他在《中国的亚洲内陆边疆》中这样写道："19世纪末，在帕米尔高原、喀喇昆仑及西藏探险的诱因之一，就是害怕那里有一条可供炮兵及运输车辆使用的通道。这种恐惧消除之后，东北边疆可以说是死的，而唯一的要求就是要维持这个死的状态。只要中俄两国的势力能够被摒于这个地区之外，英国便可以保持沉默，一年可以节省几百万英镑的军费。"④ 由此可见其主观目的是为英国提供国家战略服务。海疆和

① 〔美〕迈克尔·哈特、〔意〕安东尼奥·奈格里：《帝国——全球化的政治秩序》，杨建国等译，江苏人民出版社，2005，第 1~4 页。
② 〔英〕瓦西利斯·福斯卡斯等：《新美帝国主义》，薛颖译，世界知识出版社，2006，第 15 页。
③ 方铁：《古代治理边疆理论与实践的研究构想》，《社会科学战线》2008 年第 2 期，第 130~136 页。
④ Owen Lattimore, *Inner Asian Frontiers of China* (New York: American Geographical Society, 1940), 236。

空疆理论的出台也是为了解决地球的海洋和太空问题。比如 17 世纪初意大利学者真提利斯"提出了国家领土包括毗连的海域的主张，由此领海的概念开始形成，从而将海洋区分为领海和公海。但领海范围应有多大，却众说纷纭，莫衷一是。3 海里说、6 海里说、8 海里说、12 海里说、100 海里说是这一时期的主要观点。1782 年，意大利法学家加利亚尼根据宾克舒克的理论以及当时火炮射程约 3 海里的事实，提出了领海宽度为 3 海里的主张。第一批接受这个限度的国家是美国和英国，后来，法国、日本、荷兰、比利时等不少国家的领海都采用了这一宽度，因为它既维护了沿海各国陆上的安全利益和一定范围内海洋利用和控制的权利，同时又不妨碍各国在 3 海里以外的海洋自由活动"。① 以后随着海洋和太空在人类生活中地位的提高和人类对海洋天空可控能力的提高，1944 年签订的《国际民用航空公约》就规定："本公约所指一国的领土，应认为是在该国主权、宗主权、保护或委任统治下的陆地区域及其邻接的领水"，缔约国承认"每一国家对其领土上空具有完全的和排他的主权"。② 随后《芝加哥公约》《国际航班过境协定》《国际航空运输协定》进一步明确了各国空中疆界"沿领陆、领水的疆界垂直划定，对其领陆、领水之上的空间有完全、独享的主权"。③ 有了海疆和空疆理论的支持，各国的海疆和空疆问题得以在全球背景中解决。因此边疆理论为解决边疆一些具体问题提供了依据。

---

① 章永俊：《西方近代边疆理论的初步发展》，《中国边疆史地研究》2005 年第 2 期，第 1 ~ 11 页。

② 王铁崖、田如萱编《国际法资料选编》，法律出版社，1982，第 496 ~ 497 页。

③ 孙宏年：《相对成熟的西方边疆理论简论（1871 ~ 1945）》，《中国边疆史地研究》2005 年第 2 期，第 12 ~ 21 页。

论中西方边疆研究的差异性对中国边疆研究的启示

摘　要：从中西方学者涉及边疆的研究成果来看，西方边疆研究偏向理论及观点的论证，如相互边疆理论、"冲击－反应"模式、心脏地带理论、高边疆理论等；中国边疆研究则偏向学科的建构，如边疆学、边政学、边防学、边安学等。这种差异性对解决中西边疆问题产生了不同的影响。笔者认为，边疆研究首先从边疆具体问题入手进行历时性与共时性相结合的研究，在解决边疆诸多问题的基础上，形成对边疆问题的共识和解决方案，进而提升为中国边疆理论，这是当前边疆研究的方向。

关键词：中西边疆研究　差异性　启示

边疆，是一个含义较广的概念，随着社会的发展而不断被注入新的内涵。中西关于边疆的研究有一些相同之处，如都有实证主义、相对主义和社会进化论的观点，都强调地理环境对边疆人生存方式的影响等，但是双方在边疆研究中的旨趣及方向的差异性还是非常明显的。

一　中西边疆研究的差异性

（一）研究视角

由于历史文化传统、思维方式相异，中西方边疆研究在视角方面有很大的不同。

---

*　徐黎丽，兰州大学民族学研究院、中国边疆安全研究中心教授；卫霞，兰州大学西北少数民族研究中心 2013 级博士生，甘肃省委党校副教授。

1. 解释学视角的差异：内部主义与外部主义

西方边疆学说中，特纳的边疆学以美国本土西进运动解释美国历史，是美国式的内部主义，或称西方中心主义。[①] 拉铁摩尔更是以一种内部主义视角审视中国的亚洲内陆边疆社会，将中国内地王朝的农业社会与草原游牧社会的历史循环相联系，分析两种文明交错拉锯的状态，提出相互边疆理论，从边疆来解释中国历史。[②]

中国边疆研究受到历史唯物主义的影响，研究者认为边疆是历史的产物，不同的历史时代有不同的边疆观，边疆概念以地理自然边界为基础，运用解释学的外部主义，用历史来解释边疆。

2. 经济学视角的差异：经济因素与非经济因素

特纳的边疆学说，肯定了西部廉价自由土地对于美国农业经营方式、移民流动的作用，提出著名的"安全阀"理论。[③] 拉铁摩尔在分析内蒙古边疆部落的历史地理功能时，提出"贮存池"的说法。费正清"冲击－反应"模式所分析的中国东南沿海外贸历史，都离不开经济学的视角。今天西方学者对利益边疆的重视与研究也是经济学视角的运用。

而中国边疆学研究者多是分散主题研究，不把中国边疆作为独立研究客体从经济视角去分析。治边注重对四夷的礼俗教化，不同于西方国家对边疆的贸易往来和征服。整个国家也固守"重道轻商"的价值理念，不注重边疆地区生产力和经济发展对国家的影响。

3. 运动学视角的差异：动态与静态

西方边疆学研究处于运动中的各种联系，从学术的角度看，特纳第一次用一种学术理论论证了美国的价值体系。他认为美国历史是对西部边疆文明拓殖的周而复始的运动。拉铁摩尔则分析了中国中原农耕文明与边疆游牧文明相互接触、相互影响的动态过程。

---

① 特纳 1893 年发表《边疆在美国历史上的重要性》，他认为："直到现在为止，一部美国史在很大程度上可以说是对大西部的拓殖史。一个自由土地区域的存在及其不断的收缩，以及美国定居地的向西推进，可以说明美国的发展。"参见杨生茂《美国历史学家特纳及其学派》，商务印书馆，1984，第 3 页。

② 〔美〕拉铁摩尔：《中国的亚洲内陆边疆》，唐晓峰译，江苏人民出版社，2010，第 26～27 页。

③ Frederick Jackson Turner, *Rise of the New West* (New York：1906), 68。

中国边疆学者始终研究静态，注重以史为鉴，对中国历史上的疆域变迁、边疆制度、边疆政策、边疆民族问题进行边疆舆地学、边政学以及边疆史地研究。所以现代中国边防学有国家边界线内绝对主权原则的静态认识。

4. 人的精神视角的差异：以人为本与以物为本

西方边疆研究注意到边疆人的品格和精神对文明的塑造。特纳极力阐述边疆人在边疆环境中行为方式的样态和西进运动形成的美国特性。[①] 这正是拉铁摩尔边疆论的学术渊源，但拉铁摩尔的视野比特纳更广阔，更关注政治事件及普通大众在历史中的作用。

中国边疆研究以物为本，20 世纪 40 年代的边政学把边疆作为客体来研究，注重边疆治理，却忽视边民的主体地位，边政研究被批评为"见物不见人"。[②] 的确，中国边疆研究长期以来更为注重疆域沿革、历朝历代对边疆地区的治理和经营制度以及边疆地区地形地貌的描述与分析。

5. 地理学视角的差异：地理环境决定论与边疆史地

西方边疆学说，包括"冲击 - 反应模式"、心脏地带理论等都是研究国家的对外国防外交战略决策与地理环境的相互关系。特纳提出"地域论"，指出自然环境对边疆人心理状态的决定因素。[③] 拉铁摩尔也自称其心脏地带理论的学术理论来源于地理政治学，并深受特纳影响。今天西方边疆研究仍然注重地理研究的整体性，坚持考察对象应当是地理区域而非国家。

中国清末兴起边疆地理学，亦称边疆史地，俞正燮考订清代边疆的记载，魏源、张穆撰、何秋涛等是边疆史地的开拓者。西学东渐后，林耀华的边疆研究更进一步，称边疆包括"环境、人、文化三要素"。[④] 当代学者马大正等提出的边疆学仍然以边疆史地为基础。[⑤] 总体而言，中国边疆研

---

① 也有观点认为，特纳所宣称的边疆促进了个人主义的理论是错误的，因为在许多方面边疆生活都需要合作、相互依赖、互相帮助；特纳过分强调短暂的农村历史而无视城市化进程，过分强调农业形态的个人主义而忽视了工业社会的集体协作行为。参见杨生茂《美国历史学家特纳及其学派》，商务印书馆，1984，第 124 ~ 125 页。

② 罗崇敏：《中国边政学新论》，中央民族大学博士学位论文，2006，第 6 页。

③ 杨生茂：《美国历史学家特纳及其学派》，商务印书馆，1984。

④ 林耀华：《边疆研究的途径》，《边政公论》（第 2 卷），1943，第 27 页。

⑤ 马大正：《略论中国边疆学的构筑》，《新疆师范大学学报》（哲学社会科学版）2013 年第 5 期，第 1 ~ 12 页。

究的考察对象是以国家为标准，史、地未作为整体来考虑，20世纪30年代才注重环境对边疆形成的作用。正是由于中国边疆学者的史地知识背景，所以大多偏重于具体的史地叙述而不善于抽象，因此被批评缺乏理论体系和不注重学说生产也就不足为怪了。

6. 实用主义视角的差异：功利主义与经世致用

西方边疆学的实用主义，强调历史与现实的联系，功利主义色彩浓厚。① 西方认为学者应该带着现时代所决定的兴趣从事研究。

中国边疆研究也强调研究的实用性，例如构建"边政学"的学科目的就是实现对边疆和边民的控制。19世纪末边疆学术发展史的流变，是以"经世致用"的学术理想与政治密切联系为主线的。因此中国边疆学者致力于构建学科，致力于政学两界形成共同的"文化自觉"，去推动中国边疆政治改良。

7. 战略视角的差异：西方中心与汉族中心

西方边疆研究注重用西方中心来考察地区性的历史。费正清提出的"冲击－反应"模式，认为中国变革必须借助西方的冲击，否定了中国社会内在变迁的可能性。英国学者麦金德，从全球战略角度提出的心脏地带理论，② 实质上都是西方中心论。资本主义的全球商贸也需要全球眼光的西方中心主义视角。

中国边疆研究大多是以中原汉族为中心研究周边地区和民族的，较为典型的例证，如边政学就是相对于"内政"而提出的。古人认为中国是世界的中心，地理区域的重要性依与中心距离的近远而递减。研究停留在古人治边方面的认识与边疆各民族所建立的局部政权方面，例如，"远交近攻""以藩为屏""以夷治夷"这些策略充分反映了中原汉族中心观念下

---

① 特纳指出"无论作为一门锻炼思想，还是作为扩大我们对现在的伟大之处的认识的学科，历史研究都有其实用性。"参见〔美〕特纳《历史的意义》，《世界史研究动态》1986年第12期，第8～11页。

② 麦金德认为世界历史基本上是草原游牧民族与边缘农业民族反复斗争的过程，蒙古人在欧亚大陆心脏地区建立帝国。从地理角度看，欧亚大陆心脏地是天然要塞，沿海地区易于受到来自心脏地区的攻击并对沿海国构成威胁。"一战"结束后，麦金德又重申了其"心脏陆地"理论。"二战"中，麦金德对"心脏陆地"理论做了重要修改，论述苏、英、美合作反对德日法西斯的态势。参见〔英〕麦金德《历史的地理枢纽》，商务印书馆，1985。

的正统历史叙事。

（二）研究方法

1. 多学科的方法运用：综合性的研究方法与单一的方法

特纳主张从多角度来研究边疆，强调地理和经济因素对社会历史发展的推动作用。而拉铁摩尔，使边疆研究上升到综合性与整体性高度。注重运用与自然科学类似的方法，运用各学科间联动的方法。

中国边疆学研究缺乏整合，以往的边政学研究始终缺乏基础理论的支撑，研究中国边疆某一方面问题者多，进行学科整合研究者少。大多是解决现实某一问题的单项研究，话语集中在治乱得失、边政改良方面，对促进边疆的整体理论提升研究不够。

2. 系统分析方法：创立学说与构建学科

西方注重形成完整系统化理论。比如，特纳发表了一系列论文和专著，形成"边疆学说"。由拉铁摩尔的系统化研究成果形成"相互边疆学说"，麦金德的"心脏地带理论"，费正清的"冲击–反应模式学说"等。

而20世纪30年代以前，中国只有边政方面的策论文章。40年代创立以杨成志、吴文藻、马长寿、徐益棠等学者为代表的边政学学科，[1] 研究分散，没能形成内涵丰富的边疆学说。20世纪80年代起，马大正主张筹建边疆学学科，吴楚克提出建立边疆政治学学科，[2] 徐黎丽、余潇枫从非传统安全问题的视角提出边安学，[3] 军事院校提出边防学。[4] 笔者认为"先学科后学术"的中国思维模式，可能是源自如下因素：学而优则仕的优良传统使学者习惯在体制下从事研究的选择，或者说是学术话语建构中的学术权力与资源因素运作最优的选择，学以致用的理想追求和研究成果转换所必须依赖的中国自上而下贯彻命令的行政高效的选择，使学者不得不

[1] 吴文藻：《边政学发凡》，《边政公论》1942年第5、6期合辑。

[2] 吴楚克：《试论中国边疆政治学与边政学、民族学的关系》，《云南师范大学学报》2008年第4期，第54~58页。

[3] 余潇枫、徐黎丽：《"边安学"刍议》，《浙江大学学报》（人文社会科学版）2009年第5期，第5~18页。

[4] 由乌鲁木齐陆军学院编撰的我国第一部《边防学》最近问世，从而填补了我国军事科学体系的一项空白。《边防学》包括边防理论、边防建设、边防法规、未来边防等12章，共计40多万字。参见范青《我国首部〈边防学〉由乌鲁木齐陆军学院编撰问世》，新华网，2003年7月29日。

依赖于"国家监护型"的学科研究范式。

3. 阶级分析法：相对阶级观与绝对阶级观

马克思主义学说也对美国边疆学界产生了影响：特纳忽视了阶级斗争和工业化对美国民族性格的影响。拉铁摩尔的《中国简明史》和费正清的《美国与中国》都带有阶级论的烙印。拉铁摩尔将阶级分析的观念扩展到对边疆局势的解读。费正清的"冲击-反应"模式把政治学、经济学和社会学的基本原理简单化后用于分析中国边疆各阶级间的对抗斗争和相互关系。这几种边疆学说总体而言可归于相对阶级观。

中国早期边疆学者认为，社会等级关系以文化分尊卑，维护阶级现状，不讨论阶级产生的原因，例如，羁縻制度和土司制度。新中国成立后以马克思主义为指导，反对西化学说，边疆研究一度停止，20 世纪 80 年代恢复研究后，阶级分析方法是最主要的方法，甚至一度有唯阶级论的嫌疑。近年来提倡创立有别于西方资产阶级的、中国特色的边疆学科和理论体系，例如中国边疆学、中国边疆政治学等，比较而言似乎阶级论意识较强。

4. 批判与反思的方法：修正与颠覆

西方学者习惯对习以为常的知识采取批判的态度，不把自己关于世界的知识看作一种客观真理。批评者指出，特纳关于边疆促进了美国和欧洲的民主的观点，正是缘起于东部的改革而非边疆地区的民主实践决定了美国式的民主。特纳也接受批评并不断修正完善自己的边疆假说。拉铁摩尔也曾自言其边疆理论的两点不足，"过多地论述了入侵和征服"和"较少地评价中国内部的发展过程"并在之后的研究中自觉矫正。① 费正清晚年也对自己的观点不断修正，在《中国新史》一书中，他认为西方的冲击能影响中国的进程，但不能决定中国的前途。特纳、费正清、拉铁摩尔等都以灵活务实的态度对待既存的边疆社会现象和理论资源，进行长期大量的实证性经验研究，为学说的理论上升积累基础。

中国学者自汉代以来坚守"天不变道亦不变"的真理。正如费正清所

---

① 〔日〕毛里和子：《论拉铁摩尔》，张静译，樊守志校，收入中国社会科学院近代史研究所编《国外中国近代史研究》（第 5 辑），中国社会科学出版社，1983，第 52 页。转引自张世明《拉铁摩尔及其相互边疆理论》，《史林》2011 年第 6 期，第 165～177 页。

看到的清朝面对西方的冲击反应迟钝毫无思想准备，社会治理从来缺乏批判和自我批判的精神，学术亦是如此。中国不是一种现实，而是一种模式。直至清末西方文明对中国意识形态领域的强烈冲击，使龚自珍、魏源等人关注于中国西北边疆地区，放弃天下观念开始反思甚至导致了中国人最终对传统文化的全面批判。可见中国学者的批判是非此即彼，非对即错的。乃至学科建设也要泾渭分明，要么边政学要么边疆学，等等，学科倡导者纷纷提出自己的主张。

（三）研究结果

1. 关于边疆的认识方面

（1）西方强调经济边疆

西方边疆学说中，特纳强调"边疆"在美国历史上的意义，认为边疆促进了美国特殊的民族性的形成，塑造了美国社会"拓荒者"的精神，边疆是美国式民主的产生地，边疆为美国社会发展提供了"安全阀"，比较关注边疆的经济意义；拉铁摩尔描述了中国边疆社会的内外互动场景的经济边疆；费正清强调海洋对陆地边疆的经济冲击。这些观点都体现了对经济边疆的看法。

（2）中国强调文化边疆

吴文藻认为"文化上的边疆包括民族的边疆和技术未达农耕阶段的边疆"。[1] 李安宅认为"文化边疆以地形的边疆作基础"，"粗放游牧未至农工阶段者才算是边疆"。[2] 马长寿也认为边疆政治的实施要尊重不同民族的文化。[3] 当代的边疆学、边安学也都是从文化上解读"边疆"。边疆研究的主要命题是人怎样适应积累塑造文化环境，文化环境又怎样影响人类。

2. 现实影响

（1）美国的殖民扩张

特纳边疆学说，为美国开拓海外殖民地和势力范围以及制定扩张政策

---

① 吴文藻：《边政学发凡》，《边政公论》1942 年第 5、6 期合辑。

② 李安宅：《边疆社会工作，边民社区实地研究》，《〈仪礼〉与〈礼记〉之社会学的研究》，上海人民出版社，2005。

③ 马长寿：《人类学在我国边政上的应用》，周伟洲、马长寿主编《民族学论集》，人民出版社，2003。

提供了理论依据，美国推行以强大军事实力为后盾的外交政策，实现"美洲是美国人的美洲"。① 特纳的边疆假说由美国西部的边疆转向西方世界的"边疆"，特纳认为美国的历史就是边疆开拓，地域间的冲突就是发展的动力。拉铁摩尔强调亚洲对于"二战"的重要战略意义，② 现代美国学者马汉提出海权理论，③ 意大利空军战略理论家杜黑提出制空权理论，④ 高边疆战略口号的提出等皆是美国战略扩张的需要。⑤ 20 世纪中期后，与太空防御战略系统相连的天疆概念，与跨国网络相连的信息新大陆与信息边疆，⑥ 边疆观的每一次发展，都与西方大国的扩张梦想相伴相生。

（2）中国边疆学的筹边谋防

在列强侵华，救国图存的时代背景下，中国边疆研究始终贯穿着经世致用的爱国主义情怀。中国边疆外交谈判中不断割地赔款的现实，要求中国的学者改变过去那种脱离现实埋首故纸堆的研究思路，而边疆学者最初的目的就是介绍历史的边疆地理，让人们了解我们祖先留下多少土地，使"卖国变得不容易"。现代则提出政治安边、经济富边、科教兴边、边防强边的治理模式。中国在"边疆认知空间"的争夺上，一直以防御为主。

---

① 威尔逊推行的对外政策、罗斯福的"新政"中的许多重要法案，如《国家产业复兴法案》和《农村经济调整法案》都是以"美国边疆已消失"为思想基础，"寻找为我们过剩生产重建国外市场"，将特纳的领土扩张理论改变为工业扩张学说，积极筹建北大西洋合约组织。肯尼迪在"新边疆"的口号下，渲染"拓荒者精神"，致力于"开拓"由赤道稍北一直往南的拉丁美洲、非洲、中东和亚洲。

② 拉铁摩尔在《中国的亚洲内陆边疆》中这样写道："19 世纪末，在帕米尔高原喀喇昆仑及西藏探险的诱因之一，就是害怕那里有一条可供炮兵及运输车辆使用的通道。这种恐惧消除之后，东北边疆可以说是死的，而唯一的要求就是要维持这个死的状态，只要中俄两国的势力能够被摒于这个地区之外，英国便可以保持沉默，一年可以节省几百万英镑的军费。"参见张世明《拉铁摩尔及其相互边疆理论》，《史林》2011 年第 6 期，第 171 页。

③ 马汉在 1890 年就强调制海权决定了一个国家的国运兴衰。参见〔美〕马汉《海权对历史的影响》，安常容、成忠勤译，中国人民解放军出版社，2014。

④ 杜黑 1921 年提出天空比海洋更重要，战争取胜的关键是掌握制空权，制空权包括空中交通控制权和空中作战成功两部分。参见〔意〕朱里奥·杜黑《制空权》，曹毅风、华人杰译，中国人民解放军出版社，2014。

⑤ 格雷厄姆在 1982 年春以研究报告的形式递文里根政府，其基本出发点是充分利用美国的技术优势开拓宇宙空间"战略高地"，与苏联在这个新战场展开一轮新的竞争以求压倒对方的空间优势。参见韩彬《"高边疆"战略与格雷厄姆》，《世界知识》1985 年第 14 期，第 22 页。

⑥ 美国未来学家托夫勒说："谁掌握了信息，控制了网络，谁就将拥有整个世界。"参见黄立军主编《信息边疆》，新华出版社，2003，第 13 页。

二 中西方边疆研究的差异性对中国边疆研究的启示

（一）问题启示

1. 从西方边疆学说的新观念，重新认识中国边疆概念

特纳认为边疆开发史是各个器官在反映变化环境时发生演变和适应的历史，即一种新的政治物种的起源的历史，强调研究历史事件发生的社会力量和社会事件对社会的影响，提出西部不仅仅是一个区域而是一种社会形式。

尽管西方以特纳为代表的边疆学说具有特定时代色彩和某种政治倾向，但仍可启发中国治边实践研究将边疆作为一种"社会形式"的研究思路。

2. 从西方边疆学说的新视角，重新看待边疆对民族精神的塑造

美国的边疆学派突出边疆对于美国特性构建的重要性，中国可资借鉴，重新评价边疆对中华民族的精神塑造。孙中山提出"驱除鞑虏，恢复中华"的口号，促使民族意识觉醒，强化了中国边疆学在各民族一体观念之下的研究。这一历史转变固然是受爱国热情激发所致，同时也是西方社会学说和边疆学说影响的结果。启发我们从汉文化辐射的"边缘"探寻民族精神的塑造，改变了中国古代从汉文化的"核心圈"来研究中国边疆社会关系的思考模式。突破区域观念在中西对照中探讨中国民族的精神，沟通中国同世界的对话和比较。

（二）方法启示

1. 提倡研究的批判和反思

近代随着西学东渐，以魏源、何秋涛等学者为代表的边疆史地研究是对历史研究方法的一次批判和反思。20世纪40年代边政学是对边疆史地的批判，之后的边疆学、边安学也在一种批判与反思中前行。当代学者在边疆民族认同、边疆范围、研究框架、方法论、解释论方面都在不断反思。

2. 运用学科综合的方法

拉铁摩尔的研究建立在实地考察和调查的基础上。费正清的研究则颇注重对档案资料的研究。几种学说都从边疆的角度综合各种方法，研究中国边疆历史建立理论的思路对中国边疆学术话语认知或多或少是有启迪意义的。

中国边疆研究方法主要根据史地材料研究治边传统和边疆政策，而较少关注深藏其中的内在改变及其机制。探讨由表及里，不太深究发展的内因与内部关联，更关注事物外貌，所以研究多采用单一方法。20 世纪 40 年代的边政学已开始学习西方边疆学研究方法，注意社会学和人类学方法的综合运用。今天随着学科发展，拓展研究对象，提出新方法论体系，多视角研究、跨学科复合交叉应用价值研究，借鉴社会学的调查研究、政治学的制度理论分析、经济学的全球经济发展的比较研究的综合研究方法已成为潮流。

3. 多视角的问题提出与回答

在西方研究的启发下，回溯中国几种边疆研究的转变过程，从概念、历史书写到文化展示，具有多元演进趋势。研究的领域开始朝纵深方向发展，政治与文化实践，民国及帝国时代的"民族话语"延伸研究也开始具有广泛的跨境色彩和地域意义，从时间、空间上得到了相应的拓展。中国学者不再以中国边疆研究为唯一视角，提出跨文化比较问题、学术自由主义立场表达问题、西方理论与中国实践问题等等，表现出视问题提出与回答为己任的学术热忱和责任。

（三）理论启示

1. "移动的边疆"的理论启示

虽然身处不同社会背景的学者提出了不同的研究命题，但是美国西部边疆区域斗争与地理位置不断变化的"移动的边疆"理论，仍然对研究中国边疆文化和中国西部大开发有启示意义。新时代的中国边疆研究，结合民族学理论并把握中国的发展方向，发展国内各民族文化，重新认识边疆对民族精神和性格的塑造。

2. 从发展的边疆学中寻找启示

在西方边疆学说的启示下，从中国角度而不是西方角度出发来研究中国边疆，关注中国边疆发展的轨迹。结合今天的各种新兴边疆学说，从发展的边疆学说和以发展的眼光研究中国边疆。对西方各种新旧边疆理论进行全面分析，用比较的叙述形式将现场观察和已知的事实融合在一起，进而给出巩固民族基础及稳定边疆的理论支撑和可能路径。

三　中国边疆研究的方向探索

（一）具体问题研究

边疆作为国家特殊利益的处所，本文试图结合高位"安全"路径和低位"发展"路径来选取具体问题研究。

1. 边疆民族问题与社会问题的关联

市场经济、城镇化使边疆少数民族依靠传统生计方式无力支付较高的生活成本。为避免社会物质期望落空，他们不得不选择在当地发展工商业和外出打工，这又造成留守儿童、农村养老和文化传承危机，最后因为教育水平、职业技能和文化适应困难边疆少数民族沦为城市贫民，越来越被市场边缘化，其实诸如教育、资源、生态、就业等这些民族问题同时也是最普遍的社会问题。

中国各民族"大杂居、小聚居"，很多民族都有迁徙的传统。改革开放以来，边疆少数民族和民族地区人口大规模双向流动。在迁入地形成的边疆少数民族流动人口新社区，使少数民族聚居区的人口结构变化，而且人口越离散，文化意识反而越增强。内地汉族也因为援建、经商、开发等原因流动到边疆少数民族地区。[①] 民族流动人口的管理也是社会问题和难题。

2. 边疆民族的国家认同与文化多元性

国家因无法实现自身安全，通过向其人民承诺安全得以合法化，国家可以保证自身作为一个"强迫性认同"的持续存在，认为民族问题解决的前途在于边疆少数民族认同汉族并主动做出同化选择。"社会主义改造"使边疆的国家认同程度大幅提高，之后新中国的民族政策实践结合政治权威，进一步强化了国家认同。客观而言，无论是蒋介石政府的国族主义还是新中国政府"超民族性"国家主义价值观，都符合当时少数民族边疆社

---

① 中国政府门户网站（www.gov.cn）数据显示：中国西部地区少数民族人口占全国少数民族人口的比重，已经由1982年的77.64%下降到2000年的71.27%；民族8省区少数民族人口占全国少数民族人口的比重，由69.59%下降到61.16%，而同时期中东部少数民族人口占当地人口的比重由2.07%增加到3.36%。

会"解放"和"进步"的文化意义和普遍诉求。

但是当代全球化带来的个体竞争和文化多样性反而使民族个体成员精神上的民族归属需要更强烈。因为民族个体认为民族间的界限是固定不变的，成员无法改变自己对于族群身份的认同，否则个体可能会面临来自所属族群的道德压力。另外，主体感受发生了变化，原来具有道义感召力的话语现在反而受到了质疑，例如民族政策中"帮助"一语，被少数民族解读成对其国民主体地位的轻视。所有这些要求承认文化多样性并肯定边疆民族文化多元主义。

3. 跨境民族问题与边疆安全的关联性

边疆民族极少数人只认同族群不认同国家，妄图"民族自决"，向哈萨克族人鼓吹"回归历史祖国"的新移民政策，这些问题与社会、政治、经济、环境安全问题叠加，使我国西北跨境民族的国家认同与国家边疆稳定直接相关。跨界民族国家意识的养成教育之间的矛盾和冲突，边疆地区经济差异，意识形态、社会组织形式、生活方式的稳定性差别，所导致的政治化尖锐表现，是边疆研究不能回避并亟待解答的问题。

（二）问题解决方案

这一部分试图分析民族问题的本质和提供解决问题的思路和方法。

1. 文化戍边的边疆问题解决路径

文化戍边是少数民族定居者和内地移民在边疆长期生活中形成的一系列适应自然又使边疆秩序井然的多元文化形态和这些文化元素基于价值判断而升华的理想和信念的文化体系。[①]

其一，边疆民族的特殊性始终是"文化"，以及由于文化差别所带来的政治地位、社会权利和其他权益分配的公平问题。边疆问题的核心不是经济和民生而是文化及与文化相关的民权，边疆人的尊严和文化的公平传承。民族成分往往作为某个文化群体的社会身份，体现在其价值观与文化属性差异方面。笔者认为，应该尊重边疆民族自我发展的主体性，建立"兼容并蓄"的社会文化秩序，将边疆问题转化为文化差异问题思考解决路径，最终实现社会公平和文化正义，达到文化治边、守边和固边的

---

① 徐黎丽、杨朝晖：《论文化戍边》，《新疆社会科学》2013年第3期，第115～119页。

目的。

其二，在边疆社会生活中，政府对边疆民族正式与非正式组织管理的制度性安排，使边疆民族往往又带有社会自治的政治集团色彩。若将边疆民族视为文化群体，保障民族应当拥有的各项文化权利，边疆民族政策从政治化向"文化化"转型，将边疆问题转化为文化整合问题，把边疆少数民族看作文化传统上保留某些特点的文化群体，可能更易于化解极端民族主义以分裂为目的的非正当的民族自决诉求。只有民族文化价值获得满足，才能让边疆民族对国家产生安全感和信任感。

结合以上两点本文提出文化成边的思路与学界探讨。

2. 边疆治理制度安排的反思

新中国"天下情怀"式的宏大使命感、超越性关怀和责任意识的边疆政策实践是国家进行边疆建设，提供的全面的优惠政策。边疆地区的民族区域自治制度可以这样理解，边疆既然在国家的内部，自治作为一种群体权利，包含着"自我管辖"，地理上又将"民族自治"与"区域自治"结合起来，所以实行自治的少数民族自我管理族群内部事务和地理区域内的地方性事务。但是有学者分析了这一制度的缺陷①，笔者也基本赞同其观点。另外，当边疆人群的"边界"观念较弱时，区域自治的民族政策还可能造成一种"人为"的族群社会区分。因此，在边疆极端民族主义对主权国家发动挑战时，有必要反思中国长期以来边疆治理制度的安排。当然，不可否认，边疆政策的制度安排还受全球社会环境和本国实际国情的制约。西方国家多元文化主义的政策背景是，国家已建成较完善的社会冲突预防解决机制。本文试图寻找促进中国边疆社会整合的制度方案与政策调适，动态重塑全球化时代边疆民族精神。

（三）理论提升

综上所述，中西方边疆研究在视角、内容、方法和实践应用等方面有

---

① 张海洋、关凯、袁长庚：《国家转型与民族政策创新需求——中国少数民族政策前沿评估报告（节选）》，《共识》2011 年第 6 期，第 52～54 页。文章提出："由于近 30 年的民族工作被理解成政府各个行业部门，特别是经济和扶贫部门的业务而缺少关于民德和民权建设的总体关照，所以形成了对于专业部门的路径依赖，又成为部门之间权力博弈的筹码。"

着较大区别。抛开文化异质性问题不谈，可以认为内部地域性文明和文化碰撞与冲突是塑造新边疆观念的基本动力。西方若干边疆学说的产生是学术研究趋于成熟的标志，中国学者积极倡导学科筹建和确立学术范式，是中国边疆学术研究繁荣的助推力量。

笔者认为边疆研究应从以下几方面入手。首先，从边疆具体问题入手进行历时性与共时性相结合的研究。具体而言，全球化的"边疆"概念从历时性和地理空间角度来说，已发展为陆疆、海疆、空疆的三维立体空间和一维时间空间；从共时性和社会空间角度来说，已发展为地理边疆、战略边疆、利益边疆、信息边疆、文化边疆等复合边疆的变迁。其次，在解决边疆诸多问题的基础上，形成对边疆问题的共识和解决方案，从而又将其提升为中国边疆理论是当前边疆研究的方向。通过研究边疆人的文化传统、心理特征、价值观、国家认同及多样性，促进安全行为主体的优态共存。目标就是探索边疆安全问题的治理规律和基础保障功能，"以文化立人"。"培养"边疆人的国家信念、制度信仰、社会秩序的优势行为认同。实现边疆各族人民的生存与发展安全、安居乐业和人心稳定。

中西方地缘政治理论视角下的边疆安全比较研究

杨亚雄*

摘　要： 由于中西方地缘政治理论思维不同，在边疆安全含义的认知、行为理念、战略重点、价值目标等方面也不尽相同。中国传统地缘政治思想中的边疆安全是一种内控型的柔性安全，而西方地缘政治理论中的边疆安全则是一种外扩型的刚性安全。在 21 世纪的今天，突破以冲突性为基本特征的传统地缘政治理论藩篱，寻求建立在"和合"理念和模式基础之上的边疆安全则是当前现实和理性的选择。

关键词： 中西　地缘政治理论视角　边疆安全　比较

目前，学界有关边疆安全的研究很多，不同的研究视角出现了不同的研究成果。综合起来看，主要有这样几类：以政治学尤其是国际政治学的视角来研究边疆安全，[①] 以民族或民族关系的视角来研究边疆安全，[②] 也有以文化解

---

　*　杨亚雄，兰州大学西北少数民族研究中心、民族学研究院 2014 级博士生。

[①] 邢广程：《关于中国边疆学研究的几个问题》，《中国边疆史地研究》2013 年第 4 期，第 3 ~ 16 页；祁怀高、石源华：《中国的周边安全挑战与大周边外交战略》，《世界经济与政治》2013 年第 6 期，第 25 ~ 46 页；徐黎丽、梁世甲：《论边疆与安全的关联性》，《西北师范大学学报》（社会科学版）2013 年第 2 期，第 49 ~ 54 页；余潇枫、周章贵：《中印跨界河流非传统安全威胁识别、评估与应对》，《世界经济与政治》2014 年第 12 期，第 52 ~ 70 页；等等。

[②] 何跃：《云南边境地区主要贸易口岸的境外流动人口与边疆安全》，《云南师范大学学报》（哲学社会科学版）2008 年第 2 期，第 35 ~ 43 页；栗献忠：《跨境民族问题与边疆安全刍议》，《学术论坛》2009 年第 3 期，第 57 ~ 60 页；李学保：《跨界民族问题与中国国家安全：建国 60 年来的探索与实践》，《中南民族大学学报》（人文社会科学版）2010 年第 1 期，第 10 ~ 13 页；等等。

释学的视角对边疆安全进行的研究,[①] 等等。在这些研究中，有的重点考察边疆实体安全（硬安全），有的阐释虚拟安全（软安全），也有的将两者综合起来考察。地缘政治理论作为国际政治研究的理论之一，利用该视角对边疆安全的研究也不乏成果。[②] 然而，大多数研究者的研究是运用西方地缘政治理论，从而得出的结论大多是带有西方传统的以扩展空间和控制权力为目标导向的边疆安全解释。实际上，地缘政治思想的滥觞在中国，"中国的地缘战略思想源远流长，特定的地缘环境影响了它的形成与特点和发展脉络，从而使其表现出与西方不同的发展轨迹"。[③] 虽然也有人做过运用中国传统的地缘政治思想研究边疆安全这样的尝试，但鲜有人将边疆安全置于中国和西方两种地缘政治理论范式下进行比较。无论是基于中国传统的地缘政治思想，还是西方经典的地缘政治理论，所得出的研究结论都不能很好地解释新形势下边疆安全的发展变化，应将两者做一比较研究，可能会在边疆安全认知、发展等方面得出比单向思维更全面的启示和借鉴。故笔者试图在此方面进行一些探索。

什么是地缘政治？地缘政治战略怎么界定？地缘政治理论又是什么样的知识体系？对这些问题的解答比较多样。地缘政治在《中国大百科全书》中的解释是："将国家作为一个地理空间现象和国际政治单元加以分析的地理学说。它通过解释国际政治权力与地理环境的关系，分析和预测

---

① 张春霞：《边疆文化旅游开发与文化安全》，《广西民族研究》2010 年第 2 期，第 185~191 页；谢金林、张艺：《论网络时代舆论安全与西部边疆民族地区社会稳定》，《新疆社会科学》2010 年第 4 期，第 51~55 页；徐黎丽、杨朝晖：《论文化戍边》，《新疆社会科学》2013 年第 3 期，第 115~119 页；等等。

② 此类研究近期成果主要有张木文：《世界地缘政治中的中国国家安全利益分析》，山东人民出版社，2004；丁建伟：《地缘政治中的西北边疆安全》，民族出版社，2004；邢军东：《特纳的边疆学说及其对我国沿边地缘政治经济研究的启示》，《社会科学战线》2006 第 6 期，第 189~192 页；高科：《地缘政治视角下的美俄中亚博弈——兼论对中国西北边疆安全的影响》，《东北亚论坛》2008 年第 6 期，第 15~20 页；陆俊元：《中国安全环境结构：一个地缘政治分析框架》，《人文地理》2010 年第 2 期，第 140~143 页；郑永年：《边疆、地缘政治和中国的国际关系研究》，《外交评论》2011 年第 6 期，第 12~20 页；张文木：《"天堂很远，中国却很近"——中国与周边国家和地区的地缘政治互动规律和特点》，《世界经济与政治》2013 年第 1 期，第 5~39 页；等等。

③ 程永林：《中国古代地缘战略思想：历史嬗变与现实借鉴》，《兰州学刊》2005 年第 6 期，第 39~41 页。

有关国家的政治、战略行为以及国际战略格局的地理空间结构"。① 《不列颠百科全书》中的解释是:"地缘政治是关于国际政治中的地理位置对各国相互关系如何影响的分析研究。地缘政治理论家们指出某些因素对决定国策的重要性,诸如:获得自然谅解,通往海上重要通道,据有战略要地等等。"② 王逸舟认为:"地缘政治研究的实质在于把人及人的关系放到地球的环境中去看待。"③ "地缘政治观念的根本,在于教会各国如何根据既定的自然地理条件使自己在获得权力与和平的国际斗争中处于比较有利的地位"。④ 地缘政治战略是一种宏观构想,"是国家在特定历史条件下,从地缘政治与安全空间的角度,综合运用政治与安全手段和资源、应对核心挑战与威胁、维护国家利益的总体构想"。⑤ 传统的观点认为,"地缘政治理论是研究国际政治实体控制地理空间的活动所形成的知识体系"。⑥ "地缘政治学是人们研究各个文明实体因控制地理空间的权力关系所形成的系统知识。它以客观的地缘政治行为和关系为观察与分析的对象和内容,依主观认知水平形成关于地缘政治的某种知识体系。"⑦ 地缘政治学是地理学和政治学的完美结合,是"对在以地理环境与视角为一端和以政治过程为另一端的这两者之间的互动分析"。⑧ 在地缘政治理论思想的视角解读方面,孙相东提炼出"人 - 境"关系、大战略、现实主义政治、国际体系结构、后现代批判等五种不同的视角。⑨ 时代在变,产生思想理论的背景分析也应与时俱进,只有这样,理论才能有说服力,才能对新近产生的问题做出有效的分

---

① 《中国大百科全书》(第二版第五卷),中国大百科全书出版社,2009,第 5 ~ 121 页。
② 《不列颠百科全书》(修订版国际中文版第七卷),中国大百科全书出版社,2007,第 7 ~ 74 页。
③ 王逸舟:《当代国际政治析论》,上海人民出版社,1995,第 182 页。
④ 王逸舟:《当代国际政治析论》,上海人民出版社,1995,第 185 页。
⑤ 潘忠岐、黄仁伟:《中国的地缘政治与安全战略》,《社会科学》2011 年第 10 期,第 4 ~ 11 页。
⑥ 张江河:《地缘政治理论与战略的学理辨析和历史定位》,《吉林大学社会科学学报》2007 年第 6 期,第 39 ~ 46 页。
⑦ 张江河:《对地缘政治三大常见问题的辨析》,《东南亚研究》2009 年第 4 期,第 80 ~ 86 页。
⑧ 〔美〕索尔·伯纳德·科恩:《地缘政治学——国际关系的地理学》(第二版),严春松译,上海社会科学院出版社,2011,第 13 页。
⑨ 参见孙相东《地缘政治学的性质:思想史上的不同视角》,《当代世界与社会主义》2005 年第 5 期,第 70 ~ 74 页。

析。故有研究者从"冲突－联合"思维范式转换的角度来研究地缘政治理论，[1] 还有从后现代主义批判入手对地缘政治学进行的研究。[2] 这些都是对地缘政治理论所做的多维度、多视角的有益探索。对各种地缘政治及其理论的解释进行归纳，可以得到的信息有：第一，地缘政治是一种政治现象，也是一种政治过程；第二，地缘政治理论或地缘政治学[3]是研究以国家为主的国际政治行为体对地理空间和国际权力的控制与反控制的知识体系，是建立在现实主义基础之上的国际政治权力哲学；第三，地缘政治理论视角是一种主要体现在行为体对物化的地球空间分析和精神化的"人－境"互动模型，因为政治是人的活动，地理则表现物化的空间模型，故地缘政治理论视角及其分析模式之本质在于"人－物"的认知互动，有时候这种分析会形成二律背反。

中国古代的地缘政治和地缘政治思想又有哪些呢？叶自成认为，古代中国既有地缘政治，也有地缘政治思想体系。他把中国古代地缘政治分为三个层次：内地缘、次内地缘和外地缘。[4] 中国的地缘政治思想集中体现在古代先贤的著述中，如先秦时期，老子的和平地缘思想；墨子的"非攻"地缘思想；管子提出的富国强兵、大国与小国之相处之道；鬼谷子的纵横之术及其弟子苏秦、张仪对合纵连横思想的完美实践；范雎的"远交近攻"；诸葛亮的"隆中对"和连吴抗曹的地缘政治实践，等等，皆是中国古人对地缘政治的解读。然而，中国古代地缘政治思想不同于西方地缘政治理论，两者虽然都将政治与地理结合使用，但逻辑过程和目标价值截然不同。前者是以羁縻

---

[1] 经典地缘政治理论的根本特征在于地缘政治过程的冲突性，这是一种现实主义权力逻辑思维，在国际政治经济形势变化着的当今时代，需要转换这一传统思维，即用康德式的合作与集体观念来代替洛克式的竞争与冲突为主的传统地缘政治观。参见张微微《对冲突性地缘政治观的分析与反思》，《学术论坛》2010 年第 8 期，第 70～75 页。

[2] 以批判为特征的后现代主义认为要对"国家中心论"和"社会达尔文主义"为特征的传统地缘政治观进行重新审视，要将全球化进程中的相互依存、和平与合作嵌入地缘政治学的研究，从而形成批判性地缘政治学。参见许勤华《评批判性地缘政治学》，《世界经济与政治》2006 年第 1 期，第 15～21 页。

[3] 对于 geopolitics 一词用"地缘政治学"还是"地缘政治论"来翻译，从目前的研究来看，好多研究者没有将其分开来论述，多数情况下两者皆用。笔者倾向于认可张江河在《对地缘政治三大常见问题的辨析》一文中对二者的分析，故在本文中用"地缘政治理论"来行文。

[4] 参见叶自成《地缘政治与中国外交》，北京出版社，1998，第 5 页。

和怀柔 - 进贡为主的和平地缘政治思想，虽然也曾出现过"霸权体系"，但这种"霸权"不追求对权力的绝对控制，而是要求"霸国"承担其对他国尤其是邻国的"仁义"，并且"霸国"产生的周期极短，如此最终达到"天下大同"的理想境界。后者则是建立在以硬权力追逐为目标导向的对国家生存和发展战略空间进行扩张的强权理论逻辑。

综上所述，笔者认为，地缘政治是一种特殊的政治现象，也是一种行为过程，是对政治权力和影响力所做的地理空间解读，是主观认识对客观地缘环境的能动反映；地缘政治理论则是建立在对地理空间分析和国际政治权力控制基础之上的人文地理知识体系，突出体现在"人 - 地"的互动关系。在全球化的今天，地缘政治理论应赋予更多的以全球合作和区域协调为主的"和合"理念，突破地理物化的权力思维藩篱，寻求超越现实主义的理论探讨。

一 中国传统地缘政治思想体系下的边疆安全

地缘政治思想的滥觞在中国。这里说思想而不说理论，主要原因在于中国古代地缘政治知识没有形成体系，而且大多散落于诸子百家和古圣先贤等的论述中。虽然没有形成理论学科，但这并无损于中国传统地缘政治思想之学术意义和实践价值。尤其是它对中国边疆及其安全的认识，为后人治边、安边实践提供了诸多思想指导和历史借鉴。

（一）中国传统的地缘政治思想

中国古人早期对地理的认识由于受到时代的局限，呈现出一定的模糊性。由于中国一直以来是以农业立国，形成了独特的"大陆农耕文化"，强调土地在农业文化中的极其重要性，古之学人更强调"土地决定论"和"水文决定论"。因此，中国古代的地缘政治思想认知突出表现在对陆地的认知方面。

1. "九州区划"是中国古人对地理状况的最早认识

《尚书·禹贡》中就有大禹治水后，将全国划分为九个州的记载，只是此书中"九州"是否是九个行政区域，有学者提出了质疑。[①] "九州"的划

---

① 刘盛佳认为，"九州"的区划研究模式是一种分区整治国土、开发国土的系统研究模式。参见刘盛佳《〈禹贡〉——世界上最早的区域人文地理学著作》，《地理学报》1990 年第 2 期，第 421～429 页。

分是中国古人认识地理的一个重要开端，"'九州'的划分、五岳渎的安排、畿服制的设想……其实质是把原来百族万国的、各不相属的异质的'地方'糅合为'天下'的这个有机组成部分，把中国与'非中国'糅合在万物一体的空间架构之内，根据对于中央的价值确定地方或边缘存在的意义，从而使'天下'成为神圣先王规划好并留给后世的不可分割的遗产"。[1] "九州"是战国学人对中国（华夏）地缘位置的认知，其范围极有可能只局限在三千里的"七国"之地。顾颉刚先生认为，《禹贡》中对"九州"的江、河、山、川基于这样的安排："禹分治九州的水，制定九州的贡赋，从冀州起，经过兖、青、徐、扬、荆、豫、梁七州，到雍州止；把田赋制为九等"。[2]最早孕育中华文明的"雍州"（泛指黄河流域和黄土高原地带），由于自然环境的恶化和土壤肥力的耗尽，古人不得不将生活的中心迁移到平原一带，故《禹贡》将冀州作为"九州"之中心是符合政治地理发展逻辑的。这说明古人在很早的时期就有了地缘上的选择意识。随着秦大一统，战国时期的"九州"之所指范围有了较大的扩张，再后来，随着国家疆域的逐步扩大，九州这一具体的所指逐渐概念化了。每一次中央王朝的大一统，都使得"九州"之外的地理区域如同"滚雪球"一般被"九州"化。

2. "服事观"

"五服"[3]是中国古代最早的地缘政治思想。在"五服"中，甸服、侯服、绥服基本上是以华夏族人为主，后两服即要服和荒服则居住的是蛮夷。对于"五服"的圈层地域结构模式，也有学者提出了不同的分法。[4]"五服体制"是古代中国以中原王朝京畿之地为中心，向四方延伸，由近及远，并最终达到"荒蛮"之地。五服思想是中国古代用眼看"世界"的

---

[1] 李宪堂：《九州、五岳与五服——战国人关于天下秩序的规划与设想》，《齐鲁学刊》2013年第5期，第41～50页。

[2] 顾颉刚：《顾颉刚全集·顾颉刚古史论文集》（卷一），中华书局，2011，第528页。

[3] "五服"出自《国语·周语》记载："邦内甸服，邦外侯服，侯卫宾服，蛮夷要服，戎狄荒服。""五服"具体的规定，详见马大正《中国边疆经略史》，武汉大学出版社，2013，第10～11页。

[4] 刘盛佳认为，"五服"中有两种方形圈层地域结构模式，其一是500里为等距的"五服"方形圈层国土开发推进模式；其二是100里为等距的方形圈层农业区位模式。前者着重设计建立华夏族为主的多民族统一国家为总目标。参见刘盛佳《〈禹贡〉——世界上最早的区域人文地理学著作》，《地理学报》1990年第2期，第421～429页。

地缘思想之核心。

中国古人的"人－地"互动关系基本上是一种和平的，具有很强的"敬地"特征的反映与被反映的关系。这一模式决定了边疆安全在中国古代地缘政治思想的内敛性。

（二）中国传统地缘政治思想中的边疆安全实践

由于中国传统的地缘政治思想，使得古人对边疆安全的认识和实践形成了以华夏为中心的地缘政治战略和策略。总体上来说可以概括为以下几个方面。

以"中国"为中心，尊王攘夷，守中治边。古人将华夏或"中国"作为中心，四夷是外围；中原是主干，边疆是枝叶。历朝历代，中央王朝的统治者无不将中央（中原）与边疆严格划分开来，只不过这种划分很大程度上是以"王化"程度为标准的。周朝时的"夷"或"四夷"所居住的地方对王城来说就是边疆。诸侯国的重要职能之一便是"守在四夷"，防止以夷变夏，确保王都安全。如果说西周时"尊王攘夷"还被各诸侯国实践的话，在东周，"尊王攘夷"遂成为诸侯争霸的宣传口号。随着封建王朝集权统治的加强，国家的大一统程度空前提升，边缘与核心的定位发生了较大变化，以前的"四夷区"大部分被"王化"成为国家的核心区，"中国"的地理概念随之扩大。中央王朝对边疆安全的认知也发生了变化。一方面，从要求诸侯国"攘夷"以固"中国"，到派遣军事力量在王化之地与未王化之地之间的边界地带卫戍，并对防卫手段进行物化，如修筑长城以防堵北方游牧民族南下。另一方面，对新归附的边疆地区，王朝中央采取"督统""羁縻之策"等方式加以治理，确保少数民族边疆地区本身稳定。通过戍边、治边达到王朝直接统治之边缘疆域的安全稳定。

以北部边疆为重点，实施"御守"之策。中国北部边疆的地理以高原大漠和草原为主要特征，此区域孕育出众多"逐水草而居"的游牧族群。由于北部边疆游牧民族对中原王朝的频频威胁，故清朝以前的中央政府将北部边疆作为边防甚至国防安全的战略要地。对于北部边疆，中央统治者一般采取的是"来则御之，去则守之"的御守策略，被动性较大。王朝中央的防守型的地缘政治战略使得在处理影响北部边疆安全的威胁时，往往非常被动，即使修筑了坚固的长城，有时也阻挡不住游牧铁骑的内侵，如蒙古人和满人一度突破中央王朝的北部边界防线，成功问鼎中原，统治全国。对于南部边疆，由于中原与南边的交流互动较多，中原王朝一般采取的地缘战略是经济开发和内地移民，最终达到两地之融合。

以"西进"战略为指导，全面经略西域，确保"丝路"畅通。"向西推进"是中国边疆拓展的一个重要特征。自西汉开通丝绸之路以来，历朝历代无不将西域作为经略要地，其主要目的之一，便是确保"丝路"的畅通，将泱泱大国的繁华和天朝的国威远播海外。河西走廊以及西域地处"丝绸之路"的要塞，是中原地区地缘安全的重要屏障，作为古代中国"走出去"的战略要道，对促进中国与外界的经济文化交流起着不可替代的作用；另外，从地理位置上看，这一区域与北部蒙古高原相连，地缘安全位置十分显要，如果北方草原上的游牧民族控制了它，它将起到战略后方和重要补给线的作用，并阻塞中原通往外界的重要通道。如果中原王朝控制此区域，则会起到"断草原霸主右臂"的作用。因此，在历朝历代的边疆经略中，将河西走廊以及西域作为推进"向西"战略以及西部地缘政治安全的桥头堡。清末著名的"海防"和"塞防"争论，正是以西域安全形势为辩点，并最终促成了左宗棠成功收复新疆和西部边疆安全的稳固。

建立朝贡，实现万邦来朝和"天下"共主、以"礼制"为主要内容的儒家思想指导下的对外政策，最主要的体现在以"朝贡"为联系纽带的宗藩关系中。朝贡和羁縻之策不同，朝贡主要是"对周边被政府或者接受中央政府册封的少数民族政权实施的对外政策"，[①] 而羁縻制度主要是针对邻近王朝的少数民族的治理，尤其是针对北方游牧民族的治理。中央王朝除了要求边疆少数民族适时朝贡外，还要求接受册封或宗主保护的藩属国也要在规定的时期朝贡皇帝，以实现四方诸国对中华帝国宗主权的承认和尊重，最终通过"万国来朝"达到"海内主宰"和"天下一统"的理想境界。中原王朝同边疆地区以及藩属之国建立朝贡关系的动机，除了获取政治威望和统治合法性外，边疆安全也是一个重要考量。

---

① 吴楚克：《传统地缘安全意识和中国面临的周边安全问题》，《中国当代边疆理论创新与发展研究》，学苑出版社，2013，第 197 页。

中国传统地缘政治思想和实践中的边疆安全是内控性的安全，它一方面重视边疆地区本身的稳定，另一方面强调少数民族政权治理的"外缘边区"与王朝直接统治的"内缘边区"中间地带的相安无事，且始终把"外缘边区"视为"内缘边区"和中心区域的安全屏障。总之，通过军事戍边、边政治边之策，最终达到稳边和安边之目的。总体上说，中国古代地缘政治思想体系中的边疆安全追求的是以"守"为主的"和合"之态。

二　西方经典地缘政治理论范式下的边疆安全

（一）西方经典地缘政治理论学派

西方地缘政治理论学派较多，经典学派主要有德国的 F. 拉策尔"国家有机体论"、英国人 H. J. 麦金德（1861～1947）为代表的"陆权派"、以美国人 A. T. 马汉（1849～1914）为代表的"海权派"、以德国人 K. E. 豪斯霍弗尔（1869～1946）为代表的"生存空间派"和以美国人 N. J. 斯皮格曼（1893～1943）为代表的"边缘地带派"以及意大利人 G. 杜黑（1869～1930）的"空权派"。"国家有机体论"是依据达尔文的生物进化论来阐述国家的空间增长。"陆权派"认为陆地比海洋优越，强调控制欧亚大陆心脏地带的重要性。"海权派"认为海洋比陆地优越，控制海洋就能主导世界。"生存空间派"主张拓展和夺取生存空间。"边缘地带派"认为，通过控制欧亚大陆的边缘地带就能控制欧亚大陆并进而支配世界的命运。"空权派"认为夺得制空权是战争胜利的关键，空中战场的胜利是实现地区或全球控制的保证。以上经典地缘政治学派分别从陆、海、空等不同方面来阐述国家行为体在获取政治权力或影响力时所应重点推进的战略选择。

（二）西方经典地缘政治理论解读下的边疆安全

在西方地缘政治学界，一般都是以主权国家行为体作为研究的标杆，将该国在地球空间的分布以及各个构成要素彼此之间的相互影响为研究对象，揭示国家的地理状态对国家获得国际权力和影响力的贡献。不论是麦金德的"陆权论"，还是马汉的"海权论"，以及杜黑的"空权论"，都是从地理空间的角度来阐述国家疆域及其组成部分在国际范围内的排列组合。下文将以陆权论、海权论、空权论为例对边疆安全做一分析。

陆地边疆安全。"陆权论"者认为，国家的陆地边疆是最重要的，陆疆安全成为国防安全的重中之重。麦金德的"心脏地带"① 理论着重强调了以中亚、东欧为主的心脏地带成为大国竞相争夺的要地。虽然"心脏地带"理论有夸大国家地理位置作用的嫌疑，但在现实国际政治中，陆地仍然是国家安身立命的根本，是国家有机体发展壮大的基础。因此，陆地边疆安全就显得十分重要，这主要表现在对陆地空间的生存与发展权② 的扩张上。因为，在"陆权论"者看来，如果一味地戍守陆地边疆，而不积极对外拓展自我生存与发展的空间，除了无法获取应得的利益，就连边疆安全的确定性也无法保证。

海洋边疆安全。持"海权论"的地缘政治学者认为，海洋可以最大限度地保护国家免于在本土发生战争，海洋是一个国家发展壮大的重要依托，控制海洋就可以控制整个世界，海上力量的强大是决定该国成为世界大国的重要因素。以马汉为主的"海权派"将海洋和海军提高到事关国家生死存亡的战略高度。这些思想集中体现在马汉所撰写的"海权论三部曲"③ 中。制海权是国家海疆安全稳定的可靠保证，也是走向深海的基础。马汉虽然没有明确地给制海权做出一个定义，但从其《海权论》中可以得出，制海权就是最大限度地对海洋的使用和控制。作为有着海洋优势的国家，"海权论"者认为，海洋国家的边疆应该是活动的，海洋国家应该不断推进对海洋空间和海洋权益的开发，不能将边疆停留在国际法体系之上的陆地边疆划界上。而只有牢牢地控制制海权，国家的边疆才有切实的保障。不难看出，"海权派"眼中的边疆安全也是外扩型的。

高空边疆安全。意大利将军杜黑根据战争的发展趋势，强调除了陆地、海洋之外，空中场域的控制是国防安全的重要方面，空中战场是决定性战场。而取得空中战争胜利的根本则是夺得制空权。何为制空权？杜黑

---

① 麦金德认为，"谁统治东欧，谁就能主宰心脏地带；谁统治心脏地带，谁就能主宰世界岛；谁统治了世界岛，谁就能主宰全世界"。参见〔英〕麦金德《历史的地理枢纽》，林尔蔚、陈江译，商务印书馆，2011。

② 关于陆地空间的生存与发展权的论述，参见叶自成《从大历史观看地缘政治》，《现代国际关系》2007 年第 6 期，第 1~6 页。

③ 〔美〕艾尔弗雷德·塞耶·马汉：《海权对历史的影响（1660~1783）》《海权对法国大革命和帝国的影响（1793~1812）》《海权与 1812 年战争的关系》。

的解释简明扼要，他认为制空权就是"阻止敌人飞行，同时保证自己有飞行自由"。① 他在《制空权》一书中写道："夺得制空权就是胜利；在空中被击败就是失败……一旦发生战争，为了保证国防，必要和充足的条件是能夺得制空权……为了保证国防，一个国家所作的一切都应该围绕这一个目标，即一旦发生战争掌握最有效的手段是夺取制空权。"② 空权派认为，国家陆地上空的疆域作为重要的主权性领空，同样有其不可侵犯性；另外，飞机作战具有精确打击和战略摧毁的实效，未来战场是空军力量的对抗，阻止他人飞行并确保自己的飞行自由是空疆安全的根本信条，而空疆的安全加强了陆疆和海疆的安全。

综上所述，西方经典地缘政治理论体系中的边疆安全解读，突出地表现在把国家作为一个有机体或国际政治行为体不断地拓展其"生存"与"发展"空间的努力上。因此，在这一理论范式下的边疆安全是一种强权式的外扩型安全，突出表现在对外界的"攻"上。

三 中西方地缘政治思想体系中的边疆安全比较

通过上述对中西方两种地缘政治思维角度下的边疆安全研究，可以看到，两种地缘政治思想产生的背景不同，支撑理论的文化属性不同，中西双方的"世界观"也不同，这就使得两种地缘政治思想体系下对边疆安全的思维逻辑也不尽相同。

第一，边疆安全含义的认知不同。中国古代对边疆的认识是比较模糊的，没有明确的边界意识，故对边疆安全的认知也比较模糊，总体上表现在对边疆的相安无事之追求上。而西方的边疆认识，也经历了不断的动态变化过程。近代以前，边界意识比较模糊，后来随着主权意识的高涨，边界被置于国际法的保护之下。因此西方的边疆认知随着划分边界的标准被国际公法体系所确定而不断强化。对边疆安全的理解也呈现出更多的权力逻辑，甚至是强权逻辑。在西方地缘战略理论家看来，边疆是国家疆域的一部分，但不是"固定"的，它具有很大的发展空间。因此，进入帝国主

① 〔意〕朱里奥·杜黑：《制空权》，曹毅风、华人杰译，解放军出版社，2005，第199页。
② 〔意〕朱里奥·杜黑：《制空权》，曹毅风、华人杰译，解放军出版社，2005，第31页。

义发展阶段后，西方各国对领土、领海的争夺逐渐白热化，边疆也一次次得以扩张。

第二，维护边疆安全的理念不同。中国传统的边防以被动的防御为主，很少主动对外扩张。而西方的"边防"观念呈现出更多的主动进攻姿态，是积极的防御，主动的进攻。中国古代对地缘政治的认识是以中原华夏族或汉族为中心，向四周尤其是少数民族边疆地区推进，对"五服"之外的更为荒蛮的地方，知之甚少。从地理位置上看，由于中原和南方的汉族基本上从事农耕生产，且地理上多以平原、山丘为主，生活空间比较封闭；北方草原游牧民族的游动性决定了其生活的地理范围一直处于不断的伸缩变化当中，尤其是对以中原为主的农业社会的影响，使得游牧民族具有将其铁蹄踏过的地方变成丰美草原的冲动。游牧文化和农耕文化之间的差异性和互补性，使得战争成为双方互动的主要形式之一。从历史上看，游牧民族的主动侵入居首位，虽然中原农耕民族也曾获得几次战争的胜利，但基本上没有将战利品"所有化"，而是加以羁縻统治，并在双方之间建立了一条地理的、文化的、经济的"边界"，对经略这一"边界"采取的是被动的御守政策。西方的地缘政治理论大多是理论的创立者以本国为中心，将本国作为一个整体置入一个更大的地理空间，以更加积极的扩张赢得更多的"战略缓冲地带"，确保边疆地区的安全。"欧洲古典地缘政治学认为国家是空间的政治现象，是具有经历一切发展阶段——从生到死——的生物机体特征的现象……20世纪上半叶的古典地缘政治学，完全按照这一答案视国家争取空间并因而争取生存的斗争为其存在的条件。"[①] 在西方地缘政治理论思维模式下，国家疆域尤其是边疆的理念决定了他们把边疆安全置于国家地理空间的扩张和对更大的政治权力之控制过程中。实际上，中世纪时期的西方，也呈现出闭关自守的保守状态。但随着新大陆的发现，新航道的开辟，使西方各国对世界的认识有了重大飞跃，也对边疆的认识有了本质的变化。在西方地缘政治学家看来，边疆安全的维护需要向海外拓展利益，

---

① 〔俄〕拉祖瓦耶夫：《论"地缘政治学"概念》，赵思辛译，《现代外国哲学社会科学文摘》1994年第10期，第17～19页。

被动的戍守一般不会长久，只有不断向外扩展方能永保边疆无虞。

第三，维护边疆安全的战略重点不同。中国传统的地缘政治安全防卫重点集中在陆地，即陆防是重点，尤其是在秦朝至清朝鸦片战争时期，"中国历史上边疆问题的实质就是陆疆领土安全问题，强盛的王朝可以利用势力扩大和巩固边界，弱小的王朝自然在守不住边界的情况下内缩。中国历史上的陆疆边界在不断扩大与内缩的交替中最终在清代奠定了今天版图的基础"。① 由于采取以陆疆安全为导向的国防战略，边防的重点也就理所当然地集中在陆地边疆。而西方地缘政治视角下的边疆安全之重点集中在海洋上，即海防是重点。中国在鸦片战争以前，历朝历代无不将陆地边疆的防御作为边防的重中之重。这一政策除了古人对海洋知识的缺乏外，还同中国北方游牧民族的频频入侵有巨大关联。中国古代虽然也曾打通过"海上丝绸之路"，但一直没有将海洋防卫上升到战略性的高度，直到西方列强的坚船利炮才惊醒了中国的海洋保护意识，不过为时已晚，海洋权益已经被强国瓜分殆尽。西方地缘政治理论基本上产生并形成于主要海洋国家，英、美等国对海洋的认知和海洋资源的运用比其他国家，尤其是内陆国家更胜一筹。尽管麦金德认为陆权是最主要的，但他并没有否认海洋对一个国家生存与发展的巨大作用。西方地缘政治体系中的海权思想和陆权思想构成了边疆安全维护的二元结构，形成了海陆并重的安全理念。不过从后来的实践来看，海洋边疆的安全维护成为重点。

第四，追求边疆安全的价值目标不同。中国地缘政治思想体系下的边疆安全的基本目标是边疆地区的稳定，最高价值目标是"和合"。中央对边疆地区一般不会主动施加战争以取得边疆少数民族政权的完全臣服，而是只要边疆各族能承认中央的权威，中央便对边疆采取"修其教不易其俗，齐其政不易其宜"的羁縻治理政策，促使边疆地区本身的各个指标都处于良性的运行状态，进而推动中央和边疆的良性互动，实现"和合"的最高价值目标。因此，中国地缘政治思想下的边疆安全是一种内敛性的安全，柔性的安全，少有扩张性。而西方地缘政治理论体系中的边疆安全则

① 余潇枫、徐黎丽：《"边安学"刍议》，《浙江大学学报》（人文社会科学版）2009年第5期，第5~18页。

是一种刚性的安全，以边疆地区所在的周围环境的情况，尤其是边疆地区所毗邻的国家之实力和影响力，作为评估本国边疆安全的重要因素。它追求的是边疆绝对不受任何威胁或挑战的硬安全。要达到这个目标，只有向外扩张，以获得对己更加有利的安全缓冲地带。总之，中国传统地缘政治思想中的边疆安全更加突出边疆自身的稳定，表现为内向型安全目标定位。而西方传统地缘政治理论更加突出边疆的硬安全，即本国边疆免于遭受来自别国的任何威胁，是外向型的目标定位。

综上所述，中西方地缘政治理论思想中的边疆安全在概念认知、行为理念、战略重点、价值目标等方面存在诸多不同。西方的地缘政治理论是在列强殖民世界的紧要关头，为了更好地为本国强权和霸权服务而对世界地理空间所做的划分，本质上是一种强权思维。虽然中国在 20 世纪 60 年代也引入西方经典地缘政治理论，但由于自身的传统文化使然以及世界地缘政治形势发生变化，中国不可能对西学生搬硬套，尤其是在周边并不太平的当下，完全套用西方这一理论既没有可能，也没有必要。当然，中国要确保其自身的地缘政治安全，尤其是维护边疆安全方面，除了坚持走和平发展、互利共赢的道路外，还要明白"打铁还需自身硬"的道理，即还要提升自己的实力，包括硬实力和软实力或巧实力，不能完全停留在古人的地缘政治观上。

进入 21 世纪以后，边疆安全的内容向纵深发展，形式多样，标准不一，西方传统的地缘政治思想对边疆安全的认识明显不合时宜。因此，突破地缘政治思维藩篱，寻求合作共赢，将边疆安全置于双边或多边，甚至地区安全的重要层面来考量，破除安全困境的怪圈，实现边疆的长治久安，最终实现边疆的"和合"之态，应成为各国的共识。

四 结语

传统地缘政治理论是西方话语下的权力政治思维，服务于霸权主义和强权政治，这一国际政治思维成为两次世界大战的理论工具，深刻影响了国际政治格局。作为发展中的大国，中国的边疆治理关系国家的繁荣和民族的振兴，夯实边疆安全的基础事关国家的核心利益。在新时代的今天，如何认知国家的边缘疆域，是治理好边疆的思想基础。而治理边疆的核心问题是致力于边疆安全的维护。在利益多元化的今天，边疆安全的含义也发生了较大变化，不再局限于一个国家边缘区域的硬性安全，它应该是"国家边疆范围内国家主权不受侵犯、边疆各族人民的生存与发展安全受到保障的和谐状态"。① 因此，边疆安全的本质应该是边疆人的生存权与发展权。如今，国际政治经济格局处在不断的调整变化中，无论是中国传统的地缘政治思想，还是西方传统的地缘政治理论，随着经济全球化、世界一体化的加深，也要与时俱进，不断开拓创新，转变现实权力政治思维，向世界和平、稳定、合作的双赢之路迈进。对于中国来说，积极实行"走出去"的战略，在维护自身实体利益的前提下，要增强和相关邻国的经济文化交流，夯实文化戍边②的基础，解除困境。一言以蔽之，突破冲突性地缘政治安全桎梏，寻求以联合性为基点的新地缘政治体系下的边疆安全应是国家现实和理性的选择。

① 余潇枫、徐黎丽：《"边安学"刍议》，《浙江大学学报》（人文社会科学版）2009 年第 5 期，第 5 ~ 18 页。
② 关于"文化戍边"的解释，兰州大学徐黎丽教授认为，文化戍边就是以文化为武器戍边，即以生活在国家边疆的不同民族在物质生活基础上积累起来的经验、智慧的象征符号以及所代表的价值、理想和信念来戍守边疆……文化戍边就是以在边疆发展起来的各种文化因子而形成的经验智慧及其所代表的价值、理想、信念来戍边。参见徐黎丽、杨朝晖《论文化戍边》，《新疆社会科学》2013 年第 3 期，第 115 ~ 119 页。

文化戍边篇

从边疆、民族角度理解国家文化软实力[*]

马翀炜[**]

摘　要： 在中国语境中，边疆与民族是可以互为隐喻的。空间（领土）与民族（人民）是理解国家文化软实力问题的两个最基本的维度。国内所有民族在国家认同基础上通过更加自由平等的文化交流与共同发展而使中国文化具有更强的凝聚力，以及在与其他国家进行文化交流时因自身为人类文化发展做出重要贡献而使中国文化具有更大的吸引力，是中国国家文化软实力提升的重要标志。以国内文化多样性的发展为世界文化多样性发展提供更大空间，以国家整体文化的发展为其他国家的文化发展提供机会，即为所有民族提供人类文明进步的创造空间是提升国家文化软实力的根本目的。

关键词： 边疆　民族　文化软实力

现代民族国家体系这一现实是文化软实力问题得以提出的重要基点。20 世纪 80 年代末，基于政治、经济和军事等问题的探讨，美国学者保罗·肯尼迪提出了头号大国美国相对衰落的问题。[①] 另一个美国学者约瑟夫·奈从国际政治的权力结构和性质发生变化这一新的形势出发，以美国所拥有的科技、教育及文化等实力是其依然可以主导世界的力量来源来回

---

　*　本文为国家社会科学基金项目"边境少数民族非物质文化遗产传承发展与国家软实力提升研究"（项目编号：13XMZ066）的阶段性成果。

**　马翀炜，云南大学西南边疆少数民族研究中心教授，博士，博士生导师。

　①　参见〔美〕保罗·肯尼迪《大国的兴衰》，蒋葆英等译，中国经济出版社，1989，第625 页。

应这个问题。① 基于中国的现实发展问题，中国学者也以"文教力""文化力"以及"软权力"等说法回应了国家实力何在等问题，并且深刻认识到了文化是国家实力的一部分，② 将文化、政治价值观及外交政策三个要素视为国家软实力的来源。③ 基于不同的视角，中国学者提出了文化软实力是内部凝聚力和外部吸引力的统一的观点。④ 这些研究成果堪称丰富。但是，由于现代民族国家的性质并没有能很好地被纳入这一问题的视域，民族国家是一种有着明确疆界的政治体制，空间（领土）与民族（人民）是国家最基本的要素的事实没有在此讨论中得到充分的重视，使得对国家文化软实力的理解尚有进一步深入的必要。在文化发展问题上，国家内部的中心与边缘，内地与边疆，国家与民族、文化的多样性与统一性之间的关系以及文化视域中的国与国之间的关系还需要进一步讨论。相应地，对于提升文化软实力的目的，增强内部凝聚力和外部吸引力的诉求等这些带有根本性的问题讨论依然还需深入。以边疆以及民族的维度对国家文化软实力问题进行思考庶几能有所裨益。

一 边疆作为社会产物的空间

空间对于理解人类社会活动及其文化意义具有十分重要的意义。作为空间基座的土地对于人的生存与发展的重要性也是不容置疑的。然而，如英国学者赛雅所指出的，除了人文地理学家之外，很少有社会科学家持续关注空间及其所具有的重要作用。⑤ 而研究对象的时空位置及结构化的空间性问题对于有着明确疆域的现代国家的文化软实力问题的讨论是不容忽

---

① 〔美〕约瑟夫·奈：《美国定能领导世界吗》，何小东、盖玉云译，军事译文出版社，1992，第23页。

② 参见黄硕风《综合国力论》，中国社会科学出版社，1992；贾春峰：《加强市场经济发展中"文化力"的研究》，《党校科研信息》1993年第19期，第5~8页；王沪宁：《作为国家实力的文化：软权力》，《复旦学报》（社会科学版）1993年第3期，第91~96页。

③ 〔美〕约瑟夫·奈：《软力量：世界政坛成功之道》，吴晓辉、钱程译，东方出版社，2005，第11页。

④ 骆郁廷：《文化软实力：基于中国实践的话语创新》，《中国社会科学》2013年第1期，第20~24页。

⑤ 参见〔英〕安德鲁·赛雅《空间的重要作用》，〔英〕德雷克·格里高、约翰·厄里编《社会关系与空间结构》，谢礼圣、吕增奎等译，北京师范大学出版社，2011，第52页。

视的。

马克思曾说过："空间是一切生产和一切人类社会活动所需要的要素。"① 每一个人类群体的生产与发展因为离不开生产而必然要占据一定的空间。不同的空间之间是存在边界的。表面上看，世界有着自然边界和社会边界之分，但从更为深刻的社会性角度看，"自然边界实际上不是自然的，是人类创造了边界。自然界只是在一定的时间里制造了一些地质突变，这些突变可以有也可以没有边界形状。一切边界，就其定义来说，都是人为的"。② 申言之，一切边界的消失，一切新的边界的确立，进而，新的空间的出现也都不是自然的，而是人的社会活动的结果。

近代才开始出现的民族国家是一种有着明确疆界的政治组织和制度。无论是把国家视为一系列具有相当新近历史起源的政府组织机构的总和的组织定义，还是从"事先"的角度将国家定义为一系列完成特殊目标的机构以及根据结果从"事后"的也就是社会秩序的维系的功能定义，③ 要想成立，都必须以承认领土的重要性为前提。现代国家的一个基本要素是领土，即一块被界定的空间。吉登斯就指出传统国家向民族国家转换的标志之一是边陲为边界所取代。④ 领土划分倾向于统一控制国家领土。就现实来看，世界上 6000 多种语言，2000 多个民族分布在近 200 个国家的现实也表明了有许多不同的民族要共同生活在某一国家之内，从而造成"单一族裔的民族—国家现在只是特例而不是普遍现象"⑤ 的事实。

于 1618 年爆发的欧洲主要国家纷纷卷入的神圣罗马帝国的大规模内战使欧洲生灵涂炭。各参战国在 30 年战争之后于 1648 年签订了《威斯特伐利亚和约》。这场战争无疑推动了欧洲近代民族国家的形成。《威斯特伐利

① 《马克思恩格斯选集》（第二卷），人民出版社，1995，第 573 页。
② 〔西〕胡安·诺格：《民族主义与领土》，徐鹤林、朱伦译，中央民族大学出版社，2009，第 34 页。
③ 参见〔英〕帕特里克·邓利维、布伦登·奥利里《国家理论：自由民主的政治学》，欧阳景根等译，浙江人民出版社，2007，第 1 ~ 3 页。
④ 〔英〕安东尼·吉登斯：《民族—国家与暴力》，胡宗泽、赵力涛译，生活·读书·新知三联书店，1998，第 4 页。
⑤ 〔英〕迈克尔·伊格纳捷夫：《温和的民族主义？文明理想的可能性》，〔英〕爱德华·莫迪默、罗伯特·法恩主编《人民·民族·国家——族性与民族主义的含义》，刘泓、黄海慧译，中央民族大学出版社，2009，第 171 页。

亚和约》的缔结，确立了国际关系中的国家领土、主权与独立等原则，也标志着近代意义上的国际社会得以形成。戈特利布指出，这一条约不仅为欧洲各国所推崇，而且，这种国家体系也为后世所争相效仿。并且"威斯特法利亚秩序在本质上是领土第一、领土优先的，它反映了由统治者充分控制领土并对其统治下的人民有完全权威这样一种体系"。① 明确的国家疆界的划分使得不同国家空间对于生活于领土之上的人们的政治、经济、社会以及文化等诸多方面的关系产生了巨大的影响。显然，国家与国家之间边界线出现，相应地接近边界线的地区成为国家的边疆这一在社会意义上的新的空间是有着深刻的社会性的。由此所造成的非常重要的社会及文化影响既表现为边疆地区新的空间社会性的出现，也表现在国家统一的内部空间中边疆与内地两种不同社会空间的同时存在，这就要求国家在治理这两种空间时应该在看到统一性的同时注意差异性。

在民族国家出现之前，在边境线明确而使邻近地区成为边疆地区之前，那些现在属于边疆的地区无所谓处于边缘还是中心。对于生活在那一地区的人来说，他们就是世界的中心。边界的出现，相应地边疆的出现使不同的人群之间的社会交往关系也因此而发生了深刻的变化。对于人类共同体来说，"地球表面上不能居住的部分，如海洋和沙漠，隔开了这个共同体；即便如此，舟船或者骆驼（沙漠之舟）却使他们有可能越过这些无人地带而互相接近，并且利用属于人类所共同的对地球表面的权利而进行往来"。② 而国家边界线的出现，使得人们过去的这种交往形式也发生了深刻的变化。人民交往中不再仅仅只有沙漠、海洋等自然性的阻隔，还有人类历史上最为明确的边界的社会性的阻隔。

对于处于边疆地区的许多民族来说，他们与近在咫尺的边界线对面的也许就是同文同宗的民族的关系，却由生动的具体的亲戚关系、邻居关系变成抽象的严肃的国际关系。由于分处不同的国家，同一个民族也会因为不同国家政治、社会、文化制度的不同而使文化的发展呈现差异

---

① 〔美〕吉东·戈特利布：《在联合与分离之间：调和之道》，〔英〕爱德华·莫迪默、罗伯特·法恩主编《人民·民族·国家——族性与民族主义的含义》，刘泓、黄海慧译，中央民族大学出版社，2009，第143页。

② 〔德〕康德：《历史理想批判文集》，何兆武译，商务印书馆，1990，第115页。

性。正是因为边界线的存在，各种民族间相对不那么明确的地域及民族边界是否与国家明确的边界相吻合，这些民族以及他们所拥有的文化是否就囿于特定的国家边界，还有，如边疆地区是否因为邻近他国而更容易受到其他国家的影响，尤其是安全问题，包括传统与非传统安全是否也更容易受到影响，等等，都是必须认真加以审视的问题。

对边疆社会性存在的认识要求人们必须从对内以及对外两个方面来思考边疆空间的社会性意味着什么。一方面，在思考如中国这样的多民族国家的边疆这一属于国家内的社会空间的时候，必须看到，边疆地区众多少数民族存在的现实往往使得边疆与内地在经济社会发展中的差距既表现为区域之间发展的差距，也表现为民族之间发展的差距。比如有学者指出的，"我国东中西部地区差别很大，这种空间特征既为经济社会发展的梯度推进提供了可能，也使贫富差距与地区差距叠加到一起，放大了差距的社会效应"。① 另一方面，在思考边疆地区与其他国家的疆域相邻这一国家之间空间的社会性的时候，应该看到"即使是最现代的民族国家的领土界线也是极其复杂的，在文化上也是混杂的"。② 在诸多跨境民族那里，其文化既是属于中国的，也是属于他国的，这样的文化归属模糊的现实就使得在理解中国文化繁荣发展时国家以及民族两个视野同时运用是必然的也是必要的。

二 民族作为文化发展的实践主体

边疆空间不仅与边界线相关，也与边疆有众多少数民族这一社会事实相关。从边疆空间来思考中国的文化发展，可以使中国多民族特色得到彰显，可以使多民族是中国发展的一大有利因素获得更加清晰的认识。同时，更为重要的是，可以使边疆的文化意义，尤其是边疆地区少数民族文化对于国家文化软实力建设所具有的意义得以凸显。

各族人民一律平等为《中华人民共和国宪法》所规定，而且，在政治

---

① 景天魁、朱红文：《时空社会学译丛总序》，〔英〕德雷克·格里高里、约翰·厄里编《社会关系与空间结构》，谢礼圣、吕增奎等译，北京师范大学出版社，2011，第3页。

② 〔美〕杜赞奇：《从民族国家拯救历史——民族主义话语与中国近代史研究》，王宪明等译，江苏人民出版社，2008，第70页。

生活中，各民族平等也有制度保障并已经成为各族人民的共识。然而，在一些有关研究的表述中，这一共识的丰富内涵却还没有得到充分的体现。虽然有许多汉族人民也生活于边疆，但在现在有关边疆的叙述中，边疆与少数民族是可以互指的。① 当然，这是有一定的现实基础的。毕竟边疆的广西、云南、西藏、新疆、内蒙古等省级行政区集中了我国全部的省一级自治区，90%的自治州和76%的自治县（旗）。② 边疆地区确实有许多少数民族人口分布。吊诡的是，中国东南沿海地区从地理上讲是边疆，但是在今日已很少有人以边疆来表述长三角地区或者珠三角地区。此外，"跨境民族"常常是专门针对某些少数民族而言的，"华侨""华裔"等常常专门用于指称汉族移民。显然，这些说法未必经得起仔细的推敲。这些表述差异的根源就在于人们大多是从文化差异去定位边界与边疆的。

民族平等的内涵应该是非常丰富的。民族平等不应该只是指政治地位的平等，也应该包括文化发展的平等以及承担起平等的责任和义务等方面的内容。诚如费孝通所言，在中华民族形成的历史过程中，"汉族的形成是中华民族形成中的一个重要阶段，在多元一体的格局中产生了一个凝聚的核心"。③ 汉族在历史上起到过凝聚的核心作用，并且也应该继续发挥这样的作用，但这并不意味着汉族是核心而不是多元中的一元。这一元是与其他少数民族完全平等的一元。也许，因为人口最多而使汉族能够相应地为国家的文化发展做出较大的贡献，但这也同样不意味着少数民族要围绕这个中心来进行文化发展。在现实的文化发展过程中，每个民族都能够为中国文化发展做出自己的贡献就是民族平等的一个重要表征。多元文化发展必须有一个中心，而所有民族文化发展所围绕的中心只能是富强、民主、文明、和谐、自由、平等、公正、法治、爱国、敬业、诚信、友善这个社会主义核心价值观。

"每个民族都是中国文化发展的实践主体"所要表达的就是每个民族

---

① 范可：《"边疆发展"献疑》，《中南民族大学学报》（人文社会科学版）2011 年第 1 期，第 1~7 页。

② 李志华：《中国民族地理》，上海教育出版社，1997，第 6 页。

③ 费孝通：《中华民族的多元一体格局》，《北京大学学报》（哲学社会科学版）1989 年第 4 期，第 3~21 页。

都要围绕社会主义核心价值观，在体现自身传统文化特色的情况下去发展民族文化。边疆少数民族的生活习俗、宗教信仰等都与内地汉族存在许多差异。"对于拥有这些文化多样性的边疆地区的国家政权来说，只有认同和尊重边疆民族在长期历史发展过程中创造的传统文化，理解和认可他们在不同宗教信仰体系中形成和发展的价值观和世界观，他们才能安心、安身于边疆，守卫和保护属于国家的边土和自己的家园。"① 边疆地区的少数民族文化并不因其与中心距离远，与汉族文化存在差异就不是中国文化的一个重要部分。进而言之，这也并不意味着这些文化拥有者就不是中国文化发展的实践主体。边疆少数民族文化本身就是中华文化的一个极为重要的部分。事实上，如果说"边疆在整个国家空间结构中的重要性不亚于首都和核心区"，② 那么，从中华民族一体的意义上说，边疆少数民族文化的重要性也绝不亚于人口最多的汉族的文化。在中国文化的发展中，每一个民族都是国家文化发展的实践主体。这既是每个民族的光荣，也是每个民族的责任。

在历史的发展过程中，中国的 56 个民族及其先民都为国家统一及民族的发展做出过重要的贡献。费孝通曾经指出，中华民族是在漫长的历史发展期，"由许许多多分散存在的民族单位，经过接触混杂、联结和融合，同时也有分裂和消亡，形成一个你来我去、我来你去，我中有你、你中有我，而又各具个性的多元统一体"。③ 从各民族的人口来说，汉族在历史上如滚雪球一般地融入诸多其他的民族，而少数民族人口中也有许多是来自汉族或其他少数民族的。各民族之间的文化有诸多的采借也是常情。很难说有哪一个民族在其历史发展过程中，从未受到过其他任何民族的文化影响，或者从未对其他任何民族的文化产生过影响。但是，尽管有许多民族相互之间有许多的共同点，但这些人群之所以构成不同的民族，也还是因为他们的文化之间有着使他们能够相区别的差异性。其实，没有民族差

① 余潇枫、徐黎丽、李正元：《边疆安全学引论》，中国社会科学出版社，2013，第 7 页。
② 金晓哲、林涛：《边疆的类型划分与研究视角》，《地域研究与开发》2008 年第 3 期，第 7~10 页。
③ 费孝通：《中华民族的多元一体格局》，《北京大学学报》（哲学社会科学版）1989 年第 4 期，第 3~21 页。

异，何来中华民族多元一体之说，没有文化差异也不必再提民族文化发展应该百花齐放。

从实践的意义上看，各个民族都有责任坚持传承民族文化传统。马克思曾经指出："如果说最发达的语言和最不发达的语言共同具有一些规律和规定，那么，构成语言发展的恰恰是有别于这个一般和共同点的差别。"① 也如希顿－沃森所说："抛弃民族文化，不仅是一个民族身心健康的问题，而且也是一种政治病症，因为它实质上是一种反文明的行为……人类能够思维和有记忆力。通过思维和记忆力，众多的人类共同体逐渐构筑了五彩缤纷的文化宝库，它们成了全人类的共同财富。"② 当然，传承传统文化并不意味着因循守旧，如杜赞奇所说的："任何传承的过程同时也是一种创造的过程。为了承认自己是一个群体，每一个群体都必须在现在创造一种有关过去的自我的可信的形象，即在新的、变化了的现实中找到自我。"③

如果说人的社会性存在使人的生存与发展必须投射到集体叙述的纬线之中，那么，在民族国家体系中，多元民族国家中的各民族的生存与发展也必然要与民族国家这个最大也最正式的社会组织相联系，其文化的存在与发展也必须投射到多元民族国家的叙述纬线之中。优秀的传统文化是一个国家、一个民族的精神命脉。在新的发展过程中，努力建设那些有利于国家认同的文化是十分必要的。民族的文化价值观对于人们去理解发展的目的、发展的手段是有根本性影响的，因此，文化也是政治、经济发展的深层基础，是社会秩序建构与维护的基本精神。各个民族在文化发展中不断培育和加强中国国家统一意识也是他们的神圣职责所在。

三 创造作为文化软实力的目的诉求

领土和人民是国家得以成立的最为根本的要素。国家文化软实力的提

---

① 《马克思恩格斯选集》（第二卷），人民出版社，1995，第3页。
② 〔英〕休·希顿－沃森：《民族与国家——对民族起源与民族主义政治的探讨》，吴洪英、黄群译，中央民族大学出版社，2009，第631页。
③ 〔美〕杜赞奇：《从民族国家拯救历史——民族主义话语与中国近代史研究》，王宪明等译，江苏人民出版社，2008，第71页。

高也就必然要求人们从空间的社会性和民族作为文化发展的实践主体这两个方面进行考虑。从空间社会性的方面说，国家文化软实力是与国家内部文化凝聚力以及对外文化影响力紧密相关的；从各民族是文化发展的实践主体的方面看，作为整体的中国文化发展及作为中国文化组成部分的各民族，包括边境地区少数民族以及其中的跨境民族的文化发展都与国家文化软实力提升相关。国家文化软实力的真正提升就在于，各民族在不断的发展中能够发挥文化创造力，以及在世界民族国家体系的格局下，以开放的心态吸收国外优秀文化的同时，因为中国为人类文化做出过并且不断在做出积极的贡献而具有影响力。要做到这一点，就必须明确认识到文化软实力提升的目的就在于，为人类文明发展做出真正贡献，并为此目的的实现而不断搭建能够激发文化创造力的平台。

近代发生的把地球表面原本以相对分离状态存在的各种社会空间变为世界市场空间是人类历史上最为重要的空间变化。世界历史的开创也是与空间的社会性重构密切相关的。如马克思所说，资产阶级开始"按照自己的面貌创造出一个世界"的时候，"由于开拓了世界市场，使一切国家的生产和消费都成为世界性的……过去那种地方的和民族的自给自足和闭关自守状态，被各民族的各方面的互相往来和各方面的互相依赖所代替了。物质生产是如此，精神的生产也是如此"。① 随着现代社会的不断发展以及全球化的不断深入，整个人类社会似乎就要进入一个人类共同体的时代了，然而，用于摧毁一切万里长城、征服野蛮人最顽强心理的重炮——商品的廉价还是会受到民族与国家等社会存在与社会空间的阻隔，并非那么轻易地所向披靡。这一空间的阻隔也并非简单地来自关税等问题，不同国家因民族的不同而造成的文化的差异等也是形成阻隔的原因。全球化当然要不断消解这些社会阻隔，然而，现实却是"空间不仅没有失去它的重要性，反而增加了它在经济、政治、社会和文化领域里的影响"。② 全球化不仅没有使地方的重要性减少，反而使它比过去任何时候都更加重要，因为地方是世界现象与个人经验之间的接触点和互动点的空间。在民族国家体

---

① 《马克思恩格斯选集》（第一卷），人民出版社，1995，第276页。
② 〔西〕胡安·诺格：《民族主义与领土》，徐鹤林、朱伦译，中央民族大学出版社，2009，第25页。

系中，人的发展与国家发展的关系至关重要。

在民族国家内部，各个民族的生存和发展都与国家有着紧密的关系。"由于人是集体性的存在，所以人需要社会制度包括各种规范在内来保证进行创作活动的现实可能性。"① 尽管现代民族国家这种政治制度也存在一些不尽如人意之处，但是，如伊格纳捷夫所指出的，对于绝大多数的国家内的国民来说，"我们的人权能得到保护，更多的是因为我们是有力量的国家的成员，而不是因为我们是某个普遍的物种或像联合国那样的组织的成员。现代国家依然是保护人民免受内外侵犯的首选靠山"。② 从历史上看，"世界上一切社会和文化都感受到，扎根在属于自己的一块土地上才有安全感和认同保证。一切人类共同体都需要一块可以保证他们生活并通过它表明自己存在的地理区域"。③ 在全球化时代，一个地方要想获得发展，就"必须显得出众，并展示和突出所有那些有别于其他地方的有意义的因素，总之，要使自己'出现在地图上'"。④ 就中国各民族的文化发展来说也理当如此，但作为中国各民族的文化也应该是因为其创造性而出现在中国的文化地图上并最终成为世界文化地图上的亮点。

从社会生产力发展的方面说，"各民族的相互关系取决于每一个民族的生产力、分工和内部交往的发展程度。这个原理是公认的。然而不仅一个民族与其他民族的关系，而且一个民族本身的整个内部结构都取决于它的生产以及内部和外部的交往的发展程度"。⑤ 索绪尔也曾经在语言学研究的基础上说过："每个人类集体中都有两种力量同时朝着相反的方向不断起作用：一方面是分立主义的精神，'乡土根性'；另一方面是造成人与人之间交往的'交际'的力量。如果说'乡土根性'会使人深居简出，交际

---

① 赵汀阳：《论可能生活——一种关于幸福和公正的理论》，中国人民大学出版社，2004，第213页。
② 〔英〕迈克尔·伊格纳捷夫：《温和的民族主义？文明理想的可能性》，〔英〕爱德华·莫迪默、罗伯特·法恩主编《人民·民族·国家——族性与民族主义的含义》，刘泓、黄海慧译，中央民族大学出版社，2009，第171页。
③ 〔西〕胡安·诺格：《民族主义与领土》，徐鹤林、朱伦译，中央民族大学出版社，2009，第12页。
④ 〔西〕胡安·诺格：《民族主义与领土》，徐鹤林、朱伦译，中央民族大学出版社，2009，第25页。
⑤ 《马克思恩格斯选集》（第一卷），人民出版社，1995，第68页。

却使他们不能不互相沟通……语言的扩张和内聚都要依靠交际"。① 广而言之，文化的对外吸引力和内聚力也都与社会文化交往密切相关。在中国平等、团结、互助的民族关系建构中，各个民族的文化发展都可以在社会主义中国这一平台上得到发展。中国国内各民族之间的文化交流、共同发展以及与其他国家的积极交往、相互学习才是中国文化软实力发展的动力来源。

马克思曾指出："某一个地域创造出来的生产力，特别是发明，在往后的发展中是否会失传，完全取决于交往扩展的情况。"② 同样，中国文化发展能够在文化凝聚力以及对外影响力上取得怎样的成功，与国内各文化发展实践主体的民族间的文化交往程度以及中国文化的世界性交往程度有关。

能否很好地在文化交流过程中实现文化软实力的提升，与对该问题的理解如何有着深刻的关系。国家文化软实力建设的目的应该是国家为国内所有民族提供在国家认同基础上的更加自由平等的文化交流与发展空间，并促进国家内部多元文化共同发展，文化创新力不断提高，在世界上成为人类文化多样性发展的重要空间，激励其他国家从中国的文化繁荣发展中获益从而得到更好的发展。在这样的情景下，中国也可以由于世界各民族文化都能健康地发展而获得更多的人类文明成果并使自身受益。在文化软实力提升语境中应该明确一点，那就是对于人类文明的意义如何是判定文化价值的重要根据。比如赵汀阳所深刻指出的："所谓有较高价值的文化就是一种蕴含着较大创造余地的、为人类创造精神准备了广阔的自由空间的，也就是更能激发并保持人类创造性的文化。"③

社会交往空间的扩大为人的文化创造提供了交流、融合、创新的机会，使人具有了更加自由的可能。对人的自由发展具有责任的国家应当为这种文化发展提供平台。从文化发展的国家治理的角度上看，应该清醒地

---

① 〔瑞士〕费尔南多·德·索绪尔：《普通语言学教程》，高明凯译，商务印书馆，1980，第287页。
② 《马克思恩格斯选集》（第二卷），人民出版社，1995，第107页。
③ 赵汀阳：《论可能生活——一种关于幸福和公正的理论》，中国人民大学出版社，2004，第213页。

认识到，"公共治理正是一整套保证生活和做得比生活更好一些的人们共存和交流的技术，这些东西都可以转换为国家力量"。[①] 而国家的力量又是与组成民族群体的个人的幸福连接在一起的，因为个人的幸福"是个人能够做得比生活更好，可以说应该被提取为国家效用的组成部分：让人们的幸福成为国家的效用，让人们的幸福成为国家本身的力量"。[②] 各个国家的文化能够良好发展的一个重要原因就在于人的幸福能够在文化的创造性发展中得到充分的体现。

四　结语

从历史的发展进程看，中国是否被边缘化的关键在于其是否参与世界。经过不断的改革开放，中国经济成为世界经济的重要组成部分，也创造了连续 30 多年高速增长的人类历史奇迹。当中国不断取得成功的时候，世界也从这些成功中获得了机遇和巨大的推动力。中国文化通过进一步的发展，在坚持自身文化特点的前提下，不断融入世界文化，使中国文化能够成为世界文化的重要组成部分，那也将会使另一个人类历史奇迹出现。世界也同样会从中国的文化成功发展中受益。

如果说"经济民族主义是指一个国家为了追求本国人民的经济利益，而不顾牺牲他国人民的利益"，[③] 那么，像约瑟夫·奈等人的软实力观所体现的以追求主导他国文化来实现本国利益的做法则是文化民族主义的。事实上，恩格斯早就说过："一个民族当它还在压迫其他民族的时候，是不可能获得自由的。"[④] 通过主导其他国家、其他民族的文化价值观或者文化发展方向来实现自己的目的，是不可能实现最需要自由的人类文化创新发展的目的的。文化软实力提升的目的不应是通过实力的增强而使自己成为新的中心，并在新的中心－边缘、支配－被支配格局中占据主导他者的地

---

① 〔法〕米歇尔·福柯：《安全、领土与人口》，钱翰、陈晓径译，上海人民出版社，2010，第 291 页。

② 〔法〕米歇尔·福柯：《安全、领土与人口》，钱翰、陈晓径译，上海人民出版社，2010，第 291 页。

③ 〔英〕休·希顿－沃森：《民族与国家——对民族起源与民族主义政治的探讨》，吴洪英、黄群译，中央民族大学出版社，2009，第 3 页。

④ 《马克思恩格斯选集》（第一卷），人民出版社，1995，第 309 页。

位。如果中国在自身多元文化发展良好并由此使国家的整体文化表现出更大的创造力的同时，也使其他国家在与中国进行更加深入的文化交流中获得更广阔的文化创造的自由空间，那么，中国就会由于为人类文明做出了巨大贡献而成为真正拥有文化软实力的国家。

文化何以戍边？

徐黎丽[*]

摘　要：从国家发展的历史和类型来说，单一的生态文化区的国家边界与文化边界重合，适应生态环境的文化自然在国家边界具有戍边的性质；多种生态文化区域构成的国家边界的文化形态多样，戍边的文化方式多样，功能相同。从文化的本质来说，文化的各种因子与文化整体价值观是人生存与发展的物质和精神支柱，人只有在创造、享受和反思文化中才能生存。因此，人在，文化在，边疆就在。从文化外在特征来说，文化交流与传播促进不同国家边民互相学习、包容理解、认同尊重，从而在通边中达到固边的目标。从国家利益来说，文化是当代治理边疆诸多问题的软实力，国家治边策略既是文化的反映，又是文化戍边的体现。

关键词：文化　戍边

文化戍边观点一经提出，[①] 就引起学术争论与共鸣。争论有二：一是文化特性之一就是交流和传播，用文化戍边，即是用古代汉语中极富防御色彩的词汇"戍"来表达文化的静态防守功能，这与现代文化动态的通边功能形成鲜明的对比；二是在整个地球国家向区域性组织过渡、国家边界逐渐模糊的条件下，提出文化戍边观点，与现代国家边疆观念的改变不相适应。共鸣也有二：一是虽然古代与当今国家边疆问题不同，但人类创造

---

　*　徐黎丽，兰州大学民族学研究院、中国边疆安全与发展研究中心教授。

　①　文化戍边首先由新疆兵团研究者提出，认为兵团文化具有戍边的功能。笔者认为，不仅兵团文化戍边，不同族群文化、不同界别文化都有戍边功能。参见徐黎丽、杨朝晖《论文化戍边》，《新疆社会科学》2013 年第 3 期，第 115 ~ 119 页。

的文化就是为了保障人类的生存与发展，边疆文化尤其如此；二是在现代国家戍边方式从军事向文化演变的背景下，文化戍边这一论点在边疆某些具体问题频繁发生的今天具有很强的现实意义。笔者认为，当国家仍然是地球人类最通行的生存与发展组织形式时，在国家依次走过依靠军事、政治、外交和经济手段维持国家边疆安全的历程后，文化必然成为当代国家维护边疆安全的最有力的手段，因而具有戍边的功能。本文拟从文化在国家发展中的作用、文化本质和特征角度及当今国家利益角度论述文化何以戍边。

一　文化边界与国家边界的重合与分离

从人类历史发展进程来看，以河流为纽带的地球温带生态文化区域是最能够适应物种生存需要的区域。这是因为四季分明的气候和适量的降雨使物种在属于温带的地球表面生存，包括人类在内。考古和历史资料也验证了温带是早期人类文明集中的区域。比如"中国地处北温带的'文明走廊'，是世界上少有的最适合人类居住的大面积地域之一。中国有自成一体的地理结构，因此尽管历史上时有短暂的分裂，最后都复归统一。中国处于欧亚大陆的东端，西面有喜马拉雅山和帕米尔高原作屏障，在这相对隔绝的地理空间里，中华民族创造了上下五千年连续不断的文明"。[①] 这一文明起源于中原地区也与这一区域的温带气候条件相关。有研究表明，"唯有中原地区位于半干旱半湿润地区，适应极端气候的能力较强，不仅在暖湿时期发展较快，而且在冷干时期仍能持续发展，最终成为全国文明的中心"。[②] 南半球的温带地区同样也产生了古老的玛雅文明，"他们在相当于今天的南墨西哥、危地马拉、伯利兹、洪都拉斯和萨尔瓦多的区域内创造了非凡的文化"。[③] 但整个地球的温带区域相对每一种气候带来说又是比较大的地带，早期人类因控制自然能力弱小，国家相对被限制在温带区

① 朱听昌：《中国成为古代东亚文明中心的地理条件探析》，《江淮论坛》2010年第2期，第75~80页。
② 魏继印：《论气候变迁与中原文明中心地位的形成》，《中原文物》2011年第5期，第15~24页。
③ 〔美〕杰里·本特利、赫伯特·齐格勒：《新全球史》（上），魏凤莲等译，北京大学出版社，2007，第146页。

域的河流区域，这就是我们通常谈及的"大河孕育大文明，小河孕育小文明"。但还有另外两种异质文明：一是同处于温带而海拔相对高的地区，因海拔的上升而使生态环境发生变化，从而使同一纬度不同海拔地区也会产生与寒带相似的文明，如中国青藏高原上的吐蕃王朝；二是热带亚热带地区海拔相对高的区域与温带的气候相似，因而产生适合人类生存的文明国家，如南美洲热带地区厄瓜多尔，坐落在赤道附近平均海拔2850米的高山谷地中。① 这也即有大山就有大河，有小山就有小河，山河环绕产生人类文明。这些古老的国家在相对单一的生态环境中建立的国家边界则与适应这一单一生态环境的人群创造的文化边界重合。适应同一种生态环境而创造的文化特色明显，因而成为国家边界的标志。文化自然就成为戍边的强有力方式。

当然温带适合人类及其他物种生存并不意味着寒带和热带不适合物种生存。人类历史早已证明在寒带和热带也曾建立过强大的文明，如亚洲寒带就出现过强大的匈奴、突厥、蒙古等国家，欧洲北部的寒带也曾有过日耳曼人建立的国家。"日耳曼人的家乡在欧洲北部，他们不断向西迁移，2世纪开始居住在罗马帝国的东部的北部边境上。"② 西哥特人、汪达尔人、盎格鲁—撒克逊均属于日耳曼人的支系③，他们最终成为西罗马帝国的最大威胁。阿拉伯帝国的版图就在亚热带和热带的范围内。然而，寒带地区的国家因自然资源相对缺乏和异常气候造成的流动性而经常与温带国家发生冲突的历史事实表明，相对于寒带与热带，温带仍然是物种最易生存的区域，因而成为人类活动最集中的区域。但随着温带人口的不断增长、不可再生资源的耗损以及人类创造文化能力的不断提高，人满为患的温带区域的人类寻找到两种解决生存问题的方法：第一，建立区域更为辽阔的大帝国保障原来就在温带生存和从寒带和热带移居来的人类安全生存。于是大型的北温带帝国出现，如罗马帝国、汉唐帝国，等等。第二，借助人类

① http://www.jyeoo.com/geography/ques/detail/4c3fb7f0-c58b-4295-973d-130322cecc6b，2015年1月5日。
② 〔美〕杰里·本特利、赫伯特·齐格勒：《新全球史》（上），魏凤莲等译，北京大学出版社，2007，第328页。
③ 〔美〕菲力普·李·拉尔夫、罗伯特·E.勒纳、斯坦迪什·米查姆、爱德华·伯恩斯：《世界文明史》（上卷），赵丰等译，商务印书馆，1998，第390~391页。

越来越先进的文明克服热带和寒带地区生存困难，使热带和寒带地区的国家能够固定下来，实现国家长治久安的目标。其中居于温带的这些大帝国与前一时期在同一种生态文化区域里建立的小国相比，是由几种生态文化区构成的国家。文化边界和国家边界不重合，反映到人的身上，就是原住民与移民之间、不同族群之间的矛盾。经过在同一帝国内的自然融合与强化同化，罗马人、汉人或唐人的统一认同形成，国家边界和文化边界逐渐重合，国家稳定，人民安居。但帝国末期的历史表明，几种生态文化区域组合起来的国家在分裂时仍然可能出现以自然生态文化区域为基础的独立国家，如唐之后出现的五代十国时期；罗马帝国分裂成东西两部也与生态文化区域相关，最终分裂成众多欧洲小国也是同一种生态文化区的子区域分化的标志。寒带和热带地区新产生的国家同样也经历了文化边界与国家重合到几个文化区域组合成国家的过程。因此在这样的国家中，国家戍边的力量主要靠不同生态文化区的不同民众，他们拥有的文化体系则是戍边的基础，国家的作用只是协调和保障如何在不同生态文化区域的边界地区有效地发挥它们的戍边作用。

民族国家是欧洲从西罗马帝国分裂为众多小国后一直维持的理想国家形态。但是欧洲每一个发达的小资本国家后面，都有一个强大的殖民地区域和体系。正如马林诺夫斯基所说："过去我们曾有条顿族、匈奴族、斯拉夫族及稍后的蒙古诸族的扩殖；有以色列的兴亡；有十字军的东征；有欧洲宗教的混战；以及有欧人的海外开发和占领。到如今，欧化的历程已有席卷天下之势。"① 欧洲各国在特定的殖民区域内，销售自己的商品，攫取自己所需的工业原料，形成庞大的资本体系。比如法国的殖民区域和体系在非洲；英国的则在亚洲；西班牙和葡萄牙的则在南美。除此之外，欧洲各国在欧洲人满为患的时候，把自己国家社会中的下层人赶到他们用枪炮打开的北美和大洋洲区域。这种历史从新航路开辟到"二战"结束，持续达四个多世纪。这一时期，是生态文化区域与国家边界完全断裂的时期。比如英国的本土文化在欧洲西海岸的几个岛屿上，其文化边界和国家边界重合，但在"一战"前却拥有占全世界1/5版图的殖民地。这些殖民

---

① 〔英〕马林诺夫斯基：《文化论》，费孝通译，华夏出版社，2002，第1页。

地国家分布在全世界，文化各异，制度不同。其他欧洲国家也如此。欧洲各国均企图以欧洲所谓先进的文化同化殖民地国家。但"二战"后殖民统治区域瓦解和殖民统治体系崩溃的事实表明，将一种生态文化区域的文化推行到其他生态文化区域的确是不接地气的表现，因为以科技为主导的文明递进与生态和历史为主导的文化之间存在着不以人的意志为转移的定律。适应不同生态环境的文化仍然是决定人类命运的关键因素。

"二战"以后的国家类型根据经济发展程度被划分为发达国家和发展中国家。但实际上从文化的角度来说，仍然是几个生态文化区联合的国家和单一生态文化区域国家。我们不能因为全球被裹胁在以科技为导向、以资本市场为链条的全球化轨道上就完全忽视了文化的力量。因为我们文化中的价值观是最终决定我们命运的核心要素。但目前以资本为核心的运行模式超越文化，使国家利益有可能超越或内缩于国家实体边界而使文化的力量受到限制，但最终当资本不能运行时，仍然要靠文化的力量维持整个地球国家中的人类生存。因此无论对人类古代、近代还是现代的不同类型的国家边疆，文化是戍边的根本力量。

二　文化戍边是文化本质的体现

虽然我们每个人身上都体现着各自的文化特征，学界对文化的认识也经历了作为人类文明成果的集合体①向人类自己编织的意义之网②的转变，但文化作为"人类不同群体为了维持和创造幸福生活过程中积累起来的经验、智慧的象征符号以及所代表的价值、理想和信念"，③包括三个方面的重要内容。

第一，依靠不断扩大的集体力量是文化创造、享受和反思的基础。从单一生态文化区域的国家到多种生态文化区域的国家就是这一不断扩大的集体力量的体现。集体创造的文化的集体性表现在以下三个方面。首先它是普通大众能够在生活中应用并让后代通过学习可以传承的文化。比如哪

---

① 〔美〕哈维兰：《文化人类学》，瞿铁鹏、张钰译，上海社会科学院出版社，2006，第34页。
② 〔美〕克利福德·格尔茨：《文化的解释》，韩莉译，译林出版社，1999，第2页。
③ 徐黎丽、杨朝晖：《论文化戍边》，《新疆社会科学》2013年第3期，第115～119页。

些植物和动物对人类有益，哪些植物和动物对人类有害；如何使用火和各种器皿把成为人类食物的东西做得更可口；如何把某些适合遮盖人体的柔软树皮或枝条或动物皮做成衣服并具有美丽的外观；如何使所有物品具有公共认同的名字并以语言和文字的形式固定下来，等等。其次是大家约定俗成的规范群体内部行为的制度、规范、禁忌或习俗。比如群体内部如何分配集体生产的粮食、打来的猎物和采集的果实或蜂蜜；如何修建适应当地气候和地形且能够适合人居的房子；如何最大限度地利用自然界赋予的资源而不被自然法则所惩罚。最后是与以国家边界形式表现出来的不同文化群体有冲突或矛盾时可以拿出化解冲突的方法、智谋、战略、规划，等等。可以说，无论是建立在某一特定生态文化区域的国家的文化，还是有足够的时间让几种生态文化区域的人类融合成一个国家的文化，均具有鲜明的国家性，即当初创造这种一元或多元文化就是为了从集体的力量中最大可能地获得生存资源。因此文化的集体性主要表现在国家性上，即为了保卫国家的利益，在自己的国家与其他国家发生冲突时想出方法解决；在国家与国家关系友好时互相学习对方文化中有益的成分，使文化更多更好地为自己国家的人民服务。

第二，文化是人类作为物种之一生生不息和作为单个人能够面对生死的一种有效方式，因此文化自然能达到戍边的目的。从宏观角度来说，作为物种的人类必须保障人在地球上生生不息。那么文化作为结成不同群体根据生态环境的不同寻找自然资源为我所用的所有技艺和思想来说，就必须发挥这样的作用。从微观角度来说，结成群体的每个人从出生就面临死亡，如何在有生之年过得有意义有价值，如何在死亡来临时不恐惧且安宁，这是每个人必须面临的问题。只有解决好每个个体的人的生死问题，才能解决好整个人类的繁衍发展问题。比如我们靠学习祖先传承下来的人生每一阶段应该学习的生活技术、艺术和思想规则，掌握了活下去的本领，同时也根据不断变化的时代要求，对我们的传统文化进行修正与创新，使我们的物质生活和精神生活尽可能地得到满足。对于死亡，我们以宗教信仰的文化形式很好地解决了每个人不得不面对的问题，从而使我们看到子孙仍是我们文化的继承者时能够平安地离开这个地球。世界各地的宗教志个案充分说明了这一点。比如非洲的阿赞德人把"信仰化作行动，而不是对它们进行纯理性的研究，他们的信条体现在有社会约束的行为里，而不是以教条的形式表达出来"。① 对于整个人类来说，无论我们处于多么不同的生态环境，我们适应生态环境而创造并不断创新的文化使每个人必须面对死亡，同时又保障人类的种群能够持续不断地在地球上生存。由于国家是人类至今仍然使用的集体生存管理方式，所以安于边疆生死的各类群体的文化，自然具有戍边作用。

第三，文化的核心价值观指引整个国家文化发展方向，支持国家利益，因而具有国家性。尽管个人的文化和群体的文化各具功能和各有所长，但文化的群体性集中在国家层面时，文化的核心价值观就起着引领整个国家文化发展方向和支持国家利益的作用。比如以什么样的理念治理国家能让老百姓明白且服从国家的整个理念，不仅关系国家的大政方针，也涉及百姓生活，而治国理念则源自国家内部文化的核心价值观。因此文化就构成了国家生存与发展的精神或思想基础。在对外方面，当自己的国家受到外国入侵或与外国发生冲突时，文化作为凝聚国人的力量形成抗击外敌的精神力量。因而具有国家性的文化自然具有戍边的力量。

三 文化戍边是文化在交流与合作中通边

文化虽然是不同人类群体适应自然和人类社会而产生的，但由于人类群体具有随自然资源而流动的特点，使得原居地的文化与迁入地的文化发生交流，互相吸收，取长补短。因此文化交流、传播、合作是文化的自然属性。具体来说，文化交流与传播具有以下功能。

首先，通过互相学习而达到取长补短的目标。文化的交流与传播有内部和外部之分，内部交流与传播主要是为了达到一种文化形态的丰富和文化整体的完善，促进一种文化的成熟与提升。文化外部交流与传播主要是为了互通有无，相互吸收。比如，"欧洲的拼音文字的始创者是尼罗河上的埃及人，经过了菲尼基人的手传到希腊，希腊人加了一番改造又传给罗

① 〔英〕埃文思·普里查德：《阿赞德人的巫术、神谕和魔法》，覃俐俐译，商务印书馆，2006，第 101 页。

马人，罗马人又稍稍修改后，才成为现在西欧通行的一式"。① 这样的文化交流与传播贯穿人类历史每一发展阶段。一般来说，早期人类以一种生态文化区域为基础建立的国家边界之间的文化交流，其实就是两种不同文化之间的交流，这种交流，虽然不乏冲突和矛盾，但正是因为冲突与和平相间的关系，才使得文化交流和传播得更加充分，不同文化群体之间通过交流而互相学习、取长补短，达到国家边疆地区的和谐与安宁。

其次，达到互相理解和认同的目标。在工业化时代，虽然工业国家靠枪炮打开了殖民地国家的大门，但维持对殖民地的统治，必须从了解和认识他们的文化做起。通过大量的殖民地国家文化文本的写作，工业国家对殖民地国家的文化有所认识和理解②，而工业国家的文化价值也在不断地输入殖民地国家。虽然工业化国家与殖民地国家自始至终存在隔阂，但军事上的冲突早已被经济上的竞争关系所取代，文化使同处于资本链条当中的不同体制、价值的国家及其人民之间有了一定的认识和理解。这就是工业化时代工业化国家维持其边界的手段，也就是文化戍边。

最后，达到各美其美、互相尊重的目标。从形式上来说，文化交流比军事战争文明，从本质上来说，文化的核心价值的沟通更困难。但我们就处于思想、价值和观念已经成为人类交流和合作焦点的时代。这不仅是经过历史沉淀的文化日益成熟的表现，也是人类社会平衡互动发展的必然结果，因为经过每一种社会积累的文化，又与其他文化交流，留下的精华则进一步促进人类社会的继续发展。这个时期的文化有人类的共性精华，更有人类不同群体的特殊之处，因此"理解文化本身的复杂性，需要通过一种哲学视角，也就是利用整体观和民族学（即应用于文化研究的比较观）来平衡文化，而整体观和民族学又建立在民族中心主义和文化相对论不断演化平衡的基础上。这就是人类学意义上的文化"。③ 也就是说，各美其美、互相尊重是文化最好的归宿，也是各国保持和平发展的最好法则。文

---

① 〔美〕罗伯特·路威：《文明与野蛮》，吕叔湘译，生活·读书·新知三联书店，2005，第3页。
② 高丙中：《民族志的科学范式的奠定及其反思》，《思想战线》2005年第1期，第75～81页。
③ 〔美〕卢克拉斯特：《人类学的邀请》，王媛、徐默译，北京大学出版社，2008，第70页。

化也只有在这样的环境中才能得到更长久的发展。

实际上,通过交流与传播的各国文化,如果能循序渐进地达到以上目标,最终通过通文化就达到了通边疆的目标。

四 文化戍边是国家软实力在边疆的体现

无论古今,建国和灭国都充满了暴力和战争。但这并不是说人类的历史充满暴力和战争。因为暴力和战争付出的代价是人类的财富、生命和灵魂,所以人类总是尽量避开战争,并不断总结战争的教训,试图以和平的治理方式来治理国家,达到国泰民安、边疆和顺的目标。

首先,文化作为国家的软实力,体现了国家的力量,文化自然就是国家成边的力量。在国家发展的历史上,经济、政治、外交、军事均被当作国家实力与外国抗衡。这些显性的力量因为看得见而被记录下来。然而当一个国家的所有公民对国家的认同、热爱凝聚成强大的精神力量支撑国家的代表人物在谈判桌上发挥作用、在经济竞争中获胜或在军事战争中打败对方时,却没有得到更多的评判。这并不是我们的祖先们不重视文化的力量,而是在国家不同发展阶段需要采用的体现国家实力的方式不同。一般容易被拿出来也能拿得出手的力量总是被先展示出来。文化作为建立在众多物质基础上的综合实力,只有当人类发展到现代这个时候才显示出比历史上任何时候大得多的力量,而且是被双方认同的强大的力量。实际上文化一直都在起作用,只是被认为一种强大的软实力是现代的事情。

其次,治策为术,古今中外的治边之术也是文化戍边的体现。无论是欧洲的欧亚心脏腹地理论、[1] 国家空间有机体理论、殖民地理论、维达尔传统,[2] 还是美国的移动边疆理论、新边疆理论、高边疆理论、[3] 新帝国及利益边疆理论,[4] 或是苏联和俄罗斯的恢复世袭地产论、浩罕继承论、民

---

[1] Halford J. Mackinder, "The Geographical Pivot of History", *The Geographical Journal*, 23 (1904)。

[2] 张世明:《拉铁摩尔及其相互边疆理论》,《史林》2011 年第 6 期,第 165~177 页。

[3] 朱听昌、刘菁:《争夺制天权:美国"高边疆"战略的发展历程及其影响》,《军事历史研究》2004 年第 3 期,第 115~126 页。

[4] 董欣洁:《冷战期间西方边疆理论的发展》,《中国边疆史地研究》2005 年第 2 期,第 22~30 页。

族自决权理论、缓冲与突破理论，都是各个国家治理边疆的策略，这些策略是在深入研究各国文化背景的基础上制定的，本身就是各国文化的组成部分。中国古代中央王朝治边思想的核心是"守中治边""羁縻四夷""德泽洽夷""守在四夷"。①

最后，国家通过保护文化遗产、发展文化产业达到兴边和戍边的目的。人类无论身处哪个国家，都不可能回到祖先的采集狩猎、农业牧业的时代，因为太多的人口需要生存。以消费地球不可再生资源为基础的工业虽然能够解决大多数人口的生存问题，但付出的代价则是生态环境极度恶化。另外不可再生资源的不可再生性使我们不得不寻找既能解决人口下一阶段的生存与发展问题，又能更少地污染环境、消耗资源的产业。这就是文化产业。文化产业是利用人类创造的文化作为资源，其产品主要是满足人们的精神需要。比如通过保护历史上遗留下来的考古遗址，复原祖先生活场景，让我们了解人类历史和传统；又如通过电影或电视剧、文学作品、动漫、纪录片、民族志作品，不仅将人类社会的文化传统记录下来，而且弘扬人类真善美、摒弃假恶丑，使正义、公平的社会风气得到传播。与此同时，使用文化的力量，纠正竭泽而渔的实体经济只为积累资本、不顾社会公平正义的做法，以文化中以人为本的核心价值观为导向，谋求全人类平衡互动发展。因此以国家文化产业战略为指导，以人民的历史传统、人文精神为前提，根据各地具体文化资源打造不污染环境的文化产业或利用传统文化体系中能优化环境的文化工程打造文化产业，文化自然就成为国家实力的表现。比如我国传统的体育项目进入奥林匹克赛场，电影获得国际电影节大奖，非物质文化遗产项目进入世界名录，等等，都是现代国家国力的体现，也是文化戍边的表现。

总之，当人类仍然在国家体制中的时候，我们的文化仍然是以国家为范围，文化通过不断创新、交流、传播、学习而实现国与国之间平衡互动发展。

———————————

① 方铁：《古代"守中治边"、"守在四夷"治边思想初探》，《中国边疆史地研究》2006 年第 4 期，第 1~8 页。

论西北跨国民族文化体系的成边作用

徐黎丽　唐淑娴[*]

摘　要：西北跨国民族以历史悠久、顺应自然、民族特色、跨国多元为特征的民族文化共同构成了以历史与生态为基础、民族特色为核心、跨国多元为形式的三层一体的西北跨国民族文化体系。这一文化体系的成边作用表现在：首先，架起了中国与中南亚各国文化交流与合作的桥梁。其次，这一文化体系中的三个层次分别在成边过程中发挥着不同的功能。其中以历史和生态为特征的第一层次文化体系注重的生态与传统是跨国民族安全和平成边的基础；以民族为特征的文化体系第二层次是跨国民族得以安全和平生存与发展的手段和保障；以跨国多元为特征的第三层次文化体系则为跨国民族安全和平成边提供了对其他文化的包容和理解。最后，兼容并蓄、开放宽容的跨国民族文化体系整体价值观则为跨国民族安全和平成边提供了理论指导。

关键词：西北跨国民族　文化体系　成边

中国西北边疆作为中国边疆的重要组成部分，关系国家主权、领土的完整和人民、政权的安全。因此如何成边一直是自古至今不同政权关注的焦点。由于古今面临的边疆问题、边疆观念不同，所以成边的方式各异，如驻军成边、屯田成边、和亲成边、结盟成边，等等。如今随着边疆问题逐渐从军事外交向社会文化过渡，文化不仅是国家实力的表现，也逐渐成为当代成边的手段。但有关文化成边的研究成果并不多见，[①]

---

[*]　徐黎丽，兰州大学民族学研究院、中国边疆安全与发展研究中心教授；唐淑娴，兰州大学西北少数民族研究中心、民族学研究院 2013 级博士生。

[①]　从以往的研究成果来看，一类作品从局部国际关系和地缘政治出发，探讨中国西北边疆面临的外部威胁；另一类作品则从国内民族宗教关系层面分析中国西北边疆存在的问题对边疆安全的影响；还有一类作品则从跨国民族与国家关系出发阐述跨国民族在西北边疆安全中的重要作用。以上研究分类来源于本文作者对 1991～2014 年学术期刊网中有关西北边疆研究方面的学术研究成果的查阅和总结。

跨国民族作为最直接的成边力量，虽然研究其文化的成果很多，但如何以跨国民族的文化成边则成果很少。因此本文拟从跨国民族的文化特征和体系出发，揭示这一特殊群体的文化体系在成边中的重要作用。这既是中国文化强国战略的边疆话语，也是成边策略的现代发展。

一 西北跨国民族文化特征及其体系

现代社会之所以能够瞬息万变，文化是其根本原因。这里的文化就是指"人类不同群体维持和创造幸福生活过程中积累起来的经验、智慧的象征符号以及所代表的价值、理想和信念"。[①] 任何在特定生态与人文环境中产生的文化都自成一体，因为它是人类不同群体为了解决人与自然和其他群体的问题而产生的。但产生后的文化随着人类不同族群的迁徙和交流不断加入新的文化因子或减少旧文化因子而达到解决时代问题的目的，即文化是人类历时性创造和共时性交流的结果。我们每一代人生活的时代，都是文化的传统性和现代性相结合的产物，跨国民族的文化也不例外。

在中国西北边疆，生活着十个跨国民族，它们分别是维吾尔、哈萨克、乌孜别克、柯尔克孜（中亚各国称吉尔吉斯）、塔塔尔（俄罗斯称鞑靼）、塔吉克、俄罗斯、回族（中亚各国称东干）、蒙古、汉等民族[②]。虽然这些跨国民族的起源不同、跨国过程各异、文化现象不一，但他们的文

---

① 徐黎丽、杨朝晖：《论文化成边》，《新疆社会科学》2013 年第 3 期，第 115 ~ 119 页。

② 丁建伟认为："中亚国家间同源跨国民族数目较多，与中国西北边疆地区的同源跨国民族有 9 个，即哈萨克族、吉尔吉斯族（柯尔克孜族）、塔吉克族、俄罗斯族、鞑靼族（塔塔尔族）、乌孜别克族（乌孜别克族）、东干族（回族）、维吾尔族和汉族等民族。"参见丁建伟《中亚与我国西北边疆地区同源跨国民族问题》，《西北第二民族学院学报》2004 年第 1 期，第 7 页。安俭认为："中国西北边疆的少数民族有哈萨克族、维吾尔族、柯尔克孜族（境外称吉尔吉斯人）、塔吉克族、俄罗斯族、塔塔尔族（境外称鞑靼人）、乌孜别克族（境外称乌兹别克人）和回族（境外称东干人）等。"参见安俭《论中国西北边疆的跨国民族问题》，《西北师大学报》2011 年第 6 期，第 48 页。笔者认为蒙古族和汉族也应该是西北边疆的跨国民族，因为"蒙古族的跨国，虽有清代蒙古土尔扈特部举族迁出和以后回归的移民因素，但主要还是沙俄侵占唐努乌梁海地区和支持外蒙古独立造成这两次国界变更的结果"。参见冯瑞（热依曼）、艾买提《中国西北疆界变迁及周边跨国民族特征》，《广西民族大学学报》2007 年第 5 期，第 19 页。除此之外，地处西北的甘肃与蒙古人民共和国接壤，马鬃山口岸是中蒙两国之间的口岸。至于汉族在中亚各国的跨国居住也具有悠久的历史，当代更多的汉族定居中亚等国。关于汉族在中亚等国的跨国历史与现状，值得研究。

化因与西北边疆的历史及现实相联系而显现出一些共同的文化特征。这些特征如下。

第一，历史悠久。尽管西北各个跨国民族的起源发展的具体历史过程不同，但拥有悠久的历史则是其文化的显著特征。而历史悠久仅从族源上就可以得到证明。比如维吾尔先民回纥起源于蒙古高原。"据史书记载，位于漠北草原适中位置，鄂尔浑河流域的于都斤山一带水草丰盛，地形易守难攻，历来为古代北方游牧民族先后建立的主要政权的王庭所在地。汉代匈奴亦以此地为龙庭所在地。随后，柔然汗国、东突厥汗国、回纥汗国都以此地为都城圣地"。① 哈萨克同样如此，尽管历史学界对哈萨克族的起源说法不一，如有学者认为："乌孙灭国后，其族南迁帕米尔高原，因此，哈萨克族中的主要部落乌孙，不是 2000 多年前立国于西域的乌孙，而是 10 ~ 12 世纪游牧于蒙古高原的兀孙，该部多数人后随术赤和拔都迁居金帐汗国；哈萨克族的族源也不是 2000 多年前的乌孙，而是汉朝的奄蔡、南北朝的曷截及他们的后裔——唐朝的可萨突厥。"② 但其起源于 2000 多年以前的蒙古高原则是不争的事实。塔吉克族虽属于欧罗巴人种，但据《清史稿》记载："蒲犁厅，府西南八百里。旧色勒库尔地。汉，蒲犁、西夜、乌秅、依耐诸国地。后汉，德若国。魏，满犁、亿若二国，并属疏勒。北魏及唐，竭盘陀国。宋、元，于阗国。明属叶尔羌。顺治后，为布鲁特西部。"③ 也有人认为："塔吉克族远祖可追溯到公元前 10 世纪前后从欧亚草原迁来帕米尔高原东部的一些使用伊朗语的部落。这些部落在中亚地区与原居民大夏人、粟特人、帕尔坝人和塞族人结合逐渐形成塔吉克人。"④ 由此可见塔吉克族先民早在丝绸之路开通前就生活在帕米尔草原。关于乌孜别克的起源也有两种说法，一种认为起源于金帐汗国的月即别汗，⑤ 另一

---

① 艾娣雅·买买提：《漠北游牧与西域农耕——维吾尔文化嬗变之窥》，《广西民族大学学报》2010 年第 4 期，第 13 页。

② 钱伯泉：《哈萨克族族源新探》，《民族研究》2001 年第 5 期，第 68 页。

③ 赵尔巽等：《二十五史·清史稿》（缩印本），中华书局，1997，第 659 页。

④ 马合木提·吐尔逊：《关于我国塔吉克族人口形势的初探》，《干旱区地理》1995 年第 3 期，第 72 页。

⑤ 熊坤新、张少云：《国内乌孜别克族研究概述》，《新疆师范大学学报》2009 年第 3 期，第 41 页。

种认为起源于乃蛮部。① 柯尔克孜的起源则在学界有一致的看法，这就是"近现代的柯尔克孜族与秦汉时期生活在叶尼塞河上游地区的坚昆、唐朝大漠的黠戛斯、蒙元时期的吉利吉斯、清朝时期的布鲁特一脉相承"。② 关于中国新疆的俄罗斯人来源则有以下调查数据："民国 6 年（1917），布尔津有俄商四五家，庄民 60 余户，骑兵 20 余名。民国 8 年（1919）7 月 24 日，布尔津由设治局升格为布尔津河县，县境内的村落除几个俄罗斯、蒙古聚居点外，大部分的哈萨克族按部落聚居点划分。民国 9 年（1920），俄罗斯人涌入达到高潮，多居留在吉木乃、哈巴河、布尔津等地。1920 ~ 1930 年，边界管理和边境地区居民管理都不十分严格，外来人员常登记为中国居民，有些人为双重国籍。1930 年以前，冲乎尔、海流滩、齐巴洛依、禾木河、汇干（今布尔津镇）等地居住着 300 多户俄罗斯族人。

1930 ~ 1940 年间俄罗斯人在当地逐步失去俄罗斯籍，并相应地取得了中国国籍，时称'归化族'。至民国 33 年（1944），布尔津县总人口 15276，俄罗斯族 1657 人，占总人口的 10.8%。至新中国成立时，俄罗斯族依旧是全县第二大民族。"③ 尽管中国新疆的俄罗斯人跨中俄两国而居的历史并不长，但俄罗斯作为一个民族出现在世界历史舞台上的时间可上溯至金帐汗国时期。东干人则是中国清代陕甘回民起义后迁入中亚哈、乌、吉三国的后裔。"据俄方统计，俄方收留的回民共有 9136 名。白彦虎的部下在俄属中亚定居下来，成为那里的东干族，他们仍然使用自己的语言'东干话'，即汉语甘陕方言，顽强地保持着自己原有的风俗习惯，一直信奉伊斯兰教。十月革命后，他们被承认为一个民族。"④ 至于蒙古族和汉族，公认的说法则是起源于魏晋时期的室韦、5000 年前的炎黄。因此可以说，中国西北的十个跨国民族的起源较早，历史悠久是中国西北跨国民族文化的最早特征。

---

① 熊坤新、张少云：《国内乌孜别克族研究概述》，《新疆师范大学学报》2009 年第 3 期，第 42 页。
② 万雪玉：《近三十年国内柯尔克孜族研究的回顾与反思》，《西域研究》2010 年第 1 期，第 111 页。
③ 程虹：《俄罗斯人在布尔津县的发展历程》，《新疆地方志》2007 年增刊，第 64 页。
④ 刘迎胜：《寻访东干人》，《寻根》1994 年第 2 期，第 37 页。

第二，顺应自然。西北的跨国民族无论在其起源地或在形成跨国居住后，其文化的核心都是在尊重、顺应、爱护自然环境的基础上加工自然资源为其所用。维吾尔族的谚语"取之于自然，还之于自然"① 就是尊重和顺应自然的表现。比如在南疆维吾尔地区，"几乎每家院子里都有一个果园，与邻家院子中间隔一道墙，每户之间就是以这个果园为界线的。院子顶部有很多支起的架子，果园里的葡萄藤沿着架子生长，这样葡萄可以直接从阳光中吸收养分，同时又形成了天然的绿色篷帐。在炎热的新疆地区，这不仅美化了环境，而且还给人们提供了良好的休息场所。维吾尔人还喜好在院子里种花，最常见的花是刺玫和夜来香。玫瑰和夜来香在早晚时间交替开放，又给维吾尔族人的日常生活增添了许多生气。最突出的一点就是维吾尔人居所的前、后大门两侧都种有许多树木，如白杨树、桑树、沙枣树、杏子树等。所以说不管是院内还是院外，处处都可以看到绿色的景象。"② 在塔吉克人文化中，充满了对水的尊重，如"洗了衣服的水不能倒在水里；不能朝水里小便；不能朝水里大便"。③ 庆祝修渠引水节（祖吾尔节，"祖吾尔"在塔吉克语中为引水之意）更表现出塔吉克人对水的重视。因为"塔吉克人所聚居的塔什库尔干地区气候寒冷，居民稀少，冬季山水冻结，春季来临，需要砸开冰块，引水入渠，开耕播种。但一户人家单独引水开耕绝不可能，须全村人一起出动，祖吾尔节便是在这一现实生活基础上形成的。随着春季的来临，要在主要渠道的冰面撒土（撒土可以加快冰融速度）并准备好各种工具，还要烤制3个节日大馕（一个留在家里，两个携往引水工地）。引水这天，全村人在'穆拉甫'（水官）的带领下骑马到引水点，参加破冰修整渠道的劳动。引水入渠之后，人们聚在一起，共食带来的节日烤馕，孩子们则相互撩水嬉闹。之后，人们共同祈祷，祈求风调雨顺，庄稼丰收。接着，人们举行隆重的叼羊、赛马等

---

① 热汗古丽、哈得江：《维吾尔文化中的绿色审美》，《喀什师范学院学报》2002 年第 1 期，第 56 页。

② 热汗古丽、哈得江：《维吾尔文化中的绿色审美》，《喀什师范学院学报》2002 年第 1 期，第 54 页。

③ 刘明：《帕米尔高原塔吉克族水文化调查研究》，《新疆社会科学》2008 年第 6 期，第 92 页。

活动，庆祝引水节"。① 柯尔克孜人则把对自然的热爱表现于花毡上。花毡的纹饰多取材于自然，如猎鹰、大雁、羝角（公羊角、鹿角）、牛羊骨和花卉、蔓草，也有齿牙、三角、方、圆、直线、斜线等几何纹样。其中羝角纹图案对柯尔克孜人来说，一方面寓意着畜牧业丰收的美好愿望，另一方面则代表了牲畜与人类的和谐友好关系；植物枝蔓的纹饰是牧人赖以生存的牲畜不可缺少的食物象征。因此他们将这些自然之物描绘在各类工艺品上，演化成千变万化的植物、花卉、枝蔓等纹样，装饰在毡毯、壁挂、围帘等物品上。② 由此可见，文化离不开特定的生态环境与资源，文化是人类不同群体顺应特定生态环境并采取不同方式使用自然资料的结果。西北十个跨国民族的文化中反映出对自然生态环境的尊重和爱护，则是这些文化及其创造这些文化的民族之生存之本。因此顺应自然也就构成了这些跨国民族文化的特征。

第三，民族特色。"民族是人类不同群体生物性、文化性和建构性三位统一体。"③ 文化作为民族的一个基本属性，是区别不同民族的标志之一。中国西北的十个跨国民族也是如此。比如维吾尔族的麦西莱甫就是体现其民族特色的文化因子。麦西莱甫是阿拉伯语，译为"聚会、场所"，维吾尔语中理解为"大家聚在一起欢乐"，是新疆维吾尔人独有的传统文化之一，"没有麦西莱甫的生活是没味的生活""要当学者进学堂，要学做人去麦西莱甫"等维吾尔民间说法折射出麦西莱甫在维吾尔民众生活中的重要地位。它贯穿于维吾尔人生活的方方面面。比如哈密的"绿苗"麦西莱甫是在一年收成之后举行；伊犁的"冬初"麦西莱甫是在冬天的第一场雪之后举行；"轮流"麦西莱甫则是在农闲时在各村庄轮流举办。维吾尔人一生不同成长阶段有不同的麦西莱甫，如呱呱落地40天后为其举办的"摇篮"麦西莱甫、"命名"麦西莱甫、男孩"割礼"麦西莱甫、子女成年礼麦西莱甫、"婚礼"麦西莱甫、生头胎的"巧康（已婚妇女）"麦西莱甫等；每次麦西莱甫总是推选办事公正、有威望的人担任"首领"和

① 刘明：《帕米尔高原塔吉克族水文化调查研究》，《新疆社会科学》2008年第6期，第92~93页。
② 万雪玉：《柯尔克孜族花毡探析》，《新疆艺术学院学报》2010年第3期，第17页。
③ 徐黎丽：《论民族的三个基本属性》，《西北民族研究》2013年第4期，第91页。

"法官"，惩罚懒汉、酒鬼、小偷、乱搞男女关系的人等不遵守道德规范的人，同时传承民族文化。① 直到现在麦西莱甫仍然是最具民族性的维吾尔文化因素。哈萨克独具民族特色的文化因子则是阿肯对唱会。"盛行于哈萨克口头文学中的习俗歌、戏谑歌、宗教歌、知识歌、谜语歌、山歌、水歌、地歌、渔歌、四畜歌、谎言歌等无不包含于对唱之中，是全面反映哈萨克族人民社会生活的'百科全书'"。② 俄罗斯族的许多文化因子都具有民族特色，如"他们住房内的壁炉实际上是一道弯曲的烟筒，把热暖留在房内，把污烟排往室外。俄罗斯人的烤箱炉子，让火苗在炉箱上下翻卷，使饭食和烤饼同时熟。他们用啤酒花发酵后酿制而成的嘎瓦斯酒，香甜可口，回味悠长，适于大人小孩饮用。俄罗斯人砸铁皮的技术考究，砸出的水桶等用具不用焊，而且经久耐用。俄罗斯人盖的房屋向阳，注意采光，窗子较大，地面有地板，顶棚为木质天花板。在林区，用原木搭成的房子，既坚固又实用"。③ 由于俄罗斯人的这些文化因子科学合理，因而新疆北疆各族民众纷纷效仿。东干人虽然从陕甘迁入中亚，但他们仍然保持了陕甘方言和某些习俗，如"哈萨克斯坦江布尔的东干（回族）村子札勒帕克·特帕，这个村子有5000东干人，均操甘肃方言"，④ "新渠农庄是中亚'东干'——中国回民的五大聚居地之一，其他四个是营盘（马三成）、米粮坊，江尔别克和亚历山大富卡（哨葫芦）。新渠农庄有一万多人，绝大多数是陕西人后裔，通用陕西话"。⑤ "在传统文化建构方面，东干人长期保持并维护着从故乡带来的风俗习惯、戏曲艺术、歌舞民谣、传统服饰、女红手工等丰富多样的物质及非物质文化形态。"⑥ 其他西北跨国民族都保存和传承着具有民族特色的文化因子，如乌孜别克的商业及城镇文化、柯尔克孜的玛纳斯，等等，这些独具民族特色的文化，构成了其文化的

---

① 沙吉丹牧：《麦西莱甫：维吾尔文化的锦囊》，《中国民族》2008年第2期，第49~50页。
② 努尔夏提·别尔迪别克：《哈萨克族民间艺术盛会阿肯对唱会》，《新疆社会科学》2005年第6期，第101页。
③ 程虹：《俄罗斯人在布尔津县的发展历程》，《新疆地方志》2007年增刊，第64页。
④ 刘迎胜：《寻访东干人》，《寻根》1994年第2期，第37页。
⑤ 刘宝军：《生活在中亚的"东干人"见闻录》，《中国穆斯林》2002年第5期，第30页。
⑥ 王建新：《哈萨克斯坦东干人的民族教育与群体建构》，《西北民族研究》2012年第2期，第179页。

特征。

第四，跨国多元。中国西北的十个跨国民族，绝大多数跨居多国。比如，"维吾尔族较大规模的迁徙从 10 世纪末持续到 20 世纪的 60 年代，大致可分为六个阶段。维吾尔族在国外的分布以中亚、西亚、南亚最为集中，约占所有国外维吾尔族人数的 80%。国外维吾尔族人在中亚约有 54 万，西亚约 21 万，南亚约 8 万，西方发达国家约 10 万，总计已近 100 万"。① 哈萨克斯坦虽然是以哈萨克族为主体民族的国家，"哈萨克族人口数量已从 1989 年的 6496900 人增至 1999 年的 7985000 人"，但哈萨克斯坦以外的哈萨克人"占全世界哈萨克人总人口的 1/4（大约 350 万人），有 200 多万人生活在独联体国家，其中大约 100 万人在乌兹别克斯坦，35 万人在前属乌兹别克的卡尔帕尔斯坦自治共和国，10 万人在土库曼斯坦，大约有 70 万人生活在俄罗斯和它的一些自治共和国中，像克尔米科斯，它位于里海北滨，哈萨克人数大约 1 万人。因不同时期的移民潮，有 150 万哈萨克人生活在独联体国家以外，其中绝大多数生活在中国的新疆，人数是 110.7 万人（1991 年人口统计）。4.2 万人在蒙古人民共和国，4 万人在阿富汗，3 万人在土耳其。大约有 30 万哈萨克人原来移居俄罗斯并定居在阿斯特克汉、奥伦堡、奥穆斯克和蒙古，现已返回哈萨克斯坦"。② 我们从"哈萨克斯坦政府采取了法律法规，确保哈族在国家的主体民族地位，号召分布在 40 多个国家的哈萨克族'回归历史祖国'"③ 的话语中得知哈萨克是一个跨居 40 多个国家的民族。塔吉克族虽然不如哈萨克族那样跨居如此多的国家，但除了塔吉克斯坦聚集了占全国人口 62.13% 的塔吉克人外④，中国和中亚各国均有塔吉克人，如"根据 2000 年《哈萨克斯坦统计述评》的统计资料，这 10 年中人口增加的民族和国家有 16 个，它们是哈萨克、乌兹别克、维吾尔、东干、库尔德、塔吉克以及土耳其、波兰、美

① 艾买提、冯瑞：《中国新疆维吾尔族群的跨国过程及其分布和动因》，《新疆大学学报》2008 年第 4 期，第 97 页。
② 王虎：《哈萨克斯坦独立前后的民族人口政策及其实践》，《新疆大学学报》2006 年第 3 期，第 94 页。
③ 纳森：《我国当前部分哈萨克族民众外迁问题研究》，西南民族大学硕士学位论文，2008。
④ 刘启芸：《塔吉克斯坦》，《东欧中亚市场研究》1997 年第 3 期，第 62 页。

国、涅涅茨、英国等"。① 由此可见，跨多国而居为塔吉克族文化的变迁奠定了基础。东干人虽然主要生活在中亚吉尔吉斯斯坦、哈萨克斯坦和乌兹别克斯坦，② 但在中国新疆的阿勒泰地区，"移居这里的回族人已有近百年的历史了"。"这里的哈萨克族、维吾尔族、俄罗斯族人称当地的回族人为'东干'。""当地哈萨克族把居住在这里的回族分为：定居时间较长、与当地民族通婚或懂当地民族语言的人被称为东干人，在语言上不能沟通的被称为回族人。"③ "1962 年伊犁、塔城事件时，有不少新疆的回族人跑到这里，被吸收到东干社会群体中去。"④ 俄罗斯、汉、蒙古等民族更是跨居世界各国，尤其在中国、中亚各国、蒙古边境地区。跨居多国的结果，是跨国民族的文化从各具民族特色向多元方向发展。比如"东干人见面，像回族人一样互道'色俩目'，但也习惯用当地突厥民族的方式手捂前胸鞠躬行礼，然后再以俄罗斯人的方式互相拥抱。东干人吃饭也用筷子，但他们不像中国人的习惯，即直接将盘子或碗中的菜夹起来送进自己的碗里或直接入口，而是像俄罗斯族一样，先用勺子或叉子将菜盛入每个人面前的盘子中，然后再用筷子进食。在东干人的餐桌上，有中亚的馕、烤包子、抓饭，俄罗斯的红菜汤，中国西北的揪片子，你能在一顿饭中就体会到其中所包含的文化交融"。⑤ 塔吉克人文化的多元性可以从信仰多元中体现出来，如他们曾经崇拜鹰和慕士塔格，信仰过拜火教、佛教、伊斯兰教，⑥ 如今在塔吉克的基层民众生活中，仍然可以看到过油灯节、拜麻扎、遵守伊斯兰教规的多种信仰并存现象⑦。乌孜别克族则因迁入不同地区而吸收了不同民族的文化，如"居于南疆的乌孜别克族容纳吸收了维吾尔文化，

---

① 王虎：《哈萨克斯坦独立前后的民族人口政策及其实践》，《新疆大学学报》2006 年第 3 期，第 94 页。

② 丁宏：《从东干人反观回族的文化认同》，《中央民族大学学报》2005 年第 4 期，第 47 页。

③ 木哈买·贺宝山：《生活在阿勒泰地区的"东干人"》，《穆斯林生活点滴》2004 年第 5 期，第 45 页。

④ 刘迎胜：《寻访东干人》，《寻根》1994 年第 2 期，第 39 页。

⑤ 丁宏：《从东干人反观回族的文化认同》，《中央民族大学学报》2005 年第 4 期，第 47～48 页。

⑥ 段石羽：《塔吉克族文化特征及其传统风俗》，《新疆大学学报》1994 年第 3 期，第 97～98 页。

⑦ 本文作者徐黎丽 2012 年 10 月 21 日在塔吉克县调查数据。

居于城镇的容纳吸收了维、汉文化,居于牧区的则容纳吸收了哈萨克族的文化"。① 柯尔克孜族的文化也在跨国过程中吸收了不同国度的文化因素,比如它们的音乐"分别采用欧洲、波斯、阿拉伯音乐体系。在欧洲体系中,主要采用的是自然小调式、自然大调式和混合利地亚调式"。② 可以说,跨居多国为文化多元发展奠定了物质基础,多元性又进一步丰富和发展了原有文化。跨国越多,文化越多样。跨国多元就成为跨国民族的特征之一。

从以上西北各个跨国民族的文化特征来看,悠久的历史体现每个跨国民族文化的源头;顺应自然体现每个民族文化的地域性;民族特色体现每个民族文化的独特性;跨国多元则体现跨国民族文化的综合性。最终西北跨国民族形成了自成一体又兼容并包的文化体系。其中历史和生态是跨国民族文化积淀的时间和空间基础,它们是跨国民族文化的第一结构层次,民族特色是跨国民族文化历史性和生态性在特定群体生存与发展场景中的体现,是跨国民族文化的核心,属于跨国民族文化的第二结构层次;跨国多元是跨国民族文化的外在表现形式,进一步促进跨国民族文化的兼容与吸收。它们构成跨国民族文化的第三结构层次。以上三层文化相互交织相互影响,最终形成三层一体结构的西北跨国民族文化体系。

二 西北跨国民族文化体系的戍边作用

西北跨国民族文化作为一个体系,且居于西北边疆,必然发挥其他国内民族或职业群体无法取代的戍边作用。这些戍边作用主要体现为以下三方面。

首先,西北跨国民族文化体系架起了国与国之间文化交流与合作的桥梁。前文已经说过,中国西北的十个跨国民族均是跨居多国的民族。虽然每个跨国民族均有具有民族特色的文化,但因其跨居多国并受各国不同民族和职业群体文化的影响,相互学习、取长补短则是自然之事。比如早在16世纪,前来新疆南部探亲、经商的多是安集延人,"故称乌孜别克人集

---

① 刘仕国:《牧区乌孜别克族生活方式的变迁》,《昌吉师专学报》2001 年第 3 期,第 53 页。
② 周菁葆:《柯尔克孜族音乐舞蹈》,《新疆艺术学院学报》2009 年第 4 期,第 1~6 页。

中居住的地方为安集延城、安集延街、安集延村。这种称呼一直延续到民国前期。1934 年，盛世才政府召开新疆第二次民众代表大会，确定乌孜别克为正式族名"。① 中亚国家的史料还记载："清朝商人把茶等西方必需品运到叶尔羌、喀什噶尔和浩罕商人（浩罕人和安集延人在民国时期被定为乌孜别克人）交易。浩罕商人以每匹马驮 30 ~ 40 块砖茶运到浩罕，再用骆驼输送到布哈拉等地，回头货是披肩、马匹、牛丝和西欧的物品。1828年，据查寄居在新疆库车、阿克苏、乌什、叶尔羌、和田、喀什噶尔、英吉沙各城市十年以内浩罕人 289 户，寄居十年以上而土著化了的浩罕人2247 户。以每户 4 人算，当时南疆各城有浩罕人 8900 多人。到光绪三年（1877 年）为止，仅在南疆的乌孜别克族人口就有 2000 户以上。"② 如今中国、乌孜别克斯坦、中亚其他各国之间通过跨国民族乌孜别克族及其文化进行的联系更加紧密。因此通过跨国民族的文化交流合作建立的国与国之间的友好关系必然起到戍边作用。除此之外，跨国民族跨越国界的族群文化交流本身也起到了戍边的作用。比如中国与哈萨克斯坦边境的村落，虽属不同国家，但同属一个民族，且有亲属关系，因此双方村落之间的交流从未间断。双方国家的边境地区为此也保持着动态的安全和平局面。中国和吉尔吉斯斯坦的边境地区同样如此。因为口岸只是边境的一部分，在口岸与口岸之间的国界相邻地区则是普通牧民放牧生活的地方，生活中必然少不了互通有无、互相帮助，正是这样的日常生活中的交流与合作，奠定了戍边的民众基础，戍边才能真正落到实处。因此跨国民族及其他们的文化交流本身就架起了国与国之间文化交流的桥梁。

其次，西北跨国民族文化体系中的三个层次结构中的内容分别在戍边过程中发挥着不同的功能。

以历史悠久和顺应自然为特征的文化体系第一层次所注重的文化传统与生态是跨国民族安全和平戍边的基础。历史发展脉络是每个跨国民族文化的根源，而根源则是文化发展的动力基础。比如早在 9 ~ 13 世纪，"维

---

① 房若愚：《新疆乌孜别克族经商传统与人口城市化》，《新疆社会科学》2005 年第 5 期，第 74 ~ 75 页。

② 房若愚：《新疆乌孜别克族经商传统与人口城市化》，《新疆社会科学》2005 年第 5 期，第 75 ~ 76 页。

吾尔人在继承、发扬本民族草原文化传统的基础上，从交汇在西域的中原汉文化，印度佛教文化，波斯、阿拉伯伊斯兰文化及古希腊文化这些古老文明中汲取营养"，最终"文化领域出现重大突破，整个民族文化呈现空前繁荣局面。而在这种文化背景与社会变革时代画卷中产生的喀喇罕王朝两部杰出代表作：11 世纪 70 年代问世的《福乐智慧》与《突厥语大词典》"，①就是这一时期文化发展的代表性成果。由此可见悠久的发展历史为跨国民族的文化发展奠定了坚实的基础。同时决定文化发展的自然生态环境与资源也是文化可持续发展的基础。我们以塔吉克族、柯尔克孜族为例说明此点。塔吉克人有句古老的谚语："人的肚脐在肚皮上，世界的肚脐在帕米尔。"而"帕米尔是由中亚腹地的许多山脉汇聚而形成的一个高原山区。以帕米尔山结为中心，向四周呈辐射状延伸出五大山系和三大水系，三大水系是向西的阿姆河水系，向东的塔里木河水系和向南的印度河水系。帕米尔山上终年积雪，在千山万壑之间，奔流着融化的雪水，汇成许多河流和湖泊，在河流两岸和湖泊周围，有许多天然的牧场、草地和可耕地"。② 无论帕米尔高原的政治、外交、军事风云如何变化，塔吉克人世世代代在与帕米尔高原自然生态环境相适应的基础上创造和传承的塔吉克文化支撑他们在这里生生不息。《考交加什》与《布达依克》这两部史诗则是柯尔克孜族关注生态与历史的狩猎文化代表。这两部史诗的主要内容是"颂扬了动物神的威严、神勇，以及人类触犯它们、滥杀动物所受到的惩处"。③ 从中可以看出柯尔克孜先民朴素、古老的生态观和历史传统。跨国民族居于边疆，在边疆生存的历史记忆和自然环境资源则为他们的文化发展提供了基础，而在历史与生态基础上创造和发展的文化则为他们戍边提供了文化积淀。

以民族性为特征的文化体系第二层次是跨国民族得以安全和平生存与发展的手段和保障。文化是特定民族在适应特定的生态与人文环境中创造出的维持其民族从生到死的生活体系，因而具有民族性。它由生态、生

---

① 艾娣雅·买买提：《漠北游牧与西域农耕——维吾尔文化嬗变之窥》，《广西民族大学学报》2010 年第 4 期，第 17 页。

② 刘明：《帕米尔高原塔吉克族水文化调查研究》，《新疆社会科学》2008 年第 6 期，第 90～91 页。

③ 郎樱：《柯尔克孜族狩猎史诗所体现的古代先民生态观》，《西域研究》2007 年第 4 期，第 97 页。

计、制度、语言、习俗、信仰等众多文化因子组成，这些文化因子彼此之间具有链接效应，以此保证特定民族从生到死的生活运转。比如求女心切是哈萨克族具有民族性的文化因子，这是"由过去哈萨克族女性在长期以游牧业为主的经济生活中扮演的角色所决定的。一般哈萨克族家庭中男孩从小随年长男性学习骑马、放牧牛羊等技术，女孩随年长女性学习洗衣、做饭、制作各种奶食品、刺绣、制毡、剪羊毛、带小孩等琐碎家务，通常女性的劳动强度远远大于男性，几乎包揽了一切烦琐而沉重家务的女性，为减轻自身重担，往往希望家中多增添几个'小帮手''接班人'，于是在这种'约定俗成'的男主外、女主内的'自然分工'的大背景下，产生了体现父母求女心切的给小孩扎小辫子的习俗"。① 因此求女是哈萨克族在边疆的游牧生活分工所需。保持这一文化因子，则保障了他们在边疆的游牧生活得以顺利运转。《福乐智慧》作为维吾尔族最具代表性的文化成果，充分表现了维吾尔人的智慧、知识和信念。而这些智慧、知识和信念，正是他们居边、守边的指导。《福乐智慧》的作者认为"导向幸福的是知识，他告诫人们：'获得了知识，就会获得幸福'（1814 行），'运用智慧与知识，就会获得幸福'（2626 行），'幸福与智者为伴'（1778 行）"。② 维吾尔人以此为指南，在边疆地区安居乐业。塔吉克族人的继嗣制度也保障了塔吉克人安居边疆。比如他们的"大家庭中死者（自然死亡的长者）的全部遗产由诸子均分，没有嫡庶、长幼之分，也无继子、养子和亲子之别。但长子对遗产的处分有决策权，死者遗孀和尚未出嫁的女儿的生活由遗产继承者承担。祖房或蓝盖力（塔吉克语：住房）是塔吉克族最重要的生活资料和财产，在不分家产的情况下属于家庭成员共有，只是在遗产分割的情况下由赡养母亲的小儿子继承"。③ 这样，"几乎所有高价值的遗产（资金和生产资料）最终都保留在大家庭里得到整合利用"。之所以产生这样的继嗣习俗，主要因为"自然环境的恶劣和土地的贫瘠使得塔吉克族人没

---

① 阿依登：《哈萨克族古老习俗之一：小孩奇特发型》，《伊犁师范学院学报》2005 年第 4 期，第 21~22 页。

② 郎樱：《〈福乐智慧〉与维吾尔文化》，《喀什师范学院学报》1990 年第 4 期，第 55 页。

③ 白振声、黄华均：《单系继嗣：对塔吉克族财产继承习俗的文化阐释——以民族学和应用人类学为研究的视角》，《西北民族研究》2008 年第 1 期，第 11 页。

有更多的剩余产品，因而也就不存在现代意义上的商品交换和市场经济。又由于亡者的遗产数量不多，在生态环境的制约下，塔吉克族人最愿意保留的习俗是，尽量将这些遗产用于共同生产、共同生活"①。因此这种继嗣制度就保障了塔吉克人共同生产与生活于边疆地区。

以跨国多元为特征的第三层次文化体系则为跨国民族安全和平成边提供了对其他文化的包容和理解。中国西北的跨国民族文化的多元性在宗教信仰方面有充分的表现，如维吾尔族文化的跨国多元性，"在宗教上反映最明显。历史上维吾尔人信仰过原始宗教、萨满教、祆教、道教、摩尼教、景教和佛教"，② 现在则信仰伊斯兰教。除此之外，学者对维吾尔文化四大体系的划分就是维吾尔多元文化的充分反映。这四个体系就是北疆的"草原（游牧民族）生态文化"和"旱田农耕生态文化"、南疆的"塔里木盆地绿洲生态文化"、东疆的"吐鲁番－哈密盆地坎儿井灌溉文化"。③塔吉克人也依次有过对鹰的崇拜、慕士塔格（冲山）的崇拜，信仰过拜火教、佛教、伊斯兰教。④ 柯尔克孜族也如此。比如有资料显示，"黑龙江柯尔克孜族信仰的是萨满教和藏传佛教，保留着祭祀祖神、蛇神、马神等习俗。黑龙江柯尔克孜族保留着本民族的语言和一些原生态文化的遗存，加之与周围民族文化的融合、外来文化的传入以及现代文化的塑造，正在形成黑龙江柯尔克孜族的复合型文化，也凸显出一个迁徙民族的历史文化基本特征"。⑤ 而居住在新疆的柯尔克孜族与吉尔吉斯斯坦的吉尔吉斯族虽与黑龙江柯尔克孜族属同源跨国民族，但他们却信仰伊斯兰教。这种多元信仰就同时存在于中国东北、西北边疆地区。因此多元性的文化决定了对其他文化的包容与尊重，也不排除对其他民族文化的吸收。这对国家边疆安

① 白振声、黄华均：《单系继嗣：对塔吉克族财产继承习俗的文化阐释——以民族学和应用人类学为研究的视角》，《西北民族研究》2008 年第 1 期，第 16 页。
② 阿尔斯朗·马木提：《新疆维吾尔文化地理特征研究》，《干旱区资源与环境》2009 年第 12 期，第 36 页。
③ 阿尔斯朗·马木提：《新疆维吾尔文化地理特征研究》，《干旱区资源与环境》2009 年第 12 期，第 37 页。
④ 段石羽：《塔吉克族文化特征及其传统风俗》，《新疆大学学报》1994 年第 3 期，第 97～98 页。
⑤ 吴占柱：《黑龙江省柯尔克孜族历史文化特征研究》，《黑龙江民族丛刊》2011 年第 2 期，第 95 页。

全和平发展至关重要。边疆处于多民族多国家共居地区，跨国多元已经成为其文化特征，认同和理解多元文化不仅能促进国家之间的友好关系，也能促进不同民族文化上的互相学习和吸收，从而促进边疆和谐发展。

最后，兼容并蓄、开放包容的跨国民族文化体系的整体价值观则为跨国民族安全和平成边提供理论指导。西北跨国民族文化体系就是由这些民族在长期的历史发展过程中形成的，与特定的边疆和人文环境相适应，以悠久历史、顺应生态、具有民族特色、跨国多元为特征的兼容并蓄、和平开放的综合性文化。跨国民族文化的多元特征决定了跨国民族文化体系的总体价值观为兼容并蓄和和平开放，其中兼容并蓄决定了和平开放，和平开放又进一步促进兼容并蓄。这种价值观，为跨国民族的安全和平成边提供了理论指导。众所周知，以什么样的价值观成边是成边成功的关键。如果跨国民族只以一国、一民族的文化价值观成边，就不能顾及另一国、另一民族的文化因素，这样跨国民族涉及的国家关系和民族关系就会受到负面影响。但事实上，西北跨国民族在边疆长期共居、相互学习的过程中早已形成文化上你中有我、我中有你的局面，在跨国过程中逐渐吸收了不同国家的文化因子，从而使西北跨国民族的文化呈现出兼容并蓄、和平开放的价值观。这种价值观，不仅是西北跨国民族在不同国家生存与发展的现实需要，也是各国成边的精神指导。以这种价值观作为各国成边的指导思想，各国边疆自然充当了不同民族文化交流与合作的场域，在这个场域中能促进不同文化间的吸收与融合，这又为边疆在互动平衡的多样文化环境中保持安全发展提供了必要支撑。因此兼容并蓄、和平开放为西北跨国民族和平成边提供了精神指导。

当然，任何事物都具有两面性，历史与生态、民族与多元之间存在既统一又对立的关系，兼容并蓄、和平开放与独具特色、闭关自守也是如此。历史上曾经发生的边疆军事战争和现代国家边疆多种经济、文化和社会冲突的教训告诉我们，跨国文化体系可以用来成边，同样也可能给边疆带来负面影响。但如果我们坚持以兼容并蓄和和平开放为国家边疆文化战略，跨国民族以安全和平为文化成边的指导，并以发展多元性文化作为成边的具体途径，那么中国西北边疆和中亚各国边疆就可以在彼此安全的环境中和平发展。

民族传统文化与公共文化建设的互动机理

——基于甘南藏区的分析*

李少惠**

摘　要：民族传统文化是少数民族地区具有历史传承性的文化体系，是民族地区公共文化建设过程中不可分离的部分，而作为民族文化基本元素之一的宗教文化在少数民族地区拥有着特殊地位及影响，因而在民族地区公共文化服务体系构建中如何吸纳宗教文化等民族传统文化的合理资源，进而实现二者的互动是一个紧迫的现实问题。笔者认为，民族传统文化需要借助公共文化服务平台导入公共文化的价值理念以实现文化转换与创新，而民族传统文化更是公共文化的根基和源泉，公共文化也必须根植于民族传统文化的土壤才能获得持久深入的回应和精神共鸣。两者通过对接和互动而形成新的合力，实现民族地区农村文化大发展与大繁荣。

关键词：民族传统文化　公共文化　宗教文化　互动

民族传统文化是少数民族地区具有历史传承性的文化体系，是民族地区公共文化建设过程中不可分离的部分，特别是其中的宗教文化又是民族文化的基本元素之一，在少数民族地区拥有着特殊地位及影响，因而在探

---

* 甘南藏区是对甘南藏族自治州的简称，它位于西部内陆省份甘肃的南部，是以藏族为主体和农牧业人口占多数的少数民族地区。甘南在历史上属于安多藏区。根据传统划分，藏族地区有卫藏、康藏、安多三大区域。安多藏区包括今青海省（玉树藏族自治州除外），四川的阿坝藏族羌族自治州，甘肃的甘南藏族自治州、天祝藏族自治县及祁连山北麓的所有藏区。甘南藏区作为少数民族聚居地区，具有民族传统文化资源富集而公共文化服务缺失的典型特征，故而对这一研究议题的探寻也将具有典型意义。

** 李少惠，兰州大学管理学院教授。

讨少数民族地区文化建设和公共文化服务体系建设时，这是一个必须予以正视的问题。甘南藏区有着丰富的民族传统文化，它们是农村公共文化服务体系建设重要的精神资源，甘南藏区农村公共文化服务体系建设要想取得实效，当植根于民族传统文化的沃土。为此，必须要促成民族传统文化与公共文化之间的有效对接与良性互动，从而使公共文化产品和服务的供给切实满足农牧民的文化需求。

一　民族传统文化与公共文化的联系

民族传统文化是中华民族的文化命脉，也是公共文化建设的文化资本。从文化体系的构成内容来看，文化已内在地包含着民族（传统）文化。因而公共文化与民族传统文化之间存在着必然的联系，这恰恰是容易为人们所疏忽的问题。从公共性这一基本特点出发，公共文化天然涵摄着民族传统文化的内容，公共文化服务也自然应蕴含着对民族传统文化优秀成果的接纳与输出，但囿于民族传统文化中公共精神的相对缺失以及现实中人们总是将两者分离的做法，笔者认为有必要重新检视两者间的关系，这一关系从广义的整体性来看就是公共文化包含了民族传统文化，但从狭义的两者有所区别的关系来看，则民族传统文化与公共文化作为文化体系中的两个部分，相互之间具有互动关系。

（一）公共文化内在地涵摄着民族传统文化

任何一个国家的现代文化都包含了传统和现代两个部分，从来都不存在一种纯粹的不包含传统文化的现代文化。因此，任何区域的公共文化服务及其体系建设都关涉如何看待与民族传统文化的关系问题。笔者认为，认识到公共文化内在地涵摄民族传统文化，这不仅仅是概念界定问题，更关系着如何切实地将公共文化服务体系建构在大地上，深入民族区域人们的心里，落实公民文化权益和实现文化认同等至为根本的问题，也就是公共文化服务体系建设的目的问题。从某种程度上说，民族地区普遍存在的民族传统文化资源富集而公共文化服务缺失的矛盾也是由于忽略了民族传统文化这一"富矿"而导致"富饶型贫困"，并使农村公共文化服务体系建设流于肤浅的表面化、形式化和简单的模式化。如果能实现民族传统文化与公共文化的有效对接与良性互动，将丰富的民族传统文化资源加以充分发掘并适当导入公共精神，那么毫无疑义，它将会为公共文化建设提供源源不断的思想文化资源和精神动力，丰富公共文化服务的内容和形式。更何况，那些凝聚着中华民族自强不息的价值追求和历久弥新的精神财富的优秀传统文化，本身就是发展社会主义先进文化的深厚基础和思想来源，是建设中华民族共有精神家园的重要支撑，也是公共文化的重要内容。正是基于上述考虑，本文提出民族传统文化与公共文化存在着密切联系，公共文化建设与民族传统文化通过对接和互动发挥各自的价值功能并共同作用于民族地区公民文化素质的提升、当地民众幸福感的增进及民族凝聚力的强化，不仅可以缓释社会转型过程中文化断裂造成的伤害，还可成为造福于民众、提升生活质量的现实的生产力，在互动中使多元文化体系下民族传统文化的价值得以充分体现。两者的关系总体而言，民族传统文化是公共文化建设的内涵依托，公共文化建设则是对民族传统文化的立体拓展和内容提升。

少数民族传统文化是少数民族人民在长期的生产、生活过程中创造出来的物质和精神成果，因而内容涵盖极广。就甘南而言，带有地域特色的民族传统文化包括物质生产生活民俗、岁时节日民俗、民间信仰等民俗文化和以民谣、谚语、故事、说唱音乐、传统礼仪、民间歌舞表演、民间剪纸刺绣、民间器乐曲、宗教音乐、民间工艺、"南木特"藏戏等为代表的民间艺术，还有藏传佛教、藏族歌舞、藏族戏剧、民族民间文艺等，皆具有悠久的历史传统和鲜明的地域性和民族性。考虑到民族传统文化所包含的内容的广泛性，为了突出民族传统文化特色，在此将甘南藏区少数民族传统文化归纳为宗教文化与民间民俗文化两类，分别论述其与公共文化的关系。而之所以特别提出宗教文化，乃由于宗教文化是甘南藏区民族传统文化的核心，它构成了一个民族文化的实质性传统和当代民族文化的主体，这是不容回避的现实，故而本文力图在这方面进行创新性探索。

（二）宗教文化与公共文化的相互关系

1. 宗教文化是少数民族传统文化的重要构成

文化概念内在地包含了宗教文化，任何一个民族的宗教文化都是本民族文化的基本元素。在我国，宗教在少数民族的社会生活和精神文化领域占有十分突出的地位。宗教不仅在历史上对一些民族的形成起到了"轴心"的作用，而且也是维系这些民族历史存在和发展的重要精神力量，甚至成为一些民族的文化标识。甘南藏区是多民族地区，宗教是构成许多民族文化的基本要素。对生活在甘南的藏族、回族、撒拉族、土族等诸多民族来说，宗教往往是其对整个世界的根本看法，也是其生活处世的基本观点。宗教往往渗入其社会生活的各个层面，成为塑造文化生活的基本模式。不但群众的人生态度、价值观念、道德标准、思维方式、审美意识、情感方式等受到宗教十分强烈的影响，而且他们的衣食住行、婚丧嫁娶、节日礼仪、好恶禁忌也都受到宗教深刻的影响和规范。宗教在民族心理结构和思维方式中的深厚积淀，成为规定着民族传统文化以及整个民族历史发展趋势和形态特征的民族文化基因，形成了一种具有神圣特质的实质性传统。从某种意义上来说，这些民族的宗教已成为其历史和现阶段民族文化的荟萃点与核心。宗教性是这些民族文化的基本特征。因此可以说，宗教文化是少数民族传统文化的重要构成部分，而且，"宗教文化不仅是一种历史文化遗产，它也是当代中国文化的一部分，特别是在甘肃少数民族地区宗教不仅是过去民族文化的重要甚至核心组成要素，也是当代民族文化不可缺少的组成部分"。① 作为少数民族传统文化的重要内容，宗教文化在民族地区公共文化建设中自然有着其固有的地位和影响力。

2. 藏传佛教是藏族传统文化的核心

甘南民族地区文化构成要素主要有民族传统文化、当代文化思潮（以流行世俗文化为表象）、宗教文化、国家主流文化及其他世俗、外来文化几个方面，其中，民族传统文化是一切文化的源泉和思想根基；国家主流文化是民族区域文化的主旋律，具有导向和奠定基调的作用；流行文化则赋予民族文化以现代性；外来文化为多样补充，构成民族地区文化多样化的丰富色调；宗教文化则是民族区域文化的精神支柱和灵魂性要素，其中又以宗教信仰为核心内容。藏传佛教可谓对藏区群众有着广泛影响的强势文化。这点仅从寺院的分布情况、教职人员和信徒的数量就可得到佐证。截至2009年，甘南全州共有181个宗教活动场所，其中，藏传佛教寺院

① 范鹏：《宗教文明建设对甘肃少数民族地区文化发展的影响》，《2010～2011年甘肃省文化发展分析与预测》，甘肃人民出版社，2011，第151～163页。

121 座（包括苯教），伊斯兰教清真寺 55 座，基督教堂 3 座，道观 2 座，汉传佛教活动场所 2 个。各类宗教教职人员 1 万多人。① 显然，在一个以藏族为主体的地域空间里，民众的信仰偏好无疑是导向藏传佛教的。

藏族基本上是一个全民信仰藏传佛教的民族，藏族的生存状态与藏传佛教有着密切的关系，从某种意义上讲，藏传佛教的宗教教义、宗教仪轨深深地渗透于藏族群众的现实生活中，成为其生活的准则与风俗习惯的重要内容。更为重要的是，藏传佛教成为藏族传统文化的一个重要组成部分，可以说藏传佛教就是藏族传统文化的轴心。藏族的思想观念、历史传说、语言文字、文学艺术、建筑雕塑、天文历算、医药技艺等文化传统，无不带有深刻的宗教烙印，成为支撑藏族深层社会生活的精神文化。藏传佛教已成为其民族文化的重要组成部分，成为其民族文化存在、发展、传播和保存的重要方式。

（三）民间民俗文化与公共文化的相互关系

1. 民间民俗文化是少数民族传统的公共文化生活的主要表现形式

民间民俗文化是各民族日常文化生活的主要表现形式，是每一个民族传统的公共文化的重要组成部分，这些文化的存在，使得一般社会大众辛劳艰苦的生活具有一种轻松的和想象的意义与气息，因此在民族文化中具有重要的作用。甘南藏区的民间民俗文化极其丰富，例如源自清康熙年间，每年农历六月举行的浪山节，从最初拉卜楞寺僧侣赴野外采薪的习俗，发展为普通的民间文体活动和经贸活动。从藏族民间舞蹈、民歌、僧歌演变而来的"南木特"藏戏，是甘南藏族人民喜闻乐见的地方民族戏剧。另外，于浪山节期间举行的或者在其他时间专门举行的民族运动会，有赛马、射箭、摔跤、拔河等项目，也是甘南藏族群众重要的民族体育文化。

甘南藏区的这些民间民俗文化的一个重要特点，仍然是其宗教性。可以说，宗教文化是渗透于一切社会生活中的主导性观念与精神的要素。因此，甘南藏区的许多民间民俗文化本身也是宗教习俗。例如，拉卜楞寺每年所要进行的宗教性节庆与法会就比较多，这些节庆或法会同时也就是甘

---

① 甘南州委统战部：《甘南藏族自治州宗教工作基本情况简介》，2009。

南藏族群众的重要节日。①

2. 甘南藏区民间民俗文化构成藏族传统公共精神生活的基本形态

作为甘南藏区基本的传统公共文化形式的民间民俗文化，既是甘南藏区民众基本的生活方式之一，也是最基本的公共精神生活形态。精神生活是公共文化建设的重要和核心的内容，而民间民俗文化则是传统公共精神生活的基本来源之一。甘南藏区传统的民间民俗文化并非简单的一种娱乐活动，事实上这些活动都内蕴着基本精神生活的愿望和情趣。例如浪山节具有使藏族群众远离现代生活，回归纯朴时代、回归大自然的精神意蕴；"南木特"藏戏在藏语中为"传记"之意，主要以民间故事、佛经故事和历史故事等为主题，具有继承民族历史文化的精神传承性，在艺术上具有较强的浪漫主义色彩，具有很强的精神感染力。许多汉族群众也非常乐于参加这些节日活动，这在无形中又增强了藏汉民族之间的族际交流和民族友谊。这种民俗节日所具有的公共精神生活具有十分重要的现代意义，成为今日甘南藏区公共文化的有益成分。

二 民族传统文化和公共文化对接与互动的基础

少数民族地区的公共文化建设由于其建设主体和文化环境的原因，一刻也离不开民族传统文化特别是宗教文化的影响，在少数民族地区撇开宗教文化的因素而去追求公共文化建设的绩效只能是脱离实际的奢望。因此，少数民族地区的公共文化服务体系建设不能不正视宗教文化的存在，

① 这些主要的节庆及法会活动有：①藏语称为"毛兰姆"的正月祈祷法会，自正月初三日晚起，到正月十七日止，历时15天。其间拉卜楞寺的全体僧人要诵经、祈祷，其中正月初八日举行"放生"活动，正月十三日举行"亮佛"即晒佛活动，十四日举行跳法舞会，十五日晚间举行酥油花供灯会，十六日举行"转弥勒"活动。②从二月四日至八日举行的二月法会，其间初五日纪念第一世嘉木样圆寂，名为"良辰"，二月初八日为"亮宝会"，寺中僧侣数百人持寺中宝物绕寺一周，以示吉祥。③于四月十五日举行的"娘乃节"，此日僧众、信徒等要闭斋、转经轮、念六字真言，是纪念释迦牟尼佛降生、成道和圆寂的神圣日子。④自六月二十九日至七月十五日举行的七月法会，其规模仅次于正月法会，僧侣和信众于此法会间每日集会七次，主要内容是辩经。七月八日则是米拉劝法会，演出圣僧米拉日巴劝化猎夫贡保多杰的故事。⑤于九月二十九日举行的"禳灾法会"。此外还有纪念藏传佛教大师的一些法会等。

不能不注重发挥宗教文化的优良思想内核对公共文化建设的积极作用。这里必须要说明的是，由于宗教在使人的生活和行为神圣化的过程中，会在人的精神上实施最强有力的控制和指导，其积极作用在于能引导人们追求崇高，超越自我，实现升华；而其消极作用也可能让人陷入偏执、狂热，所以需要辩证地看待其对社会的正负面作用。但显然，有一点是明确的，即不能再沿袭斗争哲学的思维模式，而应更多地持包容态度，要善于吸纳一切有益于社会进步的思想文化资源。也就是说，我们不仅要使宗教"脱敏"——人们不再只是简单地把它理解为一种"粗俗的唯心主义"、一种与科学严重对立的世界观和消极社会现象，而且要让文化"脱俗"——使人们逐步认识到宗教文化在当代文化构成中的地位与作用而不再简单粗暴地排斥它。①

民族地区公共文化建设的一个重要任务就是通过发掘宗教文化固有的积极因素，根据社会的发展需求进一步提升宗教文化的品位。由于甘南民族传统文化特别是宗教文化发展与公共文化建设具有内在的联系，因此二者之间在历史上具有对接与互动的良好基础。在甘南藏区当代公共文化建设中，同样要寻求二者对接与互动的良好的基础，以便更为顺利地实现公共文化建设的基本目标。

（一）民族传统文化特别是宗教文化与主流文化保持着良好关系

一个国家的文化构成是由主导性的国家文化（一般是指国家所认同的主流文化）和地区性或民族性文化所构成，地区性或民族性文化具有与国家文化既相区别又相一致的关系。地区性或民族性文化在保持其文化特性的同时，必须在文化目标上，特别是在文化的核心理念上与国家文化保持一致。从宗教文化的角度来看，宗教文化与主流文化基本上能够做到政治上团结合作、信仰上互相尊重、活动中彼此关照、传播中适度借用；同样，宗教文化一直保持着与民间世俗文化的和平共处，宗教信仰上的差别与矛盾往往大于宗教文化与世俗文化的差别与矛盾；宗教文化本来就是在与世俗文化的互动中不断丰富和发展起来的。一如我们

---

① 阮荣平、郑风田、刘力：《公共文化供给的宗教信仰挤出效应检验——基于河南农村调查数据》，《中国农村观察》2010 年第 6 期，第 72～85 页。

在对以"戎亢"①为代表的社区组织及民间权威进行分析时发现的，这种以民间权威的崛起为表征的民间传统的复兴，并不一定指向与国家政治的背离。为了能对地方社会有所控制或让自身的权威身份得以确立，民间权威通常会主动向国家话语靠拢，由此呈现出国家与民间和平共处的景象。

（二）甘南藏区民族传统文化与公共文化具有一致的公益化基础

和其他民族地区的传统文化一样，甘南藏区的传统文化及其宗教文化在历史上就具有服务于社会和社区公共事务的传统，在现实社会生活中更具有这种积极功能，例如宗教文化服务于当地社区义务教育、民间纠纷的调解等社区公共事务，以及通过宗教与民俗仪式活动的安排来拓展公共空间等。这种传统文化及其宗教文化的公益性与公共文化的公益化方向在某种程度上是一致的。进入新时期，宗教服务于社会和社区同政府与社区为寺院及僧人提供公共文化服务的互动趋势越发加强，如县乡政府为寺院解决水、电等基础设施建设问题以提高其生活质量，将贫困僧侣纳入低保服务人群，赠送卫星电视接收器和当下正在推行的在寺院设立农家书屋等试点工作无不表明随着服务型政府的确立，公共（文化）服务正在不断走入寺院，打破了多年来寺院自成一统的格局而与社会发生了更多的交互行动，从而为宗教文化与公共文化实现对接奠定了良好基础。

（三）宗教与社会主义相适应的导向及实践为实现两者的对接与互动奠定了基础

改革开放以来，我国宗教信仰自由政策得到了全面贯彻与落实，依法加强对宗教事务的管理初见成效，独立自主、自办教务的原则也为绝大多数宗教组织和信徒所认同并自觉坚持，特别是积极引导宗教与社会主义社会相适应已经成为宗教工作的主旋律，成为各主要宗教自觉的行动和发展的方向。宗教作为人类社会发展到一定阶段的历史和文化现象，反映和承载了不同的社会内容和社会价值，具有与社会相适应的必然属性。我国各宗教都在积极探索自身适应现代社会的基本途径。藏传佛教作为藏族社会历史文化发展的产物，在其发展历程

---

① "戎亢"为藏语音译，汉语称为"公房"，是长期存在于甘南藏族自治州的一种民间组织形式，作为社区传统民间组织迄今仍对社区内涉及公共事务的处理具有与基层政权组织权威互补的功能。"戎亢"在本文所调研的甘南州合作、夏河、碌曲等地较为普遍存在。

中始终不断地与周围的环境进行调适。新中国成立以来，党和政府主要通过寺庙民主改革、寺庙爱国主义教育、藏传佛教活佛转世制度的规范化制度化建设以及推动寺院教育和学衔制度的发展，积极引导藏传佛教与社会主义社会相适应。藏传佛教通过积极调整适应，实现了寺庙管理由堪布管理向民主管理发展、确立并发展了以寺养寺的经济制度、僧人培养由传统的寺院教育向多元化教育形式过渡以及僧人生活方式向现代转变等世俗化变革。相信随着宗教与社会主义相适应的内容成分越多，两者的互补性会越强。

（四）甘南民族传统文化资源的发掘、整理与弘扬可以丰富公共文化

甘南藏区的民族传统文化尤其是宗教文化资源非常丰富，对于这些文化的发掘、整理，一方面可以帮助人们正确认识民族传统文化特别是宗教文化，同时更为重要的是，对这些文化的弘扬，还可以丰富公共文化本身。从民族地区的公共文化来看，优秀的民族传统文化本身就属于公共文化产品，它们在历史上起到过重要的作用，在现代社会里依然发挥着其独特的功能。这一点以拉卜楞寺文化最具代表性。拉卜楞寺是藏传佛教格鲁派六大宗主寺之一，是安多地区藏传佛教的中心，拉卜楞寺的一系列物质文化遗产和非物质文化遗产的挖掘、整理、保护工作已陆续展开。在甘南藏族自治州的积极申报下，拉卜楞佛殿音乐"道得尔"、唐卡画、藏医药、正月法会等许多非物质文化遗产被分别列入国家级、省级非物质文化遗产保护名录。

三　民族传统文化与公共文化良性互动的实现

少数民族地区宗教是文化不可分割的重要组成部分，宗教文化的健康发展对少数民族地区文化的发展与繁荣有着重要的促进作用，因而，促进宗教文化健康发展是少数民族地区公共文化建设的必然要求。而宗教文化对公共文化建设也有着独特价值。通过实现公共文化与宗教文化的对接互动，来提升宗教文化水准与境界，扩大公共文化的影响，进而推动少数民族地区公共文化服务体系建设，当属文化发展的一个有益尝试和有效途径。

（一）宗教文化及其民族传统文化对公共文化建设的独特价值

第一，宗教文化特别是宗教道德对信教群众具有教化作用。宗教文化首要和基本的功能就在于通过加强宗教修养强化宗教的道德教化作用。在这一点上，世界各大宗教都是一致的。比如佛教以五戒（不杀生、不偷盗、不邪淫、不妄语、不饮酒）来净化自己；伊斯兰教禁酒、烟、赌、贪、淫、诬陷，崇尚劳动，主张勤劳致富、节俭戒奢；基督教要求信徒做到爱人如己、谦恭温和、宽恕多忍。藏传佛教拥有一整套内容极为广泛的宗教道德准则，对广大信众起着重要的道德规范作用。比如它所宣扬的因果报应、八正道等观念包含着不少能够提升人类道德修养水准的积极因素，特别是"十善法"提倡的不杀生、不偷盗等十条戒律成为为人处世的宗教道德准则，并进一步上升为藏族慈悲为怀、心地善良、乐于助人等优良品德。可以说，宗教文化为人类的情操和品质的培养、规范人类的道德伦理提供了一些有益的人文涵养，而且其思想体系和信仰实践中所蕴含的这些积极的文化因素，应该也能够通过公共文化的引导和发扬，推动民族地区社会的全面发展，同时通过深入挖掘宗教文化中积极的道德因素使之成为当地宗教文化的主体和主流。

第二，宗教文化具有满足人们精神文化需求的功能。对心灵的关注与人类的终极关怀，是世界五大宗教的共同特点。宗教对于信众最重要的社会作用就是充实精神、提升境界、安顿灵魂。我国藏族是全民信仰藏传佛教的民族，因此，甘南藏区的大多数民众是藏传佛教的信众，宗教文化与民间民俗文化对于甘南藏族群众的精神影响很大，它们直接提供甘南藏族群众的精神文化食粮，满足他们的精神文化需求。这些精神文化需求的满足主要体现在两个方面：一是精神娱乐，在这方面，集宗教与娱乐于一身的节庆文化就是最好的例子。通过大量参与融宗教性和世俗性为一体的歌舞、节会等文化习俗活动，藏族群众获得了极大的精神娱乐，感知到心理上的日常性满足。二是精神慰藉，这是指通过宗教的观念教化和精神熏陶，甘南藏族群众能够从日常生活的烦琐和艰难困苦中解脱出来，从而获得精神的升华和慰藉。

宗教信仰的精神慰藉可以缓释社会转型过程中的文化断裂造成的伤害，同时还可以帮助人们尽快平复遭遇自然灾害时或日常生活中造成的伤害。对于信教徒来说，宗教能够有效降低创伤性事件对信教者幸福感等精神福利的影响，在受到冲击时，参与宗教的个体能够更好地消减内心的压力，保障其幸福感的稳定，如甘南舟曲于 2010 年 8 月发生的泥石流灾害给人民的生命财产造成了不可挽回的损失，相当一部分藏传佛教的信仰者正是凭借着顽强的信仰渡过了难关。

第三，民间宗教仪式和娱乐活动相结合的方式，丰富了基层群众的业余生活。在农牧区，也出现宗教和娱乐相融来丰富农牧民的业余生活的现象。笔者在甘南调研时发现，同样处于落后偏僻的村落，藏族占多数的村落反而比汉族为主的村庄在文化活动上更加活跃和相对丰富，正是得益于参加定期或不定期的宗教与民俗相结合的活动。比如合作市卡加道乡的其乃合村基本上是藏族，农牧民每年会自己组织"浪山节""插箭节"等活动，反之，相距不远的卡加曼乡的台尕村汉族人口居多，却已多年未组织过文化活动。曾有学者以内陆农村为考察对象提出农村公共文化供给与宗教信仰之间具有替代效应，农村公共文化供给与农村宗教发展之间具有显著的负相关关系。农村公共文化设施和农村公共文化活动供给的增加能够显著地降低农村信教比重和农户个体宗教选择的概率，即存在公共文化的宗教信仰挤出效应。[1] 这一分析极具实证价值和原创性，然而在笔者看来，由于存在地域环境的差异，这一分析结果并不一定适合甘南的情况。囿于绝大多数民众信教的传统和现实，在对甘南地区提供公共文化产品时不能不考量宗教文化的独特地位和实际发挥的作用，事实上，宗教文化对于甘南藏区农村公共文化建设有着不容忽视的影响力。因此，在像甘南这样宗教氛围浓厚的少数民族区域，宗教文化与公共文化的关系并非完全对立和格格不入，二者有融通的可能，甚至是相辅相成的，处理好两者之间的关系不仅可以丰富农村的公共文化，而且有利于团结信教群众，有利于实现藏区的和谐稳定。

在甘南农牧地区，宗教不仅极大地丰富着农牧民的文化生活，而且对于农村公共文化事业发展具有不容忽视的影响力。藏区农牧民的文化生活受宗

---

[1] 阮荣平、郑风田、刘力：《公共文化供给的宗教信仰挤出效应检验——基于河南农村调查数据》，《中国农村观察》2010 年第 6 期，第 72～85 页。

教文化的影响很大，绝大多数的民俗带有浓厚的宗教色彩，甚至全部生产方式与生活方式只有寻找到宗教信仰的依据才是可行的。可见，在藏区，民族文化与宗教文化早已深度融合。例如，藏传佛教的信众每天一大早就开始"转古拉"，这本来是一种宗教功课，但现在不少信众不仅把它当作一种信仰活动，同时还是一种有利身体健康的晨练，生活在藏区其实并不信仰藏传佛教的一些汉族群众也有跟着藏族同胞"转古拉"的习惯。

第四，民族传统文化可以增强农村社区的集体内聚力。民族传统文化在公共文化意义上的一个重要的价值是其所具有的民族凝聚力的功能，这一功能通过民族传统文化的大众普遍参与性而生发出来，成为甘南藏区社会的基本内聚力。从民族传统文化的两个方面来看，一方面，民间民俗文化通过群众全体参与的形式和内容上的民族历史文化性，使甘南藏族群众形成很强烈的民族认同性，同时也成为他们确立民族伦理道德和公共秩序的基本文化来源；另一方面，宗教性的信仰、观念与道德内容则更具有从人的心灵深处建立民族内聚力的功能，这是宗教文化的公共文化价值的集中体现之一。而且，这些民间民俗和宗教的文化，同时还具有国家认同和国家凝聚的内容，在当代文化建设中应当注意善加挖掘和引导，促使民族认同与国家认同同时获得良好的发展。

第五，民族传统文化可以促进公益性文化事业与文化产业的发展。藏族民族传统文化特别是宗教文化不仅可以在伦理道德建设方面对少数民族地区文化建设发挥积极作用，在文学艺术方面同样可以发挥积极作用。甘南少数民族地区传统文学艺术不仅内容十分丰富、民族特色突出，而且形式活跃多样、宗教色彩浓厚。甘南州艺术工作者立足地域和文化资源优势，创作了一大批蕴含着丰富的宗教文化元素的文化艺术作品，如大型歌舞《九色香巴拉——甘南的节日》《游牧时光》，藏族舞蹈《牧狮》《娘乃节》《乌尔多》等，丰富了舞台艺术，成为深受藏族群众欢迎的具有民族特色的精品节目。通过挖掘整理民族、宗教传统艺术来繁荣文学艺术是少数民族地区加强文化建设的一个重要方面。

（二）通过有效途径促进民族传统文化发展与公共文化建设的良性互动

第一，通过公共文化建设为民族传统文化特别是宗教文化的健康发展提供基础性平台，同时通过民族传统文化特别是宗教文化建设也为公共文化建设创造一定的条件。

公共文化可以通过公共财政的投入和大量人力资源与物力资源的整合，为传播健康文明的宗教文化产品提供平台，如科研机构及公益性文化部门对包括宗教文化在内的非物质文化遗产的发掘整理、对宗教建筑艺术的维护等，① 从而为少数民族地区宗教文化建设与公共文化建设的有机结合与相互促进发挥重要作用。

反过来看，宗教文化也会为公共文化的建设创造一定的条件。在论及这一问题时，学术界往往看到了现代公共文化对宗教文化发展的基础性作用，但常常忽略宗教文化同样为公共文化建设创造条件的价值。事实上，从历史和现实的角度来看，宗教文化在其发展过程中，同时也通过自身的文化学习和宗教道德的尊崇与培养，为公共文化的发展起到基础性的作用。从历史上来看，一些藏传佛教的高僧曾为改变藏区群众文化水平较低的现状而极力推动藏族地区建立普通学校，以便提升藏族群众尤其是青少年的文化素质。虽然这一做法的主要目的是为宗教文化的发展奠定文化基础，但此举无形中却提高了藏族群众的一般文化水平，为公共文化的发展创造了必要的条件。同时，藏传佛教寺院中还设置了佛学院，它们在传授宗教知识的同时，也开设一般的文化性课程，这些文化性课程也为普及文化知识和公共观念提供了知识积累。在甘南调研期间笔者还发现，有的寺

---

① 在此特别值得一提的是，甘肃省藏学研究所借助得天独厚的地理位置优势，形成了拉卜楞专题研究的特色，取得了丰硕的研究成果。出版了《拉卜楞寺藏传佛教文化论稿》《拉卜楞寺简史》《拉卜楞史话》《嘉木样呼图克图世系》《拉卜楞寺活佛世系》《拉卜楞寺的社会政教关系》等专著，引起藏学界的关注。同时研究者还注重学习佛学知识，现有业务人员大多曾在拉卜楞寺拜师求学，并完成了《藏传佛教五部大论概说》《藏传佛教僧侣与寺院文化》《藏传佛教宇宙通论》《菩提道次第广论疑难明解》《卓尼藏族佛教历史文化》等研究课题；已陆续整理出版了《拉卜楞历史档案编目与拉卜楞研究论著目录索引》《菩提道次第广释集》《香顿丹巴嘉措大师文集》《第五世嘉木样传》等 30 多部著作。这些著作由安多地区以拉卜楞寺为主的诸多寺院高僧和学者们所撰写，或为手抄本，或为孤本，流传在寺院和民间，均为佛学研究的第一手资料，对其进行整理、出版具有重要的学术价值。还有《拉卜楞民俗文化》是对拉卜楞地区的藏传佛教祈愿礼俗、苯教文化崇拜礼俗、服饰习俗、饮食习俗、僧侣习俗以及节日习俗等民俗文化的系统介绍。由此可见其对藏民族文化保护与传承所做的突出贡献。（以上材料皆为笔者于 2010 年在夏河调研期间所收集）

院如佐盖多玛乡仁多玛村的寺院以及碌曲的郎木寺还在学校假期的时候开办中小学生补习班，为学生提供藏语等文化课程的补习服务。另外，更为突出的是，宗教文化建设中的道德建设本质上是与公共文化的道德建设的内容相一致的，这方面宗教文化所发挥的基础性功能是十分明显的，这方面的例证很多，在此不一一列举了。

第二，通过公共文化建设对宗教文化的健康发展提供导向规范作用。

民族传统文化特别是宗教文化虽然在公共文化建设中具有许多积极的作用，但也不可避免地有历史性的不良因素渗入其中。尤其是宗教文化，在充分肯定其有利于人类存在与发展、能够增进人类总体利益的那些优良文化因子的同时，也不能回避宗教文化体系当中还存在着不少消极的、对人民的精神创造具有极大束缚力的成分，如藏传佛教文化中的来世主义深深影响着广大藏族民众的价值观和生活观念，使他们产生对现代文化的排斥，由此形成贫困的恶性循环。

公共文化建设就是通过挖掘整理弘扬宗教文化中有利于中国特色社会主义建设发展和谐的因素，使宗教在更加充分的意义上成为当代中国社会的积极因素，同时通过公共精神与现代理性科学精神的输入，对那些不利于人类总体利益发展的内容加以规范与整合，消除宗教的非理性、神秘性，抑制宗教的盲目狂热。故而从某种程度上说，公共文化对宗教文化的提升和促进其实也是宗教与社会主义相适应的一部分，提倡宗教与社会主义相适应的目标是使宗教适应社会主义、融入现代文明、服务中国社会、促进和平发展；作为民族地区具有最广泛影响的文化样式与文化形态，宗教文化以立足当代、面向世界、服务人类的积极面目呈现，其导向作用无疑是巨大的，不仅可以使多元文化体系下宗教文化的价值得以充分体现，而且能够真正成为建设中华民族共同精神家园的重要支撑。

第三，通过对民族传统文化的整理和发掘实现甘南藏区公共文化建设的民族特色化。

一个地方文化的繁荣发展有赖于社会经济的发展与政治文明的进步，同时也取决于其独特的文化资源开发利用的程度，甘南少数民族地区的宗教文化资源将通过公共文化建设活动得到有效开发和科学利用，使发挥少数民族地区宗教文化的独特优势、开展区域特色文化建设成为可能。比如甘南州玛曲县对格萨尔文化的开发宣传、夏河县对拉卜楞文化的整理研究都具有这种双重作用。鲜明的民族特色与宗教色彩在公共文化建设的积极导向中必将成为独具魅力的地域文化。甘肃已确定整体发展目标是建设"工业强省、文化大省、生态文明省"。通过深入发掘和阐扬宗教文化优势促进少数民族地区文化繁荣发展，形成民族文化、地域文化与宗教文化融为一体的甘肃少数民族地区特色文化，必将为甘肃建设文化大省做出独特的贡献。

第四，通过旅游文化的开发使甘南藏区公共文化建设的正外部效应得到持久而有益的扩展。

我国各民族聚居地区都有着丰富的历史文化和自然文化资源，这些资源在历史上曾一直是一种内部化的自享性文化。随着人类现代社会的普遍开放和全球化的发展，各民族的自然与人文资源越来越受到外部的关注，由此产生了民族传统文化的外部化效应。旅游产业及其文化的出现和发展，即是民族传统文化外部化的集中表现。外部化往往具有正外部效应和负外部效应两种表现，前者是指民族传统文化向外传播而产生的有利于民族和国家良性发展的积极性效应，后者则是指民族传统文化向外传播而产生的不利于民族和国家良性发展的消极性效应。

甘南藏区民族传统文化的发展要适应当今公共文化发展的基本目标和方向，努力促进其正外部效应，避免可能产生的负外部效应。少数民族地区一般有着较为丰富的旅游资源，这绝不仅仅是宗教的历史遗迹而是鲜活多样的文化样式的真实体现。恰恰是丰富多彩的宗教文化，使得宗教文化旅游成为一项重要内容；恰恰是丰富多彩的宗教文化的存在，使得宗教文化旅游有了其他地区不可替代的独特优势。宗教旅游文化内涵丰富多样、吸引力很强，这也是为何甘南州在进行发展战略定位时要将宗教文化生态旅游作为其支柱产业，显然，在甘南少数民族地区适度发展宗教旅游对于拉动文化产业发展具有积极作用。实际上，旅游也是一种文化的交流与互动，宗教旅游在这方面的意义与价值显然高于其他项目。在旅游观光中宗教文化的丰富多彩得以自然地展现，不仅丰富了旅游文化产品，更成为树立当地文化形象不可或缺的重要因素。例如，甘南藏族自治州以"九色香巴拉"命名的旅游文化节就蕴含着许多宗教文化的内容，正是这些内容加上当地美丽诱人的亚高原高山草原风光，使其吸引力与知名度大大提高。目前，甘南拉卜楞旅游已成为国内外游客向往的旅游胜地，被授予"中国最具民族特色旅游目的地"称号。故而我们应发挥宗教旅游对文化产业的扩充作用，使其成为造福于民众，提升生活质量的现实的生产力。

此外，随着全球化的发展和我国综合国力的提升，国家在国际事务中的影响力的日益扩大，以及甘南藏区民族传统文化被世界关注度的日益提高，这种正外部效应还将不断得到扩展。例如，随着改革开放的发展，藏传佛教与内地和港澳台的联系不断加强，与海外宗教与文化团体的良性接触也日益扩大，这为藏区民族文化的世界性发展提供了契机。

四　结语

综上所述，民族传统文化与现代性的公共文化的相互作用与共同发展，将是甘南藏区公共文化建设的一个重要的课题，也将是现代民族地区公共文化服务体系建设的着力点与目标。少数民族地区传统文化特别是其中的宗教文化的存在本身就是一种有益的文化资源，这些独特的传统文化将通过与公共文化建设实现对接，借助公共文化服务平台获得积极有效的开发和科学利用；同时，对宗教文化资源的挖掘整理，也将丰富公共文化服务的内容和形式，是对公共文化建设的极大丰富和有益补充。民族地区传统文化特别是宗教文化与公共文化的主动对接，不仅可以更加有效地发挥宗教文化对促进整个文化事业和文化产业发展的积极作用，两者的有机结合与相互促进必将对少数民族地区文明程度的整体提升与社会和谐稳定发挥重要作用。而随着现代化建设的深入和民族传统文化价值的发掘这两个方面的交互作用，民族地区农村公共文化的建设必将在其传统性与现代性的有机和有益的结合中积极健康地发展，为民族地区社会全面发展提供积极有效的文化基础与精神引导，这便是本文的最终结论，也应是众望所归的发展方向。

边疆治理篇

中国西北陆疆民族地区城乡发展
一体化思路和途径探讨

徐黎丽 [*]

摘 要：本文以中国西北陆疆民族地区城乡发展历史资料与现代西北陆疆若干城乡调研数据为基础，通过比较古今中外城市发展轨迹和城乡一体化理论成果，提出中国西北陆疆民族地区城乡发展一体化的思路：以保障国家陆疆安全、和平发展为前提，乡村牧场以农业、牧业为主导产业，城市以商业、工业和文化产业为主导产业，城乡并重，最终实现族群和谐、城乡互补、边疆稳定的"小城大村"的目标。具体途径是：公路、铁路、口岸所在乡镇与乡村牧场一体化发展与戍边相协调；所有边境县辖区乡镇与乡村牧场互补发展；避免县城、地州、省区城市过度城市化，走小城与大村并重的发展之路。

关键词：中国西北边疆 城乡发展一体化 思路与途径

研究表明，人类社会依次走过了"城乡依存的时代（农业社会）、城市统治乡村的时代（工业社会）、城乡融合的时代（后工业社会）"。[①] 但在大多数发达国家中，过度城市化给人类生存和发展带来了灾难性后果，因此学界提出了许多不同的解决模式或理论，如逆城市化理论的代表人物之一刘易斯·芒福德所说："城与乡，不能截然分开；城与乡，同等重要；

---

* 徐黎丽，兰州大学民族学研究院、中国边疆安全与发展研究中心教授。

① 朱磊：《城乡一体化理论及规划实践——以浙江温岭市为例》，《经济地理》2005 年第 3 期，第 44 页。

城与乡，应当有机结合在一起"。① 因为"城市和乡村各有其优点和相应的缺点，而'城市－乡村'则避免了二者的缺点……城市和乡村必须成婚，这种愉快的结合将迸发出新的希望，新的生活，新的文明"②，即城乡一体化是对城越来越大、乡村越来越空的现实反思。对于发展中国家来说，为了避免重蹈发达国家过度城市化后才提出"城乡一体化"模式的覆辙，必须未雨绸缪，在过度城市化到来之前就走"城乡发展一体化"道路。中国也不例外。中共十八大报告提出了加快城乡发展一体化的规划，这不仅是对中国沿海和东部发达地区过度城市化的反思，对没有过度城市化的中国西北陆疆民族地区城乡发展一体化也具有更加重要的意义。这些重要意义具体表现在：有助于建立中国西北陆疆各族人民团结平等的民族关系；有助于促进西北陆疆传统安全与非传统安全；有助于缩小西北陆疆民族地区与内地社会发展距离；有助于传承和发展西北陆疆民族地区的多元文化。但学习有关西北边疆民族地区城乡发展一体化的研究成果主要限于城市化方面，因此本文从西北城乡发展轨迹和现实城乡发展问题出发，探讨西北边疆民族地区城乡发展一体化的思路和途径。

一 西北城乡发展一体化的历史借鉴

从大量的汉文史籍来看，作为中华民族起源地的西北东部，是中国最早的城乡混合聚落区域。聚落的规模有明确的记载："方六里命之曰暴，五暴命之曰部，五部命之曰聚。聚者有市，无市则民乏。五聚命之曰乡，四乡命之曰方，官制也；官成而立邑。"③ "邑为民所居，民居有多少，故邑有大小。故其大而言之，则为王都之邑；其极小而言之，则有十室之邑。"④ 也

① 转引自薛晴、霍有光《城乡一体化的理论渊源及其嬗变轨迹考察》，《经济地理》2010 年第 11 期，第 1780 页。
② 杨玲：《国内外城乡一体化理论探讨与思考》，《生产力研究》2005 年第 9 期。转引自李丹《城乡一体化理论回顾与分析》，《理论探讨》2008 年第 11 期，第 32 页。
③ 管仲：《管子·乘马》。转引自于扬年《中国城市的起源与城市的基本特征》，《齐鲁学刊》1994 年第 3 期，第 45～47 页。
④ 金鹗：《求古邑之说·邑考》。转引自于云翰《邑、国与中国城市的起源》，《昌潍师专学报》1999 年第 3 期，第 55 页。

有人认为都与邑有区别："凡邑有宗庙先君之主曰都，无曰邑。"① 随着人口不断繁衍，邑的数量不断增加，比较大的城市开始出现。比如"上地方八十里，万室之国一，千室之都四（大约上等土地 80 平方公里可以维持一座万户人口的城市、四个千户的邑镇）"。② 在此基础上"凡立国都，非于大山之下，必于广川之上。高毋近旱而水用足，下毋近水而沟防省。因天材，就地利，故城郭不必中规矩，道路不必中准绳"③。都城中不同职业居住在不同区域，"凡仕者近宫，不仕与耕者近门，工贾近市"。④ 市有朝市与夕市之分，"朝市，朝时而市，商贾为主；夕市，夕时而市，贩夫贩妇为主"。汉代郑玄注："商贾家于市城，贩夫贩妇朝资夕卖。因其便而分为三时之市。"⑤ 由此可见西北东部与其他中国城市起源有相似因素，如"聚落中心功能逐渐增强"，"城与郭相连、城与市聚合、城与乡分野"。⑥ 正如学者所说："'古有万国'其实是指由'平时民耕于野，战时民保于城'的都邑和周围的鄙组成的小国。国进一步发展就可能由一个都鄙群构成的国向多个都鄙群构成的更大的国发展"。⑦ 因此城乡一体化是中国人早期的宜居形式。

然而中国西北部的陆疆民族地区城乡一体化模式自古以来因自然与文化特征不同而显示出不同的特点，主要体现在两方面。

第一，中国西北陆疆民族地区以宜于人类生存的绿洲为基础，日益形成分工协作、互相补充的城乡一体聚落。聚落的大小取决于绿洲大小，绿洲规模则完全取决于可以使用的河流或湖泊的水流量。这方面最典型的案

---

① 管仲：《左传》庄公十八年上转。引于自扬年《中国城市的起源与城市的基本特征》，《齐鲁学刊》1994 年第 3 期，第 45~47 页。
② 管仲：《管子·乘马》。转引自于扬年《中国城市的起源与城市的基本特征》，《齐鲁学刊》1994 年第 3 期，第 45~47 页。
③ 管仲：《管子·乘马》。转引自于扬年《中国城市的起源与城市的基本特征》，《齐鲁学刊》1994 年第 3 期，第 45~47 页。
④ 管仲：《管子·大匡》。转引自于扬年《中国城市的起源与城市的基本特征》，《齐鲁学刊》1994 年第 3 期，第 45~47 页。
⑤ 管仲：《周礼·地官·司市》。转引自于扬年《中国城市的起源与城市的基本特征》，《齐鲁学刊》1994 年第 3 期，第 45~47 页。
⑥ 武廷海：《从聚落形态的演进看中国城市的起源》，《建筑史论文集》（第 14 辑），2001，第 52~64 页。
⑦ 于云翰：《邑、国与中国城市的起源》，《昌潍师专学报》1999 年第 3 期，第 55~57 页。

例就是塔里木盆地边缘城乡一体的绿洲聚落。塔里木盆地 "西起喀什东至罗布泊，长约 1300km，南北最宽处相距 520km。地势自西南向北、东缓斜，昆仑山北麓海拔 1400~1500m，天山南麓海拔 1000m，东部罗布泊洼地 780m，盆地面积约 56 万 km²。这个盆地的中央是中国最大的沙漠——塔克拉玛干沙漠，沙漠的面积有 32 万 km²。塔里木盆地的水系，皆源于四周山地，流出山地的河流大小共 94 条，年径流量 368m³，其补给都是来自山区降水。平原降水少不能形成地表径流，只有少数较大的河流如和田河、叶尔羌河、孔雀河等汇成被称为'无缰之马'的塔里木河。在这些河水的滋润下，沿盆地边缘形成了数百块绿洲，成为盆地内人类活动的主要场所和生态环境的重要组成部分"。① 这些绿洲，就成为不同族群各自独立的生产生活单位，古代中文文献中记载的 "西域三十六国" 就是指它们。这些城乡一体的绿洲聚落，至今仍存在并成为今天新疆南疆重要城镇的有喀什、库车、鄯善（楼兰）、吐鲁番等。其中喀什在《汉书·西域传》《后汉书·西域传》中是这样记载的："今属喀什噶尔地区的城邦、行国亦仅有疏勒、莎车、蒲犁、依耐、休循、捐毒、子合、尉头等八个国名。"其中 "休循" "捐毒" 属于高鼻深目多须的欧罗巴人种的塞人行国，"莎车" 则是定居塞人城邦的代表。比如有汉文史料记载："王治莎车城，去长安九千九百五十里，户二千三百三十九，口万六千三百七十三，胜兵三千四十九人，有铁山、出青玉。"蒲犁、依耐、子合、西夜、德若则属于 "与胡异，其种类羌氐" 的蒙古（黄色）人种的羌人城邦或行国。② 库车古名为龟兹，是比莎车更大的绿洲城乡一体聚落，在古籍中被称为国，"龟兹国，王治延城。" "龟兹国……户六千九百七十，口八万一千三百一十七，胜兵二万一千七十六人。"③ "延城在白山南一百七十里。"④ "所居

---

① 李晓英、许丽：《楼兰城的兴衰与塔里木盆地环境演变之间的关系》，《干旱区资源与环境》2008 年第 8 期，第 124 页。
② 薛宗正：《从疏勒到伽师祇离》，《新疆社会科学》2005 年第 2 期，第 91 页。
③ 管仲：《汉书·西域传》。转引自于扬年《中国城市的起源与城市的基本特征》，《齐鲁学刊》1994 年第 3 期，第 45~47 页。
④ 管仲：《魏书·西域传》。转引自于扬年《中国城市的起源与城市的基本特征》，《齐鲁学刊》1994 年第 3 期，第 45~47 页。

城方五六里。"① 唐时"城周十七八里"。②"自汉历经魏晋南北朝至唐近千年时间，龟兹势力实际统治着塔里木盆地北道诸国，即今日阿克苏、乌什、温宿、阿瓦提、巴楚、柯坪、阿合奇、拜城、沙雅、新和、轮台、库尔勒地区，在西域历史上的影响至为深远。"③ 楼兰（今鄯善）则是深入到塔里木河下游的最大城邦。"从敦煌之西的玉门关或阳关，越三陇沙，过阿奇克谷地或白龙堆，经土垠或楼兰古城，沿孔雀河岸西域腹地。"④ 从地理位置上来看，它是连接河西走廊与塔里木盆地的枢纽绿洲。"汉昭帝元凤四年（公元前 77 年）遣平乐监傅介子刺杀楼兰王，更名其国为鄯善。"⑤ 以上绿洲城邦均是靠四周山脉水系维系的沙漠绿洲。河流一旦断流或改道，绿洲便不复存在，楼兰就是如此。因楼兰"处于塔里木河最下游，是塔里木河、孔雀河水量减少最先受到影响的地方。所以，孔雀河改道、塔里木河断流，其下游的楼兰地区水源枯竭"。⑥ 楼兰这个绿洲聚落便消失了。两汉时西域都护府的治所从乌垒迁到龟兹，也是因为水源不足以支撑更多的人口在乌垒生存。"乌垒城所利用的策达雅河水流量不过 0.28 亿立方米，限制了它的绿洲面积。所以乌垒城周围的绿洲面积太小，难于承受西域都护府这样一个重要的机构。而古代龟兹绿洲由于有渭干河和库车河水的灌溉，它的绿洲面积较轮台县至少大五倍。"⑦ 因此班超击服匈奴后，将西域都护府治所从乌垒迁至龟兹它乾城，此城"位于龟兹王城东 40 里左右的塔汗其，今属库车县牙哈乡，那里有一城堡遗址，现在只剩下一个角……它的南面还有一个仓库遗址，圆形，小窑，直径一公尺左右，其余

① 管仲：《北史·西域传》。转引自于扬年《中国城市的起源与城市的基本特征》，《齐鲁学刊》1994 年第 3 期，第 45~47 页。
② 管仲：《大唐西域记》卷一《屈支国》。转引自于扬年《中国城市的起源与城市的基本特征》，《齐鲁学刊》1994 年第 3 期，第 45~47 页。
③ 江成疆、李秀梅：《龟兹王都及汉唐都护府在龟兹位置考》，《喀什师范学院学报》1988 年第 5 期，第 35 页。
④ 孟凡人：《楼兰新史》，光明日报出版社，1990，第 46 页。
⑤ 肖小勇：《楼兰鄯善与周邻民族关系史述论》，《新疆社会科学》2008 年第 4 期，第 113~114 页。
⑥ 李晓英、许丽：《楼兰城的兴衰与塔里木盆地环境演变之间的关系》，《干旱区资源与环境》2008 年第 8 期，第 128 页。
⑦ 江成疆、李秀梅：《龟兹王都及汉唐都护府在龟兹位置考》，《喀什师范学院学报》1988 年第 5 期，第 38 页。

窑已烟没不见，看来，古时驻军曾在这里屯过粮。塔汗其一名，如根据现代维吾尔语解释为'织口袋的人'，可是询问周围人民并无织口袋的人，可见这是相沿下来的古名，而'塔汗其'与汉班超所居它乾城音很近似，可能塔汗其是由它乾城的音变而得"。① 此城遗址之所以能够保存到现在，主要原因就是这里仍然是库车绿洲的组成部分。可以说如果塔里木盆地周边山脉保留充足的水源，那么塔里木盆地边缘的绿洲即使在蒸发量远远高于降水量的情况下，仍然能够生存下来。吐鲁番就是这样的绿洲聚落。比如"吐鲁番地区特殊的环境，形成了水资源的独特条件。盆地内部及南部库鲁克塔格降水十分稀少（仅仅十几毫米），但北部、西部和天山山系的博格达山和喀拉乌成山年降水量却在 100~600mm，博格达山峰区（海拔）3500m 左右年降水量为 800~900mm，山区具有良好的径流条件；海拔4000m 以上都有终年融化不尽的积雪带，该两座山合计有总面积139.95km^2 的 245 条现代冰川。这些山区的降水和冰雪融水是吐鲁番盆地河流径流的主要来源，也是盆地内部地下水的来源"。② 因此丰富的水源发展起来的绿洲农业生态系统的良性循环是吐鲁番地区人口承载容量系统存在并发展的前提和基础。科学研究表明，"极端干旱的吐鲁番地区人口承载容量系统必须保证约占地表水资源量 20% 的生态用水，重点建设防护林体系，提高农田林网化，使绿洲农田林带覆盖率提高到 20% 以上，采取积极措施把天然草场采食率控制在 65% 以下，并且合理开发利用自然资源，充分发挥地区的独特农业自然资源优势，以水利建设为中心发展生态农业和集约化农业。只有这样，吐鲁番地区人口容量系统才能够在将来高质量地承载 90 万~110 万人的最大人口规模"。③ 因此，丰富的水源造就的绿洲农业就是吐鲁番自古至今存在于塔里木盆地东缘的根本原因。这也是整个塔里木盆地所有绿洲城乡聚落生存的基础。尽管随着塔里木盆地及其周边生态环境逐渐恶化，绿洲聚落的数量不断减少，但乡养育城、城存于乡的绿洲聚落则是西北古代城乡发展

---

① 江成疆、李秀梅：《龟兹王都及汉唐都护府在龟兹位置考》，《喀什师范学院学报》1988年第 5 期，第 38 页。
② 艾尼瓦尔·聂吉木：《干旱地区农业自然资源人口承载容量系统动力学研究——以新疆吐鲁番地区为例》，《干旱地区农业研究》2007 年第 3 期，第 204 页。
③ 艾尼瓦尔·聂吉木：《干旱地区农业自然资源人口承载容量系统动力学研究——以新疆吐鲁番地区为例》，《干旱地区农业研究》2007 年第 3 期，第 218 页。

的特点。

第二，城乡一体的绿洲聚落发挥着连接各个绿洲的驿站和组成国家基层行政管辖单位的功能。西北边疆的绿洲在古代陆上丝绸之路兴盛的若干王朝统治时期，从长安到罗马形成的 30 里一驿站的定制不仅保障了古代东西文明的畅通，更为中国西北边疆绿洲的城乡一体格局奠定了基础。这些驿站，或在原有的绿洲聚落里设立，或依人马体力极限离最近的绿洲而定。从而使绿洲之间靠驿站连接起来，最终为这些绿洲纳入国家基层行政管理单位奠定了基础。比如西汉元狩二年（公元前 121 年），匈奴退出了河西，西汉在河西地区设置了武威、酒泉二郡。[1] 到了元鼎六年（公元前111 年），"乃分武威、酒泉地，置张掖、敦煌郡，徙民以实之"。[2]《汉书·地理志》记载的河西四郡的户口数如表 1 所示。[3]

表 1　西汉河西四郡的规模

郡　名	户　数	人 口 数	辖县数
敦　煌	11200	38335	6
酒　泉	18137	76726	9
武　威	17581	76419	10
张　掖	24352	88731	10
总　计	71270	280211	35

郡治地点之所以选择在这些地方，与这里以前就是水源充沛、物产丰富、人口较多、地理位置重要的绿洲并有系统的驿站体系密切相关。河西四郡（武威、张掖、酒泉、敦煌）设立后更加强了城乡之间的联系。比如"河西四郡自汉武帝派驻了大量屯戍军队后，由于军队吏卒在衣食住行等方面都离不开市场商品交换，遂使得这一地区的市场发展起来。这里的市场除像内地一样设置于郡县治所及地方一些乡里外，在某些屯戍吏卒聚居的大坞壁及一些交通要道上的邮驿亦设有市。屯戍吏卒大量参与市场的买卖活动，使得该地区市场商品琳琅满目，商品交易比较繁荣"。[4] 在河西四

---

[1]　管仲：《汉书》卷五十五，《霍去病传》。

[2]　管仲：《汉书》卷六，《武帝纪》六。

[3]　谷苞：《论西汉政府设置河西四郡的历史意义》，《新疆社会科学》1984 年第 4 期，第 30 页。

[4]　高维刚：《从汉简管窥河西四郡市场》，《四川大学学报》（哲学社会科学版）1994 年第 2期，第 81 页。

郡的西部，则是著名的玉门关和阳关。它们是名副其实的关隘和驿站，如"玉门故关，在县西北一百一十七里，谓之北道，西驱车师前庭及疏勒，此西域之门户也"。① 但由于水源不断减少，绿洲面积随之不断缩小，"自东汉永平十七年（74 年）玉门关东移今安西县双塔堡、五代宋初该关进一步东移今嘉峪关市关石峡"，当然，"敦煌西北原有的早玉门关并未随之废弃，仍在丝路交通中发挥着不易替代的重要作用。考其未废的原因，即在于敦煌 ·地作为西域门户和丝路交通枢纽的地位自汉至宋未有改变或明显改变，因而作为由敦煌前往西域的必经要口——旧玉门关自然不会罢废弃置"。② 现在的玉门关和阳关已经变成沙丘，尽管因旅游业的兴起而恢复和重建了汉唐关隘，但工作人员白天在两关工作，晚上回敦煌居住。③ 因此水源和绿洲是驿站和关隘能够存在的关键因素。新疆的一些城镇也是如此。比如疏勒被称为汉城，它是班超率领汉军驻扎的主要基地。后来班超移治龟兹它乾城，但其副手徐干仍驻节疏勒。在汉军的影响下，疏勒的经济文化有了飞跃性的发展，疏勒国增户加丁，已拥众 2100 户，胜兵 3000 余人。④ 唐朝时期，随着"侯君集平高昌国，于西州置安西都护府，治交河城"⑤，直接管辖西、伊、庭及稍后的焉耆地区。而交河作为高昌国的首府，早已是城与乡融为一体的绿洲聚落，也是东西使节、商旅补给、休息的驿站。关于此点，我们今天可以从交河故城中外交部门及其驿站居所的遗址中看出。显庆二年（657 年）唐朝平定阿史那贺鲁叛乱后，"析其地置蒙池、昆陵二都护府，分种落列置县，西尽波斯国，皆属安西"。"三年（658 年）五月，移安西府于龟兹国。"⑥ 而龟兹始终作为丝绸之路北道最重要的绿洲聚落和驿站，最终成为中原王朝在塔里木盆地最重要的基层行政管理单位和城市。在丝绸之路南道最重要的绿洲于阗，唐朝则设置于阗毗

---

① 管仲：《元和郡县图志》卷四十。

② 李并成：《东汉中期至宋朝初新旧玉门关并用考》，《西北师范大学学报》2003 年第 4 期，第 106 页。

③ 2013 年 4 月 13 ~ 14 日在玉门关、阳关考察资料。

④ 薛宗正：《从疏勒到伽师祇离》，《新疆社会科学》2005 年第 2 期，第 93 页。

⑤ 管仲：《唐会要》卷三十七。转引自柳洪亮《安西都护府治西州境内时期的都护及年代考》，《新疆社会科学》1986 年第 2 期，第 123 页。

⑥ 管仲：《旧唐书·地理志》。转引自柳洪亮《安西都护府治西州境内时期的都护及年代考》，《新疆社会科学》1986 年第 2 期，第 124 页。

沙都督府，属下十个州，"其中六城、西河州、东河州、河中州等四个州的地望和辖区可以考定。六城由 Cira（质逻；Tib. Jila）、Birgamdara（拔伽；Tib. Bergadra）、Paskūra（Tib. Osku）、Phama（潘野，Tib. Phanya）和 Gaysāta（杰谢）等组成。分布在达玛沟河（Domoko river）沿岸南北走向的狭长灌溉区中，地域与今和田地区策勒（Cira）县辖境大致相同。西河州（Tib. Shel chab gong ma）位于喀拉喀什河（Kara kash）以西，辖区大致在今和田地区墨玉（Kara kash）县一带。东河州（Shel chab'og ma）位于玉龙喀什河（Yurung kash）以东，辖区大致在今洛浦（Lop）县一带。河中州（Tib. Shel chab dbus）位于喀拉喀什河和玉龙喀什河的中间地带，即今和田县辖区。另有猪拔州见于新出土和田汉文文书，但地望尚不得而知。其余五个州，一在东部坎城（Kh. Ka mdva；Tib. Kham sheng）和蔺城（Kh. Nīña）地区，地在今克里雅河（Keriya）至民丰一带；西部吉良镇（Tib. Gyil yang；今克里阳/Kilian）和固城（Kh. Gūma；Tib. Ko sheng）镇所在的地区有一或两个州；西南以皮山城/镇为中心有一个州；北部以神山（Kh. Gara；Tib. Shing shan，今麻扎塔格/Mazar Tagh）为中心有一个州；另外一个州在南部或东南部"。[①] 由此可见，在于阗（今和田）境内，星罗棋布地点缀着大小不一的绿洲，其治所一般有城和市，与绿洲农业为基础的乡村互通有无，构成自成一体的国家基层单位，对外则发挥连接中亚和南亚国家的驿站功能。

从中国西北边疆城乡历史发展特点可以看出，中国西北陆疆各族人民自古以来在遵循自然规律的前提下，以水源和绿洲为基础，形成城乡一体的绿洲聚落，对内构成生产生活自保的社会体系，对外发挥驿站和国家基层行政单位的功能。这种顺应自然、因地制宜的城乡发展一体的绿洲聚落，不仅是西北边疆自古以来城乡建设的特色，更为我们今天城乡发展一体化提供了历史的借鉴。

二 当前中国西北陆疆民族地区城乡发展一体化中的问题

为了摸清中国西北边疆城乡一体化中存在的问题，笔者选择了以下三

---

① 朱丽双：《唐代于阗的羁縻州与地理区划研究》，《中国史研究》2012 年第 2 期，第 71～90 页。

个调查区域。之所以称为调查区域，主要是因为做边疆民族地区城乡发展一体化研究必须在覆盖城乡一个特定区域内做调查。第一个调查区域是一市三县，即喀什市与周边的疏附、疏勒、伽师三县；第二个调查区域是边境县塔吉克族自治县县城及其所属口岸乡镇的调查；第三个调查区域是曾为陕甘宁边区的甘肃省合水县县城及其所属固城和段家集两个乡镇。其中第一个调查区域是中心调查区域。喀什市作为中国中亚经济圈的核心地带，在城市建设中已经将疏附、疏勒纳入其城市建设范围，伽师县则是距喀什市最近的外围县，可以在研究中进行内部城乡发展一体化的比较研究。第二个调查区域则是包含一个一级公路口岸和两个二级公路口岸的塔吉克族自治县县城塔什库尔干。作为一个与三个国家相邻（巴基斯坦、阿富汗、塔吉克斯坦）、边境线长达 888.8 千米的边境县，它的城乡发展一体化进程关系国家西北陆疆的安全与稳定，自然具有不可替代的典型性。第三个调查区域是甘陕交界处的合水县县城及其所属的固城和段家集两个乡镇。虽然笔者的研究重点在西北陆疆，但作为西北组成部分的东部地区不仅是华夏文明起源地，也是中国城乡发展最早的地区，把西北东部与西部陆疆民族地区的城乡进行比较研究，可以进一步认识到西北边疆城乡发展一体化的特点，并根据特点设计适合西北边疆的城乡发展一体化的模式。当然国内外城乡发展一体化的其他典型区域也成为笔者的比较对象。

根据三个调查区域的数据，笔者认为中国西北陆疆城乡发展一体化中出现的问题如下。

第一，没有深入考虑西北脆弱的生态环境对城乡发展一体化的长远深刻影响。本文第一部分已经总结历史上西北边疆地区城乡发展的特点。这些特点是西北各族民众长期与缺水的自然环境相适应的过程中总结出来的宝贵经验，值得我们在规划或实施城乡发展一体化过程中充分吸收。既然水资源的多少决定了绿洲或草场的大小，而绿洲或草场以乡村牧场和四通八达的交通要道为基础构成市，并逐步形成由分工更加细致的各个行业支撑的城镇，那么设定城镇的规模就必须考虑水的因素，史籍记载的三十六国中许多早已不见的绿洲城邦命运为我们敲响了警钟；自古至今一直存在的绿洲如喀什、和田、莎车、库车、吐鲁番、若羌、且末等也因水资源减少而面临绿洲面积缩小的严酷现实。因此生态环境和资源是制约西北陆疆民族地区城乡一体化建设的前提。根据笔者的实地调查，在第一个调查区域的三个绿洲县城打井的深度越来越深，十年前这里的水井深度普遍在 50 米及以上，但现在有一半井的深度达 100 米左右，所有河流不仅水流量减少，而且还存在不同程度的污染。[①] 在塔什库尔干，虽然这里目前不缺水，而且也成为为数不多的几个纯净水公司零成本的水资源来源地，[②] 但不断上升的雪线和不断减少的河流则是县城不断扩大规模或其他乡镇发展的客观因素之一。相比而言，居于西北最东部、黄土高原南部破碎的沟源交错的合水县县城及其两个乡镇虽也属于老区，但因水源相对丰富、降水相对多而使这里的城与乡人口密度大，乡镇的规模比喀什地区的乡镇规模大。[③] 因此以水为中心的生态环境是制约西北陆疆地区城镇发展的基础性因素，分散在绿洲上的、以水多少决定的、乡镇一体的聚落应该是符合西北陆疆实际情况的选择。正如环境学者所说："城乡一体化应是这样的一种境界：城市没有制度上的堡垒，乡村没有政策上的栅栏，城乡一体化是'一种区域生态经济良性平衡系统的高境界'"。[④] 可以说，城与乡是人类对大自然提供给我们宜于生存的生态资源环境的加工与分类，但我们不能逐本求末，总是在城乡之间追逐，而忘记城乡能够建立和发展的生态资源环境。这才是城乡能够立足的基础。

第二，没有充分考虑城乡资源的互补性，并根据互补性的资源建立城乡互补性的产业，加快城乡融合的步伐。古代的西北是以农业和牧业为主导产业的地区。其中以农业为生的地区，"耕种农业使人类控制了自己的食物供给，增加了人类食物供应总量，使人类能够为自己提供更多的剩余粮食。而更多的剩余粮食刺激了分工的发展，又使更多的人能够脱离粮食生产，从事其他工作。而城市正是那些因从事农业生产已非必要而改干别的工作的社会成员的集中所在地"。[⑤] 所以，耕种农业是农业地区城市诞生的经济基础。在以牧业为基础的地区，牧业发展带来的剩余牧产品自然也

---

① 2013 年 11 月 28 ~ 30 日在疏勒、疏附和伽师三县的调查数据。
② 2012 年 10 月 20 日在塔什库尔干调查资料。
③ 2013 年 7 月 21 ~ 25 日在甘肃省合水县县城及固城乡镇、段家集乡镇调查资料。
④ 李丹：《城乡一体化理论回顾与分析》，《理论探讨》2008 年第 11 期，第 33 页。
⑤ 张南、周义保：《中西古代城市起源比较研究》，《江汉论坛》1991 年第 12 期，第 56 页。

是城市兴起的基础，如新疆北疆的伊宁，等等。但无论以农业或牧业为基础的城市，均是同一产业发展和不同产业相互交流的结果。这从成都的兴起可以看出。"考古发掘中，不论三星堆遗址还是成都诸遗址群，都出土不少农业生产工具，表明城市地域内相当一部分属于农田，城市人口中有相当一部分属于农民。这些农田和农民，是在城市聚合和扩大过程中被组织在城市地域之内的，也反映了城市功能体系与结构的一个方面。"与"首先是作为区域的政治军事中心而出现的，经济增长、城市起源即以此为基本条件而建立在此基础之上"的中原城市相比，"东周时代蜀地的若干新兴城市，其起源主要同成都平原农业经济、城市手工业经济与盆周山区畜牧业或半农半牧业经济的交流有关，或与南丝路国际贸易有关"。① 因此城镇的发展是在农业发展基础上多种产业支撑和多种因素联动的结果，如有作者通过对中国黄河中下游地区的平粮台、王城岗、城子崖、后岗四个古城遗址，西亚的苏美尔早期城市欧贝德遗址，欧洲克里特文明中的克诺索斯、费斯托斯、马利亚、迈锡尼等进行分析，认为：耕种农业是城市诞生的经济基础；便利的交通位置是城市初现的地理选择；政治需要是城市自重的直接动力。② 在拉丁美洲，古代城市发展的支柱产业也是农牧业。比如玛雅文明在公元前后出现了城市，在公元后的 8 个世纪中，玛雅人共建立了 100 多个城镇。印加人在 15 世纪创建了一个长约 3000 公里、宽约 300 公里、拥有 1000 万人口的大帝国，其首都库斯科在西班牙人征服时约有 5 万人口。这些城市的兴起与广大的乡村和牧场支撑密切相关。但从哥伦布发现新大陆到 16 世纪中叶，拉美兴起的一系列殖民城镇的支柱产业逐渐发生了变化。比如哈瓦那、卡塔赫纳、利马、布宜诺斯艾利斯等兴起的原因不仅与少数殖民者统治者集中定居形成城镇有关，也与西、葡殖民当局为了在行政上对拉美殖民地实行高度集中控制、16 世纪欧洲实行重商主义、港口的地位十分突出并逐渐发展成为城市有关，更与拉美黄金和白银等贵重金属开采地区被殖民者建立为城镇有关。"二战"后拉美城市化加

---

① 段渝：《巴蜀古代城市的起源、结构和网络体系》，《历史研究》1993 年第 1 期，第 34 页。

② 张南、周义保：《中西古代城市起源比较研究》，《江汉论坛》1991 年第 12 期，第 56 ~ 60 页。

速发展时期，1910～1960 年，拉美人口增长了 1.8 倍，而 50 个最大城市的人口增长了 5.6 倍。20 世纪 60 年代以来，在墨西哥、巴西、阿根廷、委内瑞拉、哥伦比亚、秘鲁和智利，中等城市也有了高速发展，这与拉美工业化、国民经济现代化及农村贫困化有关。① 因此从不同的城市发展过程中均可看到，农业、商业和工业在不同时代成为城市兴起的支柱产业。中国西北陆疆也不例外。根据我们在陆疆两个调查区域的调查及与西北最东部城乡一体化的产业进行对比发现，虽然疏附县城打造物流中心、疏勒县城建立百万吨钢厂、伽师县城上马十万吨铜加工厂、长庆油田也将输油管道埋进了固城乡镇管理的各个村庄里，② 但传统农业与牧业及其现代化仍然是陆疆广大乡村和牧场的支柱。因此在西北陆疆城乡一体化的过程中，在乡村和牧场，仍以农业和牧业为主导产业；在城市，依次兴起的商业、工业和文化产业为主导产业。在城乡产业互补的过程中，实现城乡发展一体化。

第三，没有充分考虑到当前西北陆疆民族地区城乡发展一体化不是以城市为中心，也不是以乡村和牧场为中心，而是城乡并重。尽管内地或发达国家的城乡发展一体是以城市为中心，古代西北城市兴起时是以乡村和牧场为中心，但中国西北从古至今经历了从乡到城的历史，目前已经形成城乡普及陆疆的事实，因此我们当下的城乡一体化就必须因地制宜，城乡并重，充分发挥城乡不同功能，在功能互补中实现城乡发展一体化。在乡村方面，"有选择地截断区际资源流动，削弱极化效应对外围乡村地区的不利影响，同时赋予乡村地区更高程度的自主权，增强扩散效应对双方的有利影响，形成自主的、具有自成长能力的、以乡村为中心的区域单位，有效缩小城乡差距，实现城乡公平发展"。③ 在城市方面尤其要汲取伯克的印度尼西亚的个案教训。例如"当时的印尼——原荷兰政府的殖民属地实际上存在着两种完全不同的经济活动，一种是殖民主义输入的以发展现代工业为主的非农业活动，主要集中在城市；另一种是印尼社会本土的传统

---

① 周厚勋：《拉美城市化的发展与演变》，《拉丁美洲研究》1991 年第 3 期，第 38～41 页。

② 笔者于 2013 年 7 月、12 月在疏勒、疏附、伽师、合水四县实地调查和走访资料。

③ Stöhr, W. B. & Taylor, D. R. F. （Eds.） *Development from Above or below? The Dialectics of Regional Planning in Developing Countries* （Chichester: Wiley, 1981），9 - 26。

农业活动，一般集中于乡村，两者在经济制度和社会文化方面存在着巨大的差别。这些差别直接或间接导致了工业与农业、城市与乡村的迥然相异，反映在经济与社会发展过程中，即表现为工业的现代性和农业的传统性、城市的先进性和乡村的落后性的矛盾与冲突"。① 这样的教训不仅仅在印度尼西亚，在世界各地都普遍存在。因此城市方面必须看到以农牧业为基础的乡村牧场对商业、工业的支撑。正如农村偏向的非均衡发展理论的代表乔根森所说："第一，·国经济由现代工业部门和传统农业部门构成，但是农业部门的发展是工业乃至整个国民经济的基础。第二，农业剩余是工业部门产生、增长的前提条件和规模限度，没有农业剩余存在时，就没有劳动力的剩余转移；劳动剩余一旦出现就促使农业劳动力向工业部门转移，工业部门就开始增长；农业剩余越大，农业劳动力向工业部门转移的规模越大；伴随着工业资本的积累，工业增长也就越快。第三，农业剩余出现之前，劳动力都从事农业生产，此时任何从农业中出去的劳动力都具有正的边际产出，在转移过程中，农业部门总产出会受到影响，工业发展会以牺牲农业产出为代价。"② 因此应"统一布局城乡经济，加强城乡之间的经济交流与协作，使城乡生产力优化分工，合理布局，协调发展，以取得最佳的经济效益"。③ 但在我们选择的三个调查区域中，传统的农牧业虽然仍然是适应生态环境的支柱产业，但工业化的导向使得这三个区域的支柱产业正在转型过程当中，如塔吉克县的铁矿业、伽师县的铜矿加工业、疏附县的物流业、合水县的石油产业等。如果传统农牧业产业不能受到应有的重视，那么，以工业为基础的城镇不但生活资源受到影响，而且在传统农牧业基础上的传统文化及未来能够支撑边疆发展的文化产业也将失去基础，更严重的是，为以后的过度城市化埋下了种子。因此对于西北边疆民族地区来说，必须以城乡不同产业并重为基础，促进城乡发展，最终才能实现城乡发展一体化。

---

① 薛晴、霍有光：《城乡一体化的理论渊源及其嬗变轨迹考察》，《经济地理》2010 年第 11 期，第 1781 页。

② 张培刚：《发展经济学》，经济科学出版社，2001，第 633 页，转引自郭宁、吴振磊《非均衡发展—均衡发展—城乡一体化——西方经济学城乡关系理论评述》，《生产力研究》2012 年第 10 期，第 255 页。

③ 李丹：《城乡一体化理论回顾与分析》，《理论探讨》2008 年第 11 期，第 33 页。

第四，没有汲取国内外过度城市化的教训。国外发达国家已经存在的过度城市化问题很多，如城市空气污染，为此一些学者提出了一些解决方案，如小城镇方案，这一方案的主旨是："信息化使大城市外围的小城镇由于受中心城市信息传播的影响而加速发展。各小城镇依托信息与地缘优势，逐渐形成了一定功能特色和发展优势，社会经济综合实力较一般地区的小城镇有较大的提高。"[1] 又如郊区方案，"由于信息通信技术的发展和网络化的兴起，使一部分城市人口或主动或被动地从城市中心区迁往城市的近郊地区，甚至在少数特大城市，已经进入了城市郊区化阶段"。[2] 对于中国西北陆疆民族地区的城镇来说，均存在县城中的老城不断扩建、县城旁边的新城拔地而起的情况。[3] 虽然老城扩建和新城涌现是人口不断增多的结果，但确实也存在新城较空、资源浪费的情况。因此笔者认为，既然西北边疆民族地区的城乡发展一体化处于开始阶段，还没有发展到城大城满、村小村空的程度，我们就应该珍惜现在人与自然、人与人相对和谐的城乡和谐局面，在城乡发展一体化的开始阶段就强调走小城镇大乡村的道路，那么西北陆疆将成为宜于人居的地方，戍边不仅成为光荣之事，也是幸福之事。

三　西北陆疆民族地区城乡发展一体化的思路与途径探索

根据西北古代边疆城乡发展特点和当前城乡发展一体化面临的问题，本文提出以下城乡一体化发展思路和途径。

（一）思路

以保障国家陆疆安全为前提，乡村牧场以农业、牧业为主导产业，城市以商业、工业和文化产业为主导产业，城乡并重，最终实现族群和谐、城乡互补、边疆安全的"众多小城镇点缀边疆大乡村"的城乡发展一体化目标。

---

[1] 许大明、修春亮、王新越：《信息化对城乡一体化进程的影响及对策》，《经济地理》2004年第2期，第222页。

[2] 周一星：《北京的郊区化及引发的思考》，《地理科学》1996年第3期，第198~205页。

[3] 在本文作者调查的疏附县城、疏勒县城、伽师县城、塔什库尔干县城、合水县县城均有老城扩建、新城较空的情况。

作为国家实体边疆的有力组成部分，西北陆疆城乡一体化的首要目的就是通过城乡发展一体化实现西北陆疆长治久安。是否能达到这一目的，关键在于能否尽快缩小西北陆疆城乡不同族群、不同职业群体之间的生活水平差距。而生活水平差距的缩小，主要由城乡不同产业互补决定。城乡产业互补带来的直接后果是城离不开乡，乡离不开城，最终形成城乡并重发展的格局。具体来说，乡村牧场以农业和牧业为主导产业，并加快农牧业现代化步伐。这样城市中从事工业的不同族群和从事不同职业的人即可以获得必不可少的粮食、蔬菜、肉、蛋、奶等食品，棉、麻、皮等制衣原料，甚至工业原料；在城市中则以商业、工业和文化产业为主导产业，从事商业、工业和文化产业的不同群体则为自己也为乡村牧场的族群和从业者提供生产工具及各类物质或精神消费产品，从而使城乡不同族群和职业的边疆人形成谁也离不开谁的城乡一体化的生产生活格局。这样自然就形成城乡并重、城乡互补的城乡一体化格局。正如美国地理学家詹姆斯所说："不能绝对地将人类的活动空间人为地割裂为城市与乡村，而应该作为'一个以多样性为基础的关系统一体'。"① 在这个城乡并重的关系统一体中，不同民族、职业、界别的人因为生产生活互相需要而结成团结和谐的关系，西北陆疆自然就形成安全发展的良性循环模式。

（二）途径

城乡一体化的具体途径是：公路铁路口岸所在乡镇与乡村牧场一体化发展与戍边相协调；所有边境县辖区乡镇与乡村牧场互补发展；避免县城、地州、省区城市过度城市化，走小城与大村并重的发展之路。下面具体论证。

西北陆疆的边界地带聚集着大小不一的公路口岸和铁路口岸。从内蒙古西部的阿拉善盟到新疆与西藏的交界一共有13个陆路口岸，它们分别是：内蒙古策克公路口岸、甘肃马鬃山口岸、新疆塔克什肯口岸和老爷庙口岸与蒙古对接；新疆都拉塔口岸、霍尔果斯口岸、阿拉山口口岸、巴克图口岸、吉木乃口岸为与哈萨克斯坦对接的口岸；伊尔克什坦口岸、吐尔

---

① 郑慧子：《区域共同体：人与自然和谐的科学图景》，《自然辩证法研究》1999年第7期，第35~39页。

孜特口岸是与吉尔吉斯斯坦对接的口岸；与塔吉克斯坦对接的是卡拉苏—阔勒买口岸；红其拉甫口岸与巴基斯坦对接。这些口岸历史上都是地理位置相对重要而方便的货物贸易和人员交流之地。有些口岸的前身就是集市或小镇。它的基础仍然是广大边境地区的村庄或不同季节的牧场。从陆疆安全的角度来说，如果仅仅依靠口岸的应急力量去戍边，肯定无法全面固边。因为口岸虽然作为边疆要地重点防守，但口岸与口岸之间的广大乡村和牧场不仅是各族人民的家园，也是国家领土的组成部分，这些疆土必须依靠居住在这里的各族民众守卫。他们在这里为生存发展农业和牧业，同时向口岸上的各类职业群体供给基本生活必需品，口岸作为集市和乡镇则为乡村牧场的居民交换自己所需的物资或产品提供了方便。因此各类公路与铁路口岸和边境乡村牧场互相协调，形成戍边与发展相适应的城乡一体化格局。

西北陆疆所有边境县所属乡镇与乡村、牧场之间形成互通有无、公平发展的城乡一体化格局。西北陆疆涉及的边境县（包括自治县、市、旗）共有 36 个（从内蒙古阿拉善盟经甘肃到新疆与西藏交界处），下辖边境乡镇共 314 个（含 17 个民族乡），还有 11 个苏木、18 个街道办事处和 14 个农牧场。西北陆疆所有边境县所属乡镇的规模取决于县城、乡镇所在的乡村和牧场的生态环境、产业、人口承载率及能够向乡镇输送的农牧产品的最大值。因此边境县的所有乡镇建设的重点不在于规模和面积，而在于乡镇各类族群和职业群体生活水平的总体提高，以及镇与乡村牧场生活水平差距的不断缩小。只有镇与乡之间的生活水平差别不大的时候，边境县各族各界各职业群体才能够安居边境，担负起保家卫国的重任。

对于西北陆疆县城、地州城市、省区城市来说，目前普遍存在的情况是县城扩建或在老县城附近修建新城、地州城市和省区城市持续扩建。这既源于城市人口的不断增加和产业发展到了能够支撑城市扩建的程度，也离不开国家对边疆地区的大力支援。但对于生态环境脆弱的西北陆疆城市来说，一方面城市人口承载率受水资源、沙漠气候等多方面自然因素的影响，不可能无限制地扩大；另一方面，当人口规模和产业能力不能支撑过大城市建设时，即使依靠外力强行建设，也会出现新城即空城的现象。这种现象不仅在西北边境地区普遍存在，而且在西北东部地区也大量存在，这说明西北的城市建设没有考虑到西北的特殊情况，更没有汲取东部及沿海城市因过度城市化带来的雾霾天气、水污染、流行病的教训。为了防止西北边疆过度城市化带来的城市问题威胁边疆安全和稳定，我们必须把边疆县城以上的城乡一体化工作重心转移到提高城市质量方面。众所周知，城市的基本特征是：第一，人口密集，官、士、农、工、商，各种社会成分被社会的有机性联结在一起；第二，构成了政治、经济、文化、娱乐、宗教、礼仪与军事的中心；第三，有坚城、深池、设施、建筑、作坊、街道、墓地、供水与排水系统，构成了城市有形的硬件；第四，城市是人类进入文明阶段的产物，它也是各个时代文明荟萃的地方。[1] 现在西北县城以上的城市虽然规模已经具备，但以上功能及其联动功能并没有发挥好；城市与广大乡、镇之间的生活水平差距仍然很大；城市内部的产业构成与生态环境的矛盾不断加剧；城市与乡村之间的联系越来越疏远等。对于这些问题，国外一些城乡一体化理论为我们提供了启示，如沙里宁的有机疏散理论认为"将原来密集的城区分成一个一个的集镇，集镇之间用保护性的绿化地带联系起来，并使各个城镇之间既有联系，又有所隔离，但从区域角度来看，则是一个城乡差距较小的城乡区域均质体"。[2] 岸根卓郎的"城乡融合设计"理论则认为："通过超越城市、农村界限的'人类经营空间'的建立，产生一个'与自然交融的社会'，即'城乡融合的社会'。"他强调，"不能用城市'侵入'农村，按现有城市的建设办法来建设农村，按'改造'农村的思路去实现城乡融合"，他呼吁人们重视长期被忽视的农村的作用，指出"'农村最主要的作用就是保全生态系统'，还有许多衍生的作用，如国土资源的持续利用，国土保全，水资源涵养以及人们所熟知的经济功能等"。[3] 因此我们可以根据西北特殊的生态地理条件，在避免

---

[1] 杨年：《中国城市的起源与城市的基本特征》，《齐鲁学刊》1994 年第 3 期，第 47～48 页。

[2] 李泉：《中外城乡关系问题研究综述》，《甘肃社会科学》2005 年第 4 期，第 208～209 页。转引自郭宁、吴振磊《非均衡发展—均衡发展—城乡一体化——西方经济学城乡关系理论评述》，《生产力研究》2012 年第 10 期，第 256 页。

[3] 张伟：《试论城乡协调发展及其规划》，《城市规划》2005 年第 1 期，第 79～83 页。转引自郭宁、吴振磊《非均衡发展—均衡发展—城乡一体化——西方经济学城乡关系理论评述》，《生产力研究》2012 年第 10 期，第 256 页。

过度城市化的同时，提高西北边疆城市建设质量。

　　城乡发展一体化是人类发展到现阶段的必然产物。它最终是为了全人类的公平正义发展。中国作为多民族发展中大国，城乡发展一体化正在进行过程中，不仅需要汲取发达国家城乡发展的好想法、好做法，也要允许国内不同区域走殊途同归的道路，最终实现全国城乡发展一体化的目标。对于西北陆疆民族地区来说，小城大村，即众多小城镇点缀边疆大乡村，也许是集发展与戍边于一体的良性模式。

中越边境集市流动及功能分析

——以云南省马关县金厂街为例

杨丽云[*]

摘　要： 作为边境贸易中的组成部分，边境集市不但是经济范畴下的集散地，还是边民进行族群互动、信息交换、社会往来的场域。本文以云南省马关县金厂街边境集市为例，通过梳理边境集市的物资、人员和信息流动，指出边境集市不仅是边民生存生活资料的补给站和边民进行社会交往的契机点，也是边境社会结构变迁的剧场和协助边境管理的渠道，更是凝聚国家认同的磁场和维系边疆稳定的黏合剂。

关键词： 边境集市　中越边境　边民　流动　安边

我国陆路边境线一共长达 2.2 万千米，与十余个国家接壤，从中南的广西顺时针到东北的辽宁皆有陆路边境线。而在祖国的西南边陲，云南与缅甸、老挝、越南三国接壤，"国界线长达 4046 公里，其中，中越边界位于云南东南部普洱、红河、文山 3 州市南部沿边境一线，全长 1353 公里（云南段）"。[①] 因地理位置、历史环境、民族组成等原因，云南边境自古便存在着边民互市，这种边境贸易大多是跨境民族所为，"在跨境民族对外的经济活动中，边民互市的人数最多，交易的数额也最大"，[②] 故而边民互市就成为居民进行跨民族、跨区域、跨国界交往的集散地，也成为人们交

　＊　杨丽云，兰州大学西北少数民族研究中心、民族学研究院 2013 级硕士生。
　①　鲁刚：《中越边界云南段沿线地区的边境贸易与经济合作》，《云南师范大学学报》（哲学社会科学版）2009 年第 1 期，第 1 页。
　②　刘稚：《论跨境民族与云南的对外开放》，《民族研究》1992 年第 5 期，第 15 页。

换生产生活物资、信息、情感的聚集地，而在这些边民互市中，边境集市无疑是最具普遍性和参与性的存在，鉴于此，探讨边境集市对边境管理、边民生活、边疆安定的意义非常重要。

对边境集市的研究很多，大多集中于对边贸的历史、现状、存在问题及发展路径的探析，而在边境集市的功能分析上，杜春发认为边境贸易是促进边疆民族地区经济发展的有效途径；王晓燕以中缅边境的集市为切入点，认为边境集市是由多维关系交织构成的场域，内含多种二元对立的认同观，它与村落共同体的建构息息相关；卢鹏、孙东波以中越边境的绿春县边民互市为例，阐述其带来的经济和政治影响；李金发揭示了"边民互市经济活动中相伴相生的族群互动与国家认同"。① 但这些研究都没有深入探讨边境集市的深层流动、结构变动以及这些流动最终所要实现的戍边目标，故而本文将通过描述中越边境云南省马关县金厂街的历史沿革，分析其内部的流动环节，进而从安边的角度来探讨当代语境下边境集市的功能。

一　金厂街的历史沿革

金厂镇位于云南省文山壮族苗族自治州马关县东南边境，东北与都龙镇接壤，西北面与夹寒箐镇、小坝子镇隔河相望，南与越南的河江省、老街省相连，国境线有 41 千米。金厂镇距国境线 1.5 千米，镇政府驻地距县城 53 千米，面积为 69.3 平方千米，大部分为山区，地势东南高、西北低。境内居住着汉、壮、苗等七种民族，少数民族占总人口的 90% 以上，其中，苗族占了 70% 多，故苗族为该地的主体民族。因金厂镇特殊的地理位置及其复杂的历史、族群、文化等因素，该地成为跨族群、跨区域、跨国界的文化交织与碰撞地带，构成了物资、人员、信息、情感等多种边界和合的存在，故在此基础上形成的集市也就相应地具有多重社会意义。

从对金厂镇村民的访谈及笔者对田野资料的整理归类可以看出，② 金厂街街址的变迁历程分为三个阶段，即清朝时期的下金厂、20 世纪上中叶

---

① 李金发：《中越边境边民互市中的族群互动与国家认同——以云南地区西北边互市点为例》，《广西民族研究》2011 年第 4 期，第 47 页。

② 本文田野资料为笔者于 2013 年 1～2 月在云南省文山壮族苗族自治州马关县金厂镇调查所得。

的老街子以及 20 世纪 80 年代以来的金厂街。从金厂街街址的变迁不仅可以看出人们对外部环境冲击的回应、内部生存模式的选择以及生活态度的体现，也可以理解中越边境集市的流动性。下文笔者将对各个时期金厂街街集的情况进行描述。

（一）下金厂时期的集市

草果湾是金厂镇下辖的村子，距金厂街不到十分钟的脚程，故而本文的部分田野资料是从草果湾村获得。由于现在的草果湾村没有村民参与过清朝时期的集市，所以那时的集市场景只能根据村中老人的口述史和历史记忆来建构，此外，村里了解这一段历史的人太少，本文关于这段时期集市情况的记录来自曾在草果湾当过二十来年"村主任"的 YFT。据 YFT 介绍，清朝时期他的父辈们就在下金厂赶集，当时是按甲子来推算赶集的时间，但他不清楚具体的推算规则。在那时，居住在金厂镇的人还很少，如当时居住在草果湾的就只有 12 户人家，所以每个街天就只有百来个人在下金厂买卖货物，主要是本地人。由于当时的边境管理政策没有现在的严，人们出入境不需要办理手续，所以，也有十来个越南人会到下金厂做生意，他们主要向中国人销售越南的盐、刀具和小猪，再买回所需的物品。

（二）老街子时期的集市

老街子是继下金厂之后的集市点，存在于 1949 年前后，从草果湾到老街子走路需要十多分钟。村民关于老街子的赶集日期可谓众说纷纭，有说按甲子推算每六天赶一次街的，也有说是每周周一，还有说与都龙、马关和老街子的街天同为周天的，由此也可看出边境集市的不确定性和流动性。无论是从人口流量还是从所出售货物的种类和数量来看，老街子介于清朝时期的下金厂和现今的金厂街之间，即比下金厂多，比金厂街少。一般情况下，老街子的人数有二百来人，最多时可达六七百人，这与农民的农忙周期有关，即农忙时赶集的人就少，街集也就散得早，一般下午两点就散了，闲时和节期人数就多，要到下午四点才会散场。赶集人以本地人为主，还包括周边村寨的人和越南人，因为做生意的多为男性，且男性在一定程度上也可以替代女性作为购买家庭所需物什的执行者，所以老街子的市场参与者中男性较多。而对于集市上的越南人，数量和男女比例不好统计，有说只有两三个的，也有说六七十个的，还有说一百来个的，总之就是人数较少，因为"没得哪样卖的也就没得人了"。① 中国人在老街子主要卖盐巴、水果和少量的布，以及人们用马从其他地方驮运回来的锄头，没有卖肉类和成衣的；越南人卖黄豆、玉米、谷子和草药，并从中国买回制作衣物的布料和生产所需的肥料，人们在集市上出售富余的产品和购买欠缺的物品，由此便完成了互通有无的商品交换过程。

（三）金厂街时期的集市

老街子之所以搬迁到现今的金厂街，最主要的原因是中越战争的爆发。在1977年的时候金厂镇就流传着中越要开战的消息，从那时起政府便计划着把老街子转到现在的金厂街，并开始了对新集市的规划和建设，但金厂街还未完成建设，中越战争就打响了。中越战争从1979年开始，其间大大小小的战争一共持续了十来年，在这期间金厂街就已存在，只是在战事特别惨烈的时候搬到金厂街附近的山脚赶过三次街集，之后又搬回了原处。战时赶集的人数在四五百人，少数越南人也会偷偷地越过边境线来金厂街赶集，但人数相当少甚至可以忽略不计。此时的金厂街由于受战争的影响并没有得到很好的发展，直到战争结束整个市场才恢复正常贸易。

当下金厂街的赶集时间是每周一，赶集人数少则五六千多则上万，其中以金厂镇的村民为最多，中寨、老寨、夹寒箐、小坝子、都龙、茅坪、马关等周边地区的人也会来赶集，他们有的坐微型车和中巴车来金厂街，但大多是骑摩托车，距离较近的就走路。在金厂街，本地人出售的货物有蔬菜、自产水果如香蕉和芭蕉、猪肉、牛、马、鸟、猪仔、苗族服装以及自家酿的酒等，其余的商品如汉族服装、大多数苗族服饰、日用百货以及苹果、香梨等水果都是外地人（如马关县城的人）从其他地方运来出售的。越南人每街会有五六百人，一般来买盐巴、味精、肥料、衣服、蔬菜和肉类等。总之，人们会根据自家的情况和集市货物的情况来出售或购买货物，达成市场的物资流通。

通过对比三个时期金厂街的情况，我们可以得出这样的总结，即随着时间线的延长，集市的规模越来越大，市场参与者的层次越来越复杂，出现在市场上的货物和商品的种类也越来越繁多，由此也可以看出，随

---

① 金厂镇村民的原话。

着国家经济实力的增长和国家对边境政策制定和实施的重视，处于边境沿线的边民也在逐渐地参与和融入市场经济活动，人们借由集市互通有无，使得生产和生活物资得到补充、更新和丰富。

二 金厂街的集市流动

集市是"一个由人为主体的传播载体。集市、集市中的人与集市中的文化都是流动的"。[①] 作为拥有多种资源边界的存在，由多种结构建构而成，它随结构的变动而变动，充满着流动性，而边境本身就是一个流动意义很强的区域，故而处于边境地带的集市之流动性就愈加凸显。集市的构成包括人员、货物、环境乃至区域或民族的文化因子都在变动着，这也就相应地影响着其内部的网络结构，带来了更高层级的流动。随着时间的流逝，人员的老死与新生、技术的发展、通信的便捷、市场经济的根植乃至国家权力的介入等使得流动无时无刻不在发生和变化着。因此，本文将通过阐述中越边境金厂街的流动内容，来揭示隐藏于边境集市中的流动机制。笔者认为，就金厂街的情况来说，边境集市有以下三方面的流动内容。

首先是物资的流动，包括生产和生活物资的流动。物资是集市的基础所在，没有物资的集市就不能称之为集市，所以，了解集市的物资组成和流动情况对研究集市是至关重要的。根据笔者对 2013 年 1 月 21 日金厂街集市情况的观察和统计，当日金厂街的摊位可分为日常生活用品、生产用品、娱乐休闲产品、电器、修理、畜禽、通信类等。具体来看摊位，第一日常生活用品方面，包括吃穿住用行等，有卖服装、鞋子、配饰等一共169 个摊位，其中卖苗族服饰的 80 个，占了一半；卖手工材料如布、彩带等的 5 个；卖新鲜蔬菜的 26 个，多为农户出售的富余小菜；卖干货的 9 个；卖本地自产调料如辣椒粉的 7 个；卖米的 4 个，大多为邻近村寨的壮族人所卖；小吃摊 33 个，狗肉饭店 7 个；卖肉类的 13 个；水果摊 11 个；卖自行车的 1 个，摩托车的 4 个；卖家具的 5 个；卖家居用品的 35 个；卖

[①] 张跃、王晓艳：《少数民族地区集市的文化内涵分析——透视昆县华彝族"赶街"》，《思想战线》2010 年第 6 期，第 125 页。

烟酒的 21 个；卖糕点的 7 个；卖糖类的 5 个；超市 6 个；卖百货的摊子 30 个。第二，在生产方面有：卖树苗、花苗的 1 个，卖种子的 4 个，卖肥料的 2 个，卖饲料的 5 个，卖粉碎机的 2 个，卖农药的 3 个，卖兽药的 2 个。第三，娱乐休闲方面，有台球室 2 家，麻将室 2 家，游戏摊 3 个，卖玩具的 14 个，卖 DVD 碟片的 7 个。第四，电器方面，卖电磁炉的 2 个，卖电视机的 1 个。第五，修理方面，2 个修鞋摊位、3 个摩托修理摊位、3 个家电修理店和 3 个理发店。第六，贩卖畜禽如鸡、猪、牛、马等的有 35 个。除此之外，还有卖电子产品如耳机等的 3 个摊位、6 家通信营业厅、4 个牙医摊位、6 个草药摊点、1 个正规药店、1 个建材店、1 个图书摊和 1 家复印店，再有，因本调查开展时恰逢过年前夕，故集市上出售年画、香火等的摊位一共 11 个。此外，不得不提的是，因金厂街位于中越边境，人们有兑换人民币和越南盾的需求，故每个街市会有十来个摊位进行这项兑换工作。由此可以看出，位居边境的金厂街其所售商品是很丰富的。金厂街所出现的这些商品有的是本地生产和制造的，有的却只能靠外来引进；有的是专门从事商业的生意人贩卖，有的却只是有富余产品的农户临时出售。因此，"集市的存在主要是为了给自给自足的小生产者提供互通有无的场所"，① 因时因物因人而变，这便是边境集市物资的流动。

其次是人员的流动。人员是集市的活力所在，若没有了赶集人，集市就无法存在下去，也就没有了意义，因此，作为集市的重要组成部分，人员的构成影响着集市的组成，人员的流动情况引导着集市的发展。金厂街一次集市有七八千人，包括生意人、购物者、"看街"② 人、边检官兵以及其他随机人员如笔者等，在这些人员中，我们又可以分出层次来。第一，从地域上来分，包括本地人和外地人。此处的本地人指金厂镇及邻近村寨的村民，他们有的在街上做生意，有的来买日用百货，有的仅是来凑热闹的，如老寨村的壮族妇女就在金厂街上卖自家种的糯米和自制的粑粑，罗家坪村的杨姓男子在此摆摊卖猪肉，而距集市较近的草果湾村村民大多为上街凑热闹者，这些本地人占据了集市人数的绝大部分。外地人指其他县

---

① 行龙、张万寿：《近代山西集市数量、分布及其变迁》，《中国经济史研究》2004 年第 2 期，第 54 页。

② 当地方言，意为上街凑热闹。

市的人，如从马关、昆明等地来此做生意的人，以及外国（主要指越南）来此买卖货物的人，人数较之本地人少。本地人和外地人的有机组成，使得金厂街的集市内容变得丰富和多样，不仅增加了物资和信息的来源，也加强了内陆与边境的交流，降低了边民的边缘感。第二，从国籍上来分，包括中国人和越南人。金厂街因其地理位置的特殊性，使得来此赶集的人就包括中国人和越南人，其中中国人占据绝大多数，毕竟这是在中国的地盘，自然以中国人为主；而越南人每个街市最多有七八百人，他们中有来中国做牛马生意的，也有来购买生活用品和廉价苗族服饰的。中国人和越南人共同参与边境集市，不仅可以加强两个国度的经济、文化往来，使边境沿线的人民有趋同的认知，还可以借由交换的过程在一定程度上强化中国边民对边疆概念的认识和对国家意义的认同。第三，从民族上来看，金厂街的赶集人主要有汉族、苗族、布依族和壮族。苗族是金厂镇的主体民族，故而集市的参与者多为苗族，而苗族作为跨国民族，在越南也有分布，所以来金厂街赶集的越南人中也有较多苗族人；汉族遍布全国各地，在金厂街必然也会有汉族的存在，只是相对苗族来说人数较少而已；壮族和布依族都是马关县的民族组成部分，分布在马关各地，而金厂街又是一个容纳四方来客的聚集地，故而也有布依族和壮族参与其中。第四，从性别来看，流通在金厂街的人口中男女人数相当，但在具体行为和实践上有所区别。比如越南女性来赶集一般是买衣服和日用品，越南男性来赶集则多为做牛马生意，而中国的女性则多卖日用百货和果蔬，男性则从事牛马生意和一些更有技术含量如修理等的工作，至于采购方面，除了衣物等须由女性置办以外，其他方面都没有明确的性别区分。第五，从年龄层次上来看，金厂街上多为青年人和中年人，老人和孩子较少。青年人体力好，可以走远路、负重物，头脑精明、见识较广，故卖东西和做生意的多为青年人，而老人和孩子体力较差，适应能力弱，上街多是为了开眼界和凑热闹。

最后是信息的流动。"集市贸易作为农村经济的重要组成部分，通过以商促农，繁荣农村经济，沟通城乡联系，在加速农村城镇化进程和城乡统筹发展中发挥重要作用；与此同时，农村集市作为城镇功能向农村辐射、外溢的载体，已成为农民改善物质生活条件、丰富精神文化生活、获取外界信息以及政府政策宣传普及的重要平台。"① 鉴于金厂街的实际情况，笔者将流通于集市上的信息归为四类：生产信息、生活信息、技术信息和服务信息。第一，生产信息是指人们可以在集市上获得打工、就业方面的信息。譬如越南人要来中国打工，他们大多会先在集市上打听哪里有活干，或者到集市上寻找介绍人给他们介绍工作，又或者直接在集市上找活干。通过集市这个平台提供的多源渠道，人们便可获得工作方面的信息。第二，生活信息是指与人们的生活息息相关的信息，包括婚丧嫁娶、集体性事件，等等。因金厂镇靠近国境线，当地人大多有跨境而居的亲戚朋友，然而，由于政府管理、交通不便、通信不发达等条件的限制，他们之间不能够经常、及时地取得联系，故而集市就成为人们一举多得的实践地，人们在购物、串街的同时就可以给亲友传达自家婚丧嫁娶方面的信息，这不仅方便了人们的生活，也密切了亲友间的往来，利于群体意义的建构和维系。第三，技术信息是指人们可以在集市上获得有关科技、技术方面的信息，丰富并更新已有的知识体系。集市是汇集土特产与"进口货"的地方，对于本地的货物本地人自然熟知，而对于外来的物品，尤其是科技、技术含量较高的物品，人们则知之甚少，故而，集市上出售的"进口货"就给人们提供了长见识的平台，让边民看到"外面"的世界，且借由村民的购买行为使得技术信息在边境地带得到更好的传播。第四，服务信息是指人们在集市上获得有关政策、医疗等方面的信息。"市场的发展，使其不仅成为商品流通的聚集地，而且成为附近村落中政治、教育、医疗卫生、文化等方面的中心地，为周边的村落提供着必要的公共服务。"② 而在中国类似金厂镇这样的乡镇，集市一般就是乡政府及各类公共服务场所如医院、信用社等的所在地，这些场所提供的服务与人们的生产生活息息相关。然而，由于种种原因，一般情况下，人们并不会花费专门的时间和精力来查探这些服务信息，但每逢街市，在他们来集市购物的同时，就可以获得诸如看病、存取钱、领取低保等服务，

---

① 厉华笑、周彧、郭波：《农村集市发展与小城镇空间布局策略探讨》，《城市规划》2010年第 S1 期，第 50 页。

② 李珂、李怡婷：《变化中的不变——基于对贵州省镇宁县某村落集市的人类学观察》，《中国农业大学学报》（社会科学版）2009 年第 3 期，第 74 页。

从而了解相关的服务信息。

三　边境集市的功能分析

"传统集市是乡村社会不可分割的重要组成部分。它们是乡村经济交流的中心，直辖着和促进着聚落之间、区域之间生产规模的扩大和产品种类的扩展，是乡村与城市经济交流的市场，是城市经济回报于乡村的渗透点；它们还是跨乡村、跨城市、联系全国乃至世界的乡村经济辐射点。"[①] 在市场经济日趋发展的今天，尤其是道路的修建将农村与城镇进一步连接起来，随着科技的进步、信息的发达以及人们需求的提升，无论是从村落居民的生产、生活需求角度，还是从市场经济的"扩张"需求角度，集市都扮演着非常重要的角色，然而，它的重要性并不止于此。"定期集市深嵌于当地村落社会生活之中，成为当地村民提高收入水平的重要场所，并成为当地村民进行社交的重要公共空间，同时，它还是国家与乡村社会沟通的桥梁。"[②] 作为一个公共场所，集市是社会文化空间存在及其意义体现的介质，承载着当地民众的价值表达，涵盖着族群间丰富的社交网络，扮演着见证不同文化交流、融合与变迁的角色。且作为边境集市来说，它还是连接两个不同体制、不同文明国度的媒介，在一定程度上是不同文化的缓冲和过渡地带，关系着族群认同与国家认同，更在国家权力的实现方面起着至关重要的作用。具体来看边境集市的功能如下。

第一，集市是边民生存生活资料的补给站。"集市发展的功能最基本的就是满足小农的生产和生活需求，当然它的直接作用就是不断促进了商品经济发展和城乡市场的共同繁荣。在农村，集市不仅是生活资料市场，也是生产资料市场；不仅为满足小农衣食日用方面的各种需要服务，同时也担负着保证小农经济生产和再生产正常运转的职能。"[③] 而"少数民族聚居的边疆地区，因远离城市，各种生产生活所需商品的交流与交换主要以

---

① 马宗正、吴静：《明清时期宁夏集市发展初论》，《宁夏社会科学》2005 年第 6 期，第 117 页。

② 牟军、苏斐然：《集市与纠纷解决机制的变迁——以滇中 W 县龙村定期集市为样本的分析》，《思想战线》2013 年第 3 期，第 48 页。

③ 马宗正、吴静：《明清时期宁夏集市发展初论》，《宁夏社会科学》2005 年第 6 期，第 117 页。

乡村集市为主。对于集市中的民族而言，商品选择、交易方式先于民族文化和民族意识等被凸显出来"。① 从上文我们对金厂街货物的厘清可以知道，小到农户自家种的吃不完拿出来卖的蔬菜，大到专门喂养来出售的牛羊；从无须多少技术便可营业的小吃店，到手工制作的民族服饰的出售，再到技术含量很高的电器、车辆等的贩卖；从涉及日常生活中衣食住行所需的物品，到劳动生产中需要用到的种子、农药、农具等，再到具有娱乐色彩的游戏室、台球室等，集市为人们提供了内容丰富、种类众多的生存生活资料。在这里，人们"把地方各自有优势的土特产品拿到边境集市出售，然后再买回家庭所需要的生产生活物品"，② 可以通过花钱购买到自己无法制造的物品如粉碎机等，可以见识到平时无法见到的高科技产品如电脑等。由此可见，集市的物资流通与交换不仅可以增加边民的收入，同时也促进了当地经济社会的发展。总之，集市为人们生存资料的组建、补充、丰富和更新提供了诸多资源，是人们补给生产生活物资的重要场域。

第二，集市是边民进行社会交往的契机点。"边民互市点是边境居民接触外部世界、了解外部文化最重要的一个渠道。边民们平常忙于农耕生计，日常的社会活动基本以地缘性和血缘性关系展开，集中于本寨子、本族群，接触外部世界的机会较少。而赶集是反常态和反结构的，在集市上，人们不得不跟外界、外族人接触和交流，扩大了人们的活动地域，拓展了人们的社交空间。"③ 此外，施坚雅也认为"农民的实际社会区域的边界不是由他所住的村庄的狭窄的范围决定，而是由他的基层市场区域的边界决定"④，以此来看，集市的存在确实为人们的社交提供了很多的信息与资源边界。集市上的人员不仅众多，且人们都有着不同的身份、地位与背

---

① 张跃、王晓艳：《少数民族地区集市的文化内涵分析——透视昙华彝族"赶街"》，《思想战线》2010 年第 6 期，第 123 页。
② 张含、谷家荣：《社会互动与滇越边民认同研究》，《云南民族大学学报》（哲学社会科学版）2012 年第 1 期，第 18 页。
③ 李金发：《中越边境边民互市中的族群互动与国家认同——以云南地区西北边民互市点为例》，《广西民族研究》2011 年第 4 期，第 48 页。
④ 〔美〕施坚雅：《中国农村的市场和社会结构》，史建云、徐秀丽译，中国社会科学出版社，1998，第 40 页。

景，人们在此遇到的人的类型远远超出其所熟识的村落里的人的类型，故而在中国这样的熟人社会里，集市才算是真正开启人们社交生活的基点。像金厂街这样的边境集市，人员构成的复杂程度是远远高于非边境集市的，边境集市使不同地域、不同民族、不同国籍以及有着不同文化、信仰、意识形态等的人得以接触，还在一定程度上为双方的更深往来提供契机，如在跨国婚姻中，集市是使陌生男女得以认识甚至缔结婚姻的一个重要因素。综上可知，集市给人们创造了一个"反常"的社交情境，并在此基础上为人们的社会交往提供渠道，这不仅扩展了人们的社交网络，也在很大意义上建构了群体的社会意义空间。

第三，集市是边境社会结构变迁的剧场。"少数民族村寨中的集市作为外来文化进入社区的枢纽，是本土文化与其他文化相契合的交接点。在市场快速发展的今天，少数民族地区的传统市场成为经济、文化、社会交流的中心。集市中的文化交流与其他场域中的文化交流相比，有更强的普遍程度。"[①] 在全球化的大背景下，集市的存在一定程度上导致并见证了乡土社会结构的诸多变迁，这些变迁体现在方方面面。首先体现在生计方式方面，集市使得人们的生计方式变得多样化。从以前的耕种、打猎、采集到现在兼有的经商、打工等，集市改变了人们传统的生计方式和生存模式，也带来了更多的可能，这些生计方式的增加不仅改善了人们的生活，提升了地区的经济水平，也带来了社会结构的改变。其次是传统文化方面，集市带来了传统文化的断裂与现代文明的拼接。市场经济的扩散与植根会促使传统的文化形态尝试改变以适应当下流行的市场化的需求。就拿民族服饰来说，以前的服饰多是人们自己手工制作的，而现在只要愿意花钱，人们便可在集市上获得较之前更光鲜亮丽的衣服，长此以往，手工制作民族服饰的手艺便会失传，由此给传统文化造成断裂，这种断裂又会因所处情境的压力而提出寻求多种文化元素交融的诉求，由此带来传统文化与现代文明的拼接现象。更有甚者，传统文化会逐渐消弭，代之以科学技术为标志的现代文明。最后是休闲娱乐方面，集市会提供新的娱乐方式或

① 张跃、王晓艳：《少数民族地区集市的文化内涵分析——透视昆华彝族"赶街"》，《思想战线》2010 年第 6 期，第 126 页。

提供制造娱乐的工具。比如以往的农闲时节，人们或是上山采集打猎，或是一家老小围坐火塘讲述传说故事，或是组织村落聚会以承续村寨意义等，而集市的存在一方面使得电视机、DVD 等进入村民的家门，这是间接改变了人们娱乐休闲的方式；另一方面又直接提供娱乐设施如开设游戏摊位等供人们娱乐，且在信息传播、经济发展日益快速的当下，上街凑热闹已然成为人们获得娱乐的方式之一，这些都是当地人休闲娱乐方式发生改变的体现，进而带来整个社会结构的变迁。

第四，边境集市是协助边境管理的渠道。"农村集市不仅仅是地理上一个简单的交换集合，更是渗透了国家力量和社会力量相互博弈的一个运动场所。"① 它是"国家行政体制建设中重要的基础性环节"②，"国家和乡村社会在集市空间发生对接，集市也在一定意义上成为国家统合乡村社会的立足点和灌输国家意识形态的试验场"。③ 边境地带是一个敏感、复杂的地带，有着诸多的不确定性和不安全性，而边境集市无疑要涉及两个及以上国家民众的参与，在集市得以存在的前提下，人口和物资的流动是至关重要的，这种流动同时也造成了不确定性和不安全性的存在，所以在边境集市中，加强对人员和物资的管理至关重要。在当下中国的边境管理中，对入境人员及物品的核查尤为重视，这在跨境赶集者的入境管理上也得到了体现。比如在金厂镇，越南人在进入金厂街之前得先经过边检站，边检官兵核查完入境证并进行登记之后人们才可以进入集市，且对赶集者所带的货物也有规定，如牲畜是不允许进入中国的等等。通过对赶集者及其物品的入境管理，边检官兵不仅可以掌握边境的流动情况，同时也在一定程度上规避了这些流通因子可能带来的危险，从而保证了国家对边境地区的有效管理。由此可知，集市可为边境的管理提供渠道，帮助实现边境的有序化。

第五，边境集市是凝聚国家认同的磁场。"多民族聚居的村落中，体

① 王晓艳：《边境集市与村落共同体的构建——基于中缅边境陇把镇的调查》，《民族论坛》2012 年第 4 期，第 70 页。
② 马宗正、吴静：《明清时期宁夏集市发展初论》，《宁夏社会科学》2005 年第 6 期，第 117 页。
③ 牟军、苏斐然：《集市与纠纷解决机制的变迁——以滇中 W 县龙村定期集市为样本的分析》，《思想战线》2013 年第 3 期，第 48 页。

现不同民族交往公共空间的集市最能体现不同的民族认同意识。"① 边境是具有多重意义的存在，尤其体现在民族、国家的认同方面，其中，边民对国家的认同是至关重要的。就金厂街而言，无论从集市的基础设施建设、货物的种类和数量以及参与集市的人数等硬实力来看，还是从国家政策、边民利益等软实力来看，其都远远超过边境线另一边的越南集市。因此，通常情况下来中国赶集的越南人远远多于去越南赶集的中国人，即使有少数中国人去越南赶集也都是去越南做生意的。通过可以看到的实体比较、人们的心理认知偏向以及国家权力的介入，这种借由集市而建构起来的国家竞争力增强了生活在中越边境金厂镇边民们的国家自豪感，这种自豪感最终又内化成对国家的认同感，从而保证了边民对国家的认可度和忠诚心。

第六，边境集市是维系边疆稳定的黏合剂。稳定的边疆不仅是居住在边境沿线边民们的福音，同时也是身处内陆的群体的福祉。近年来，边疆的稳定越发受到重视，如何实现和维系边疆的稳定也日趋成为人们探讨的重点话题，然而，边疆的稳定是一个内含千丝万缕联系的目标，其复杂性是显而易见的，而边境集市的存在则可为维系边疆的稳定做出努力。如上文所述，边境集市是人们生存生活资料的补给站、是人们进行社会交往的契机点、是见证社会结构变迁的剧场，它可以帮助实现国家对边境的管理、凝聚并强化边民对国家的认同，这些都是边疆稳定需要加以重视的方面，由此可见"搞好边民互市点的建设和管理，对促进我国中越边境民族地区的经济和社会发展，促进族群互动，增强国家认同，维护边疆稳定，以及增加我国对东南亚地区的国力辐射和影响力，均具有十分重要的意义"。②

综上可知，边境集市不仅具有内地集市的功能，即保证物资的有序流动，促成人们的"互通有无"；加强个体、群体之间的互动，拓宽人们的社交网络；以及实现多元文化的交流与碰撞，促成社会文化的更新与建构。它还因其特殊的地理、文化和政治位置，在边境的管理、边民意识形

---

① 王晓艳：《边境集市与村落共同体的构建——基于中缅边境陇把镇的调查》，《民族论坛》2012 年第 4 期，第 72 页。

② 李金发：《中越边境边民互市中的族群互动与国家认同——以云南地区西北边民互市点为例》，《广西民族研究》2011 年第 4 期，第 50 页。

态的形成和边疆的稳定方面都有着非凡的意义，这也正是边境集市区别于内地集市的地方。总的来说，边境集市是一个内容丰富、意义多维的存在，它一方面关联着人们的生存、生产和生活，另一方面关联着边民、边境和边疆，与物质、文化、社会、国家等的结构密不可分。故而，加强对边境集市的建设和管理十分必要，在这个过程中，要注意彰显集市的安边功能。

中蒙边境马鬃山蒙古人的资源困境及对策研究

王　悦*

摘　要： 中蒙边境马鬃山蒙古人面临着自然资源、社会资源、技术资源等多种资源困境。通过国家层面自上而下、由外而内的资源补给和当地少数民族自下而上、由内而外的资源追寻，边疆少数民族得以摆脱资源困境，实现安全生存，从而为我国边疆安全做出了贡献。

关键词： 边疆少数民族　资源困境　安全生存

国家边疆安全中的各民族人民安全问题，首要地表现在边疆生态、资源与各族人民安全生存需要方面，边疆生态环境与其蕴藏的资源是边疆各族人民生存与发展的基础。① 边疆少数民族地区的资源不仅包含一般意义上的水资源、气候资源、动植物资源等自然资源，而且包含教育、医疗、养老等社会资源，以及通信、交通等技术资源。在现代化进程中，边疆地区的资源困境日益凸显，阻碍了我国边疆地区少数民族人民的生产、生活，从而影响着我国边疆地区的长治久安。

在我国河西走廊西北端，有一片面积约二十万平方千米的戈壁滩，因其表面的黑色砾石层被称为"黑戈壁"。古时，黑戈壁曾是取道新疆的必经之处，也是"草原丝绸之路"的咽喉部位。如今，它向东可延伸至内蒙古自治区额济纳河沿岸，向北可抵达中国与蒙古国界山阿济山下，向南则与甘肃南山即祁连山相接，向西可延伸至新疆维吾尔自治区天山

---

* 王悦，兰州大学西北少数民族研究中心、民族学研究院 2012 级硕士生。

① 参见徐黎丽《中国边疆安全研究》（一），社会科学文献出版社，2015，第 61 页。

东麓。马鬃山镇位于这片戈壁中央，总面积达 3.8 万平方千米，其北部与蒙古人民共和国的戈壁阿尔泰省相接，边境线长 65 千米。20 世纪 60 年代，一部分蒙古人响应国家的"移民实边"号召，从肃北县搬迁至中蒙边境的马鬃山镇，从此开始为祖国戍守边疆。然而，"黑戈壁"上资源十分匮乏，马鬃山蒙古人的生活举步维艰，为了生存与戍边，国家为其提供了资源补给。更重要的是，当地人也开始了追寻资源的艰辛历程。直至今日，马鬃山蒙古人得益于游牧生计方式内在的强大包容性，在戍边实践中展示出文化回归和精神守望，顺利实现了在边疆地区的安全生存，为我国的边疆安全做出了重要贡献。

一 中蒙边境马鬃山的资源困境

（一）自然资源困境

通常，我们将资源分为自然资源、社会资源和技术资源三个方面，资源在空间分布上的不均衡，突出地表现在自然资源方面。马鬃山蒙古人常年生活在中蒙边境的黑戈壁上，这里生境单一、生存条件恶劣，人均资源占有量明显不足。

首先，黑戈壁上地形地貌单一。东部以缓坡戈壁为主；南部山岭矗立，山间多盆地；西部的明水山则较为平坦；北部地远山险、崇山峻岭。除墩墩山、阴凸山、垒墩山、明水山、大红山等山脉以外，此地最为雄伟的山峰便是马鬃山，即一系列西北—东南走向的低山丘陵，海拔多在 1500～2000 米之间，呈雁行状，从黑戈壁中部径直延伸到阿拉善高原，① 一道道分明的山脊，像极了骏马颈部威武的马鬃，因此，人们将其命名为"马鬃山"。②

其次，黑戈壁上降水稀少，气候恶劣。一方面，没有河流湖泊，水资源弥足珍贵。这里的年降水量仅 80.7 毫米，加之蒸发量较大，旱灾频发。漫长的冬季来临时，这里"不下雨也不下雪，不长草井也干掉"，牧民只能从远处拉水饮畜。另一方面，这里是温带荒漠气候，每年 6 月至 10 月短

---

① 参见文偶初主编《中国名山事典》之"马鬃山"篇，1997。
② 参见贾文毓、李引主编《中国地名辞源》之"马鬃山"篇，2005。

暂而温热，11 月至来年 5 月漫长而寒冷。有时，下雨需等待一年半载，下雨时人们纷纷喝酒庆祝，"看啊，久旱逢甘霖，老天终于给我们饭吃了"。有时，戈壁上偶发雪灾，1978 年 4 月间下了一场大雪，恰逢一对汉族母女赶羊归来，她们因不熟识道路在大雪中迷路，最终人和羊都被活活冻死在雪地里。可见，人类在大自然面前是如此渺小，在此地生存容不得半点侥幸与无知。

最后，黑戈壁上动植物资源缺乏。马鬃山地区有零星的红柳，除此之外，述有合头草、骆驼刺、花棒等。这里生活着一些生命力顽强的动物，如北山羊、青羊、野骆驼、野兔、蜥蜴等，狼则神出鬼没，趁人不备便逮准机会袭击羊群，2011 年公婆泉村因狼灾损失惨重。俗话说，"穷荒绝漠鸟不飞"，黑戈壁上很少见到鸟类，偶尔会有老鹰，因觊觎小羊羔而在羊圈上空盘旋。此外，黑戈壁上所蕴藏的矿产令人喜出望外，有煤、金、银、铜、铁、云母、重晶石等，但是，近年来矿产资源开发却对此地生态环境造成严重破坏。

生态退化与资源短缺是现代国家边疆地区不同民族面临的安全生存与发展的基本问题。解决好这些问题，边疆各族人民就能获得生存与发展的空间与资源，这是他们安居边疆的前提条件。[①] 然而，从地形地貌、水资源、气候资源、动植物资源以及矿产资源来看，黑戈壁上自然资源十分匮乏，生态环境极为脆弱，马鬃山蒙古人处境艰难。

（二）社会资源困境

1. 教育资源困境

边疆少数民族地区的社会资源与人民的日常生活息息相关，社会资源困境正日益加剧。在"起码的公民教育之外，每个民族群体应该在它的青年一代中巩固与其自身的特殊共同体、自身的历史、语言与传统相关的知识"。[②] 正如马鬃山蒙古人的教育资源，既包括传统式的家庭教育，也包括现代学校教育两个方面。

一方面，潜移默化的家庭教育，对于孩子的成长发挥着重要作用。蒙

---

① 参见余潇枫、徐黎丽、李正元《边疆安全学引论》，中国社会科学出版社，2013，第 79 ~ 83 页。

② 〔以色列〕耶尔·塔米尔：《自由主义的民族主义》，上海译文出版社，2005，第 23 页。

古族传统文化在家庭这一社会单元，得到了深刻而持久的传承，这里的孩子从出生便开始学习各种生存技能，经历过一次次从马背上摔下来的痛苦之后，他们逐渐学会了赶羊、挤奶、骑马、摔跤。同时，"牧民也重视对孩子的道德规范教育"。① 尽管时代变迁，年轻人孝顺父母、尊敬长辈的观念仍旧根深蒂固。总之，从家庭日常生活和待客礼仪，均能看到蒙古族文化作为一种既定的传统和规范，通过家庭教育得以继承和发扬。

另一方面，作为马鬃山蒙古人的传统生存空间，马鬃山镇对牧民的哺育从未间断，自20世纪60年代搬迁至此，镇上便建起学校供牧民学习科学文化知识。如今，这所小学见证着一批批孩童的成长历程。牧民十分看重子女的教育问题，小学阶段便送孩子到镇上上学。马鬃山镇小学，又叫国门小学，学校生源少师资多。现有10名学生，其中四年级5人、三年级2人、一年级3人，有17位老师，其中11位来自肃北县，6位来自马鬃山镇。校长说："小学的生源正逐年减少，1990年有约90名学生；1995年减少至60多名；2000年剩下40多名；2005年有30多名；2010年有27名；2014年仅余10名。"

边疆地区所面临的教育资源困境主要表现在教学质量、教育的延续性方面。10岁的MRDL,② 在镇上读三年级，令他担忧的是，"我家在肃北、酒泉两地都没有房子，过两年小学毕业后，我得出去读书，却不知道住在哪里"。因镇上没有初、高中，16岁的CSLG,③ 在镇上念完小学后，只得去酒泉卫校上学。26岁的BYSM④曾因父母年迈、无人干活，小学毕业便回家放牧，如今的他心中充满遗憾，希望能再有机会学习知识。

2. 医疗资源困境

"政治上所认定的明确的边界，却被历史的起伏推广成一个广阔的边缘地带。"⑤ 马鬃山蒙古人不仅面临着中蒙之间的政治边界，也面临着边缘地带的现实生活，在这里，地方疾病给牧民的生产、生活带来了严重影

① 宋小飞：《畜牧生计的可持续之道——那日苏牧民的空间理念》，中央民族大学硕士学位论文，2006，第25页。
② MRDL，男，10岁，明水村人。
③ CSLG，女，16岁，明水村人。
④ BYSM，男，26岁，明水村人。
⑤ 〔美〕拉铁摩尔：《中国的亚洲内陆边疆》，江苏人民出版社，2010，第163页。

响。因黑戈壁上大风肆虐、寒冬漫长，人们时常需要与极端恶劣的天气相抗搏，加之早年经济条件十分有限，出行须骑骆驼、马匹或摩托车，由于身体长时间地暴露于风雪中，日积月累，风湿病这一地方疾病便向牧民特别是妇女们席卷而来，致使人们罹患顽疾难以医治。

地方疾病的治疗时常仰赖于地方性知识的运用，蒙古族先辈们给当地人留下了可贵的传统医疗知识。SWD① 说，骆驼粪便特别是白骆驼的粪便，不仅是牧民最主要的薪火燃料，还可用来治疗皮肤冻疮、冻伤等疾病，受伤时用骆驼毛止血效果也很好。当孩子生病时，她便用学自父母的一整套民间治病方法，帮孩子减轻痛苦、治愈疾病。

当然，有时马鬃山蒙古人也不得不向医生求助，但看病过程却充满了种种无奈：当病人来到镇卫生所，不知是医生还是护士的人会开始询问，"你怎么了"，回答"我可能感冒了"，又问"感冒了那你要吃啥药"，病人无言以对。当地人说，镇上"没有能看好病的医生，卫生所里仅有的一两个值班医生，只会开一些感冒头疼的药，以至于急性病常常害死人命"。

此外，因卫生所的医疗技术所限，疾病得不到有效控制，日益危及牧民的生命。XJMF② 放羊时，突然血压升高、呼吸急促，来不及送到镇卫生所便匆匆离世。他的非自然死亡使马鬃山蒙古人产生了恐慌，疾病毫无征兆地悄悄逼近，但人们却没有做好心理准备，当地医生也没有足够的专业能力进行医治，未及时送达医院、医治不力等原因最终酿成悲剧。

在传统式单一封闭空间，地方疾病的医治或许能够得益于地方性传统医疗知识，但随着社会的发展与空间的拓展，疾病的种类越来越多，仅凭地方性知识显然无法彻底解决疾病的困扰。于是，人们不得不迈向开放空间，求助于现代医疗技术，以追寻更有效更广泛的医疗资源。

3. 技术资源困境

黑戈壁上的马鬃山地区不仅存在自然资源困境和社会资源困境，而且

---

① SWD，女，45 岁，马鬃山村人。
② XJMF，男，50 岁，明水村人。

面临着严重的技术资源困境。第一，此处运输条件差、出行不易、交通不便；第二，这里通信条件落后、基础设施不完善，而"落后的基础设施建设所带来的高成本，严重制约着非资源部门向西部地区的后续扩散，抑制了产业扩散给边疆地区带来经济腾飞的机会"，[①] 马鬃山蒙古人的日常生活如饮水、用电、买菜、通信、交往等，均充满了种种难以克服的困难。

一方面，马鬃山镇是肃北蒙古族自治县的一块行政"飞地"，地处边远、交通不便。此镇属于肃北县行政范围，但两地之间隔着玉门市和瓜州县，相距500多千米，需驱车行驶10个小时方能到达。所幸，马鬃山镇300千米以外的酒泉市汽车西站，每日有一趟发往此地的客车，早晨10点出发，大约下午5点可到达公婆泉，即马鬃山镇的镇中心。

另一方面，马鬃山镇通信不畅、生活不便。首先，此处地广人稀，无法普及电力等各项基础设施。20世纪80年代以前人们用煤油灯照明，后来用柴油机发电，2002年镇上开始借助风力发电，2013年镇中心才通上"大电"。其次，几十年前，人们骑着马匹传递消息，现今，当电话、手机等电子设备逐渐普及时，牧区却因没有信号而无法从中受益。最后，牧民围绕马鬃山镇中心分散居住、出行不便。戈壁滩上没有一条像样的路，60岁的CAF[②]来镇上一趟，需在"搓板路"上颠簸几个小时，有时甚至会出现生命危险，因此，好不容易来到镇上，他总要置办几个月的家庭所需，无奈的是："买蔬菜还须经常来镇上才行。"

从"人"的安全层面来说，以陆疆为自己家园的各族人民能够在陆疆安居乐业，是陆疆安全的基石。因为人是陆疆的守卫者，如果陆疆地区目前的生态、跨国资源等问题无法解决，而这些问题直接危及他们的生存与发展，陆疆安全的基础就会松散，国家安全更难以保障。[③] 马鬃山地区的多种资源困境影响着当地人的安全生存，而困境的解决则关乎我国的边疆安全。

---

① 李汝凤：《中国西部边疆资源型经济锁定与消解》，云南大学硕士学位论文，2011，第45页。
② CAF，男，59岁，马鬃山村人。
③ 参见余潇枫、徐黎丽、米红《中国非传统安全研究报告》，社会科学文献出版社，2012，第165~166页。

二 边疆地区资源困境的解决对策

（一）国家层面的资源补给

开发与建设必须齐头并进，不能只开发不建设，致使内地沿海与边疆地区的差距越来越大，从而引发边疆安全问题。[①] 马鬃山地区的矿产开发由来已久，各项建设也初具规模，资源亦随之得到更新和补给，如镇上的各项基础设施、兴边富民计划、牧民定居工程、牧民健康保障工程等。

一方面，因马鬃山镇是甘肃省唯一的边防重镇，国家致力于改善当地人的生活水平，曾投入较多人力、物力修建各项基础设施。镇中心以外的草滩上不通电，国家便为牧民发放免费的太阳能集热板，白天蓄电供晚间使用。马鬃山镇虽属镇一级行政单位，但这里却有完备的部门设置，如法院、卫生院、文化站、兽医站、汽车站、气象站、变电站、水厂等，俨然一座"边疆城市"。另一方面，自 2011 年起，国家实施兴边富民政策，为每位牧业人口每年提供约两万七千元补助，这给牧民生活提供了很大的资金保障。同时，在牧民修建棚圈及购买畜种等方面，政府亦为其提供必要的帮助。

此外，居住方面，2009 年，马鬃山镇政府计划集中修建 40 户牧民定居点，每户占地 137 平方米，目前，这项工程将要完工并投入使用，届时每套楼房售价 20 万元，每户牧民仅需自付 70% 的费用，其余均由县政府补贴。医疗方面，肃北县实施牧民健康保障工程，为每户牧民发放药箱，内含剪刀、针管、棉签、创可贴、体温表等器材，也有板蓝根、枇杷露、索米痛片、滴眼液以及用于高山反应的达力等药物。交通方面，国家积极致力于马鬃山地区的交通建设。其中，在建的京新高速公路甘肃段全长 137 千米，从蒙甘界的白疙瘩至甘新界的明水，横贯黑戈壁东西，将为马鬃山镇带来福利。马鬃山口岸与桥湾之间南北纵向延伸的二级公路，计划在三年内修复完成，届时将连通蒙古，并路经通畅口、音凹峡等，最终与连霍高速相连。加之未来民航飞机场等交通设施的修建，"只等口岸复开，马鬃山的进出口贸易将日渐繁荣"。

[①] 参见徐黎丽《中国边疆安全研究》（一），社会科学文献出版社，2015，第 85 页。

尽管国家加大对马鬃山地区的支持力度，此地尤其是镇中心的各项基础设施日趋完善，但是，对边缘空间的资源补给，仍然不能从根本上解决牧民的生活问题。比如集热板所蓄电量十分有限，仅可用于看电视、充电等，使用较大型电器则难上加难。又如，大多数牧民不认识药盒上的汉字，也不会使用相关器材，便民药箱并没有发挥它应有的作用。因此，牧民也迈向开放空间，以追寻更多更好的生存资源。

（二）戍边的蒙古人对资源的追寻

1. 自然资源的追寻

"在漫长的人类社会发展史中，变迁大多是出于社会内部革新和自我调适的需要而展开的。"[①] 随着时代变迁，传统生存空间资源匮乏迫使马鬃山蒙古人开始向开放空间拓展，而对优质资源的追寻，不仅表现在自然资源方面，更体现在社会资源如教育资源、医疗资源、养老资源等方面。

对自然资源的追寻主要体现在旅游方面。离马鬃山镇中心区不远处有一处历史遗迹，即著名的碉堡山，闲暇之际人们会去那里看一看，对他们而言，那是最近的旅游目的地。然而，马鬃山蒙古人也憧憬着外部空间的美景与生活，他们对蒙古国总有一种近乎完美的想象：不开矿，草场非常好，人们喝着清澈的水，吃着天然绿色的食物，从事着"纯畜牧业"，个个身体都很棒。2007 年，SYL[②] 与其他七位马鬃山蒙古人，参团去蒙古游玩了 15 天，路经呼和浩特、二连浩特，最终到达蒙古国首都乌兰巴托。她说，乌兰巴托市"附近整个儿都是蒙古包，那里的老人们穿着传统的蒙古袍，年轻人则穿着时尚的现代服饰"，人们生活在美丽的大自然中，黑戈壁的景致却与蒙古国相去甚远。

除蒙古之外，马鬃山蒙古人对内蒙古、北京等地也充满期许。BYS-GL[③] 曾去过甘肃酒泉、兰州以及青海塔尔寺等地，她也想去内蒙古看看。SRN[④] 希望以后有机会可以去其他牧区如内蒙古大草原看看，她说，自己

---

① 王铭铭：《文化变迁与现代性的思考》，《民俗研究》1998 年第 1 期，第 1~14 页。
② SYL，女，46 岁，音凹峡村人。
③ BYSGL，男，40 岁，明水村人。
④ SRN，女，53 岁，马鬃山村人。

看不懂人多车多的大城市，对她而言看不懂的不仅是汉字，更是大城市的文化与都市人内心的渴望。CH① 老人在 1969 年贫下中农学大寨时，曾去过北京，后来也去过青海塔尔寺。几年前，妇联曾组织牧民去北京旅游，SWD② 大姐说，若再有这种活动她也要参加。HSTY③ 则希望去北京、新疆、西藏等地旅游。

旅游场域中，民族文化"所面对的将是来自传统与现代、本土与外来、延续与创新、现实与想象等各种性状的文化挑战和选择"。④ 旅游使马鬃山蒙古人走出戈壁滩，置身于异文化景观。然而，最吸引人的是异地的本民族文化，其根本原因在于，尽管存在差异，本民族文化的精髓却能够牢牢植根于同一文化圈内的其他任何地域。

2. 社会资源的追寻

首先，体现在对教育资源的追寻上。拉铁摩尔说，蒙古民族曾是"缺少文化教育的民族"。⑤ 历史发展到今天，教育的重要性日益凸显，包括蒙古族在内的全世界各个民族均踏上了追寻知识的历程，对马鬃山蒙古人而言，外出求学正是向外追寻知识资源，从而发展自我的有效途径。

牧民们说，"镇上的小学每个班只有 3、4 个孩子，人数很少，竞争力小，教学质量也不行"，而"外面一个班级有 20 多名学生，学习氛围好"，WD⑥ 担心自家孩子在此学不到知识，便在肃北县租房陪十岁的孩子上小学。有时，"外面"并非仅限于肃北县、酒泉市，还包括马鬃山周边的其他县市。因丈夫在玉门镇电力局工作，ADM⑦ 打算以后让孩子去玉门镇上小学。

因马鬃山镇没有初高中，通常当地人会送小学毕业的孩子前往酒泉、肃北求学，虽然酒泉的学校没有蒙语班，但肃北县有蒙语小学、初中和高

---

① CH，女，78 岁，马鬃山村人。
② SWD，女，45 岁，马鬃山村人。
③ HSTY，女，50 岁，公婆泉村人。
④ 王云：《旅游场域中民族文化的现代构建——湖南凤凰县勾良苗寨的个案研究》，中南民族大学硕士学位论文，2012，第 37 页。
⑤ 〔美〕拉铁摩尔：《中国的亚洲内陆边疆》，江苏人民出版社，2010，第 58 页。
⑥ WD，男，38 岁，明水村人。
⑦ ADM，女，26 岁，明水村人。

中，完全符合牧民的需求。对于上大学，人们多选择去甘肃、内蒙古等地。25 岁的 GGTN，[①] 曾在肃北县上高中，后考入西北民族大学。她的小学同学中，有两位在肃北县工作；有一位同学去外地打工；还有两位同学分别在马鬃山村和明水村放牧。现在，她和家人都希望她能在肃北县找到一份工作。又如 MKBT[②] 的两个孩子都在内蒙古呼和浩特市上大学，他希望孩子们大学毕业后在内蒙古工作。再如，SYL 的独生女在中央民族大学旅游管理专业学习，她希望女儿将来可以回家乡工作。

"每一文化的发展和维护都需要一种与其相异质并且与其相竞争的另一自我的存在……每一时代和社会都重新创造自己的'他者'。"[③] 当地作为"他者"的汉族流动人口表示，不愿意让孩子到马鬃山这么荒凉的地方学习，汉族人眼中的马鬃山与蒙古人眼中的马鬃山不同，汉族人大多只是为了追逐经济利益偶然来到此地。然而，对于当地人而言，马鬃山却是他们赖以生存的家园。显然，无论是对于汉族而言，还是对于蒙古族而言，传统空间的教育资源日益落后，向外追求教育资源日渐成为一种趋势。

其次，体现在对医疗资源的追寻上。"适应之道主要是以开放代替封闭"，[④] 在传统空间医治疾病的失败，将人们直接推向拥有更多医疗资源的开放空间。这样的开放空间比因教育所拓展的空间更为广泛，为了治愈疾病，人们不仅会选择玉门、酒泉、嘉峪关等周边市县，也会选择肃北、肃南、阿拉善等较远区域，甚至前往呼和浩特、北京等更远区域，以获得最佳医治。

地理交通状况的限制，使得医治疾病路途遥远，也贻误了最佳医治时机，从而影响医治效果。2014 年 10 月，SWD[⑤] 的丈夫在骑骆驼时不小心将左腿摔伤，她立即请人接他到镇上看病。但因镇卫生所没有医生，他们只好前往玉门镇，近九个小时以后才找到医生。经过包扎处理，医生嘱咐他们分别于三天后、十天后前来复查，丈夫便返回镇上休养，SWD 则匆忙

---

① GGTN，女，25 岁，明水村人。
② MKBT，男，53 岁，马鬃山村人。
③ 〔美〕爱德华·W. 萨义德：《东方学》，生活·读书·新知三联书店，2007，第 416 ~ 446 页。
④ 费孝通：《边区民族社会经济发展思考》，《北京大学学报》1993 年第 1 期。
⑤ SWD，女，45 岁，马鬃山村人。

地赶回草场照看羊群，此后两人便频繁奔波于马鬃山镇与玉门镇之间。

马鬃山牧民也前往较远区域治疗疾病。2014年初，XL①老人的大女儿前往内蒙古阿拉善盟看病。SWD②大姐则期盼着去内蒙古呼和浩特市，找一位医术高明、医德高尚的医生，帮她医治腿病，却苦于牧业繁忙、路途遥远，未能得偿所愿。JBZ③年轻时爱骑摩托，落下了严重的风湿病，她的腿须借助于两条拐杖勉强挪步，风湿给她和家人带来了难以言说的苦痛。这些年，家人一直陪她到处看病，去内蒙古找蒙医，去青海找藏医，也到北京看中西医。然而，疾病虽得到缓解，疼痛却依然顽固地纠缠着她，各种蒙药、藏药、中药、西药充斥在她的生活中。

疾病带给人的感受，远非痛苦可以概括，如今，牧民们十分关注疾病与健康这个攸关性命的话题，让人们不解的是，祖辈们世世代代以放牧为生，身体尚且强壮康健，为何现在生活条件改善了，却突然有了这么多病呢？殊不知，因边疆地区自然环境恶化导致的边疆不同民族生存环境的恶化也是影响边疆各族人民安全的因素。④牧民转念一想，这些年蔬菜、水果运进来了，矿山企业也在黑戈壁"安家"了，疾病也就来了，像祖辈们那样过简单的生活，已然没有可能了。

在现代化浪潮的冲击下，疾病促使牧民走出戈壁滩，展开向开放空间的自觉实践，在地方性传统医药知识的基础上，蒙医、藏医、中医、西医等外在资源逐渐被马鬃山蒙古人接纳，几种医药知识体系的相互结合，为其健康生存提供了医疗保障，也为传统空间与开放空间及二者的交流提供了有效途径。

最后，体现在对养老资源的追寻上。当前，人口老龄化是社会普遍关注的问题之一。马鬃山蒙古族的老人们，自20世纪60年代迁至此地后，便在黑戈壁上坚持不懈地奋斗着，他们为马鬃山的发展付出了自己的辛劳，也为祖国的边疆安全贡献了自己的力量。如今他们已然老去，他们的后代也逐渐步入"老年人"行列，而面对黑戈壁的人居环境，他们又将做何选择？

---

① XL，女，79岁，明水村人。

② SWD，女，45岁，马鬃山村人。

③ JBZ，女，62岁，公婆泉村人。

④ 参见徐黎丽《中国边疆安全研究》（一），社会科学文献出版社，2015，第64页。

2009 年，镇上共有 32 位 70 岁以上的老年人，18 位老人长期居住在镇区，其中有 10 位平日生活无人照顾。63 岁的 WDG[①] 老人说，孩子们都在外面工作，过几年他将和妻子进养老院生活。GGTN 说，如今 61 岁的父亲已然年迈，"放不动羊了"，家中已在肃北县买房，过几年，父母亲将去县上养老。BTCG[②] 老人在镇上帮忙看孩子，"娃娃放假时回到牧区"，她觉得"镇中心空气不好容易感冒，还是习惯待在牧区看羊"。再如，BKZ[③] 老人因再婚且未曾生育，被送入肃北县养老院生活，在那里她住着单人宿舍，有人帮她做饭、洗衣服，但老人依然不习惯，于是，她便从养老院搬回镇上，每天和亲戚朋友们聊聊天、谈谈心。

由于镇上的居住、医疗等养老资源缺乏，无论是年轻人还是老人，都想前往基础设施优良的外部空间休息养老。然而，追寻养老资源的实践过程，却向我们证明，相比于外面的大城市，老人们心中的理想休养之所，唯独只有马鬃山地区。

此外，随着电视、手机等现代传媒技术的运用，马鬃山蒙古人开始了对异文化的追寻。这里的妇女们，爱吃芒果、肯德基、冰淇淋、奶油蛋糕和韩国料理等，喜欢看韩剧、泰剧，如《顺英的抉择》《唐突的女人》等，有时她们也陪孩子一起看电视节目《爸爸去哪儿》。新奇复杂的异文化符号，为牧区简单重复的生活增添了色彩，使人们能够更好地适应黑戈壁的游牧生活。

总体而言，在资源追寻过程中，因物质资源匮乏而展开的追寻，往往指向外部开放空间，如旅游资源、医疗资源；而因精神资源匮乏而展开的追寻，起初指向外部空间，最终却回归传统空间，如教育资源、养老资源。可见，马鬃山蒙古人的资源追寻历程充满着精神回归与守望，他们的"根"仍旧存在于游牧文化中。

三　反思

如果传统空间缺乏持续性反哺，则其生命力无法延续，那样的空间会

---

① WDG，男，63 岁，公婆泉村人，曾任马鬃山镇镇长。
② BTCG，女，66 岁，明水村人。
③ BKZ，女，76 岁，云母头村人。

走向封闭，并将不断萎缩。面对边疆地区的资源困境，国家的资源补给为马鬃山蒙古人的安全生存提供了基本保障，使得处于资源困境中的传统空间，获得外部支持，并形成发展动力。此外，追寻资源是马鬃山蒙古人改变其资源困境的最重要途径，资源追寻使得牧民在马鬃山以外买房、工作，这是转场生计的一种延续，草场被都市背景所置换，骆驼和羊群被留在原有空间，汽车和音乐取而代之，传统生活方式搭载现代技术手段拓展到了新的空间。

首先，随着对资源特别是教育资源和医疗资源的追寻，在马鬃山以外买房子成为一种流行趋势，因此，牧民的生活从传统生存空间置换到外部开放空间，又不可避免地在二者之间转换。教育方面，为了方便孩子上学，一部分人在肃北县和酒泉市买了楼房。医疗方面，为了方便老人看病，有人在酒泉买了楼房。

其次，开放空间使得各类资源的数量、质量得到充分保障，马鬃山蒙古人逐渐步入开放空间，从而提升了综合竞争力，也带来了新的生存选择。对于在外求学的年轻人而言，很多时候其工作期望与父母预设存在差异，甚至出现相悖现象，工作选择将决定他们未来的生活环境，如何调和传统空间与开放空间的身份选择，使年轻人徘徊于传统与现代之间难以抉择。

最后，城市的生活方式和价值观念，对马鬃山蒙古人的影响日渐加深，那么他们是否会彻底地走出马鬃山，转变为新一代"市民"呢？答案是否定的，强大的游牧生计方式在此不容忽视，正是游牧生计内在固有的流动性和包容性，决定了马鬃山蒙古人必将适应这种空间转换。对他们而言，城市仿佛是一片新的"草场"，而他们必定会"转场"，城市生活不过是游牧生计在现代发展的一种延续。

在拉铁摩尔看来，"绝对边界的概念，在管理上及政治上就变成一个地区体系，它包括边界的本身与其不同的居民、邻近边界的边疆部落、更外面的不能改良的少数民族社会"。① 马鬃山蒙古人不断地突破传统边缘空间的限制，向开放空间追寻资源，边界的张力在随之不断增加，"绝对的"

---

① 〔美〕拉铁摩尔：《中国的亚洲内陆边疆》，江苏人民出版社，2010，第168页。

边界变得不那么重要，而"流动的、文化的"边界却日益凸显。

相对而言，祖国边境地区面临着突出的资源困境。戍边的蒙古族对资源困境的摆脱，不仅需要国家层面自下而上、由外而内的资源补给，而且需要当地少数民族的主动适应。国家的资源补给为当地的发展提供了物质保障和外部支持，但是，这种来自中心的资源补给亦是有限的，走出困境的关键还在于当地人充分发挥群体主观能动性，突破传统空间的限制，打破边缘与中心的界限，开展自上而下、由内而外的资源追寻。马鬃山蒙古人即是如此，他们充分利用游牧生计方式的内在活性主动追寻资源，用新的形式继承和延续了蒙古族文化。综上所述，通过外部的资源补给和内部的资源追寻，边疆少数民族群体得以安居乐业，实现了边缘地带的安全生存，从而为我国边疆地区的长治久安做出了重要贡献。

跨国民族篇

哈萨克族认干亲习俗中的"脐带母亲"文化解读[*]

卡马力提[**]

摘　要：哈萨克族传统习俗中认干亲，特别是"脐带母亲"这一文化现象具有哈萨克族独特的社会、历史文化背景。本文通过对这一拟亲属关系的文化解读，阐释了"脐带母亲"在哈萨克族游牧生计方式中产生的背景、意义以及这一民俗现象所具有的社会文化功能。

关键词：哈萨克族　认干亲　习俗　"脐带母亲"

一　引言

认干亲作为一种文化习俗，在很多不同文化、不同社会背景的民族中都存在。例如在一些民族中就有认干爸、认干妈或是相互平辈之间结拜成兄弟或是姐妹等文化现象。而这种虚拟性的亲属关系的缔结往往都是因为不同的文化或是利益需求而产生。

目前国内有关认干亲的研究中，对于不同民族及不同地域的认干亲的现象、原因、社会历史文化背景等都有一定的报道。例如在对国内布朗族有关认干亲的研究中就发现布朗族认干亲"源于布朗族先民古老的'有灵崇拜'，反映了布朗族先民在早期的历史进程中对未知世界的敬畏和对超

　* 基金项目：本文系兰州大学民族学研究所徐黎丽教授主持 2014 年国家社会科学基金西部项目"古丝绸之路与丝绸之路经济带民族关系比较研究"（14XMZ002）和 2015 年兰州大学中央基本科研费自由探索项目"丝绸之路经济带民族关系研究"的系列成果。

** 卡马力提，兰州大学西北少数民族研究中心、民族学研究院 2014 级博士生。

自然力量的崇拜"。① 这是作为单一民族社会的研究，相反来自多民族社会的研究又告诉我们，跨民族区域的认干亲习俗的产生具有更多因素的考量。例如，对云南多民族地区认干亲习俗的研究显示了"不同民族之间普遍结成代际传承的'拜认干亲'习俗，从而打破了族际关系不是激烈冲突就是简单融合的认识，成为当地民族文化现象中最重要的组成部分，而且影响到当地民族关系的发展与走向"。② 而在有关西北回汉民族之间认干亲的研究中发现这种认干亲的习俗"以求得孩子顺利成长为目的的巫术性虚拟亲子关系为主"，③ 同时又认为"回汉民族'认干亲'现象实质上是以'人情'为纽带进行的一种社会资本的投资行为，回汉民族通过人际交往网络的拓展、交往规范的遵循、民族成员间信任关系的确立，从而加深了民族成员之间文化的认知与情感，对区域民族关系具有一定的调节作用"。④

哈萨克族认干亲习俗由来已久，特别是认"脐带母亲"的习俗。国内有关哈萨克族认干亲习俗的研究较少，即使提到了"脐带母亲"也是将其作为某种民族习俗一带而过，没有详细地论述哈萨克族有关认干亲，特别是有关"脐带母亲"的产生原因、功能等内容。国内目前对认干亲习俗的研究大多停留在对内地少数民族或是某一地域群体认干亲的研究，而缺乏对西北少数民族特别是新疆少数民族的研究，其中作为游牧民族的哈萨克族认干亲习俗的研究甚少。笔者试图通过对哈萨克族认干亲，特别是认"脐带母亲"这一独特的民族文化现象的解读，分析哈萨克族这一民族文化现象产生的社会、历史背景以及这种民俗现象之所以能一直流传下来，背后所隐含的社会文化功能和意义。

---

① 黄彩文、杨文顺：《布朗族拜认干亲习俗与人际关系网络的构建》，《学术探索》2007年第2期，第108~112页。
② 赵旭峰、王凌虹：《云南民族拜认干亲习俗与族际共享阈的构建》，《黑龙江民族丛刊》2013年第5期，第160~165页。
③ 李静、戴宁宁：《文化人类学视野下的回汉民族"干亲交往"——以宁夏固原市为例》，《宁夏社会科学》2010年第5期，第70~74页。
④ 李静、戴宁宁：《文化人类学视野下的回汉民族"干亲交往"——以宁夏固原市为例》，《宁夏社会科学》2010年第5期，第70~74页。

二 哈萨克族"脐带母亲"的选择对象、原因

认干亲的民俗现象在新疆少数民族中普遍存在，而在哈萨克族中因为其民族特殊的游牧生计方式及独特的多元文化习俗而具有特殊的表现形式。例如两个初次见面但是又非常投缘的人在一起，他们就会很自然地相互建立一种兄弟或是姐妹形式的亲近关系，而这种称呼在哈萨克语里与称呼自己的亲生兄弟或是姐妹的发音都是一样的；或者是他们的孩子在称呼对方时与称呼自己的父母所用的词语也是一样的，都表示"父亲"或是"母亲"的意思。这种随性的结拜或是相互表示亲近的关系在哈萨克族社会中很普遍，就像一对相互结拜的男性友人之间，他们很乐意让对方的孩子叫自己"爸爸"，也可以带着某种玩笑性质去称呼对方的爱人为"我的老婆"；而一对相互缔结金兰的女性友人之间也很乐意让对方的孩子称呼自己"妈妈"，同样可以戏谑式地称呼对方的爱人为"我的老公"。笔者将这些解读为哈萨克族原始社会群婚制或是共妻制的残留。以上这几种认干亲的形式都是一种随机或是偶然性的，然而在哈萨克族中也存在一种仪式性的，带有浓郁的哈萨克族社会历史文化传统特性的认干亲形式，即新生儿的认干亲仪式。这种认干亲的文化是被整个哈萨克社会接受并认可的，某种意义上可以认为这也是新生儿来到这个世界上必须经历的一种人生仪式。这种仪式的对象被称为"脐带母亲"（kndik xexe），因为执行这个动作的女性要亲手将新生儿与母体连接着的脐带剪开而得名。

传统的哈萨克社会是以游牧生活为主要生计方式的民族，因此牲畜对食草环境的周期性改变，造成游牧民的生活往往是居无定所，四处迁移的。哈萨克族不同部落甚至是相同部落群体之间的放牧区域都非常辽阔，彼此之间相互交往联系少，若非盛大的民族节日或是婚丧嫁娶等仪式活动，人们是很难有相互交往和联系的机会。

（一）部落外婚制

哈萨克族是以父系血缘关系为纽带而存在的，在哈萨克族的传统观念中，一个部落"七代"之内是不能相互通婚的，因此部落外婚制被认为符合哈萨克族传统伦理和道德规范的标准。哈萨克族游牧生活的特性，不同

部落之间相去甚远。阿托尔逊在其著作《横跨亚洲大陆》中写到了有关哈萨克族苏丹帖木儿与江吉尔汗之间联姻可能需要克服来自地域和气候灾害的影响，包括持续多日的寒冷雨雪、狂风的袭击以及干旱缺水造成的大量牲畜伤亡。其中提到苏丹帖木儿派部落酋长向江吉尔汗的女儿提亲时写道："这三位酋长经过十天的旅行到达了江吉尔汗的村庄，得到了隆重的接待。"① 从中我们可以看出哈萨克族部落外婚制需要他们的女儿外嫁，有时可能要嫁去的地方非常遥远。这些外嫁的女性来到一个完全陌生的环境，没有任何亲戚朋友，这时候她就需要赶紧建立自己的朋友圈，在陌生的环境中与夫家的亲人，特别是女性亲人建立友好的关系，以巩固自己在新环境中的地位。而她出生的孩子作为某种纽带，就似脐带一般使她和夫家的联系更加密切，进而超越丈夫的纽带地位。孩子取代了丈夫，完成这个外来的母亲与新群体的融合。在这个过程中"脐带母亲"的选择以夫家的亲戚或是所在区域的人群为主，而新生儿使得这个从外部落来的母亲因为孩子而得到了夫家部落的承认。这个新生儿的"脐带母亲"，作为夫家的人，作为中间人，充当了新娘从自家部落到夫家部落的转变的见证人这一角色。

（二）女性联合的需要

传统的哈萨克族游牧生活是艰苦并且充满未知性恐惧因素的，任何一场冬季持续性的暴风雪或是夏季持续性的干旱都可能对哈萨克族的部落造成毁灭性的打击。在这样的社会中，任何人不管是男性、女性还是小孩，都可能参与到部落应对地域灾难性冲击的某一种情景之中，男性被迫去从事挤奶、照顾小牲畜等原本应该女性从事的工作，而女性也可能在某些场合充当男性的角色去保家卫国，去反抗异族的统治。传统哈萨克族女性的地位及社会影响力是非常薄弱的，她们不仅从事家庭内务方面的琐事，例如照顾小孩及老人，还必须协助丈夫完成有关牲畜的喂食、挤奶以及奶制品的加工等工作。阿托尔逊在《横跨亚洲大陆》一书中对哈萨克女性在家庭中所承担的重担给予了非常到位的描述，"她们确实非常可怜，她们每

---

① 〔英〕阿托尔逊：《横跨亚洲大陆》，沈青、季元中译，新疆人民出版社，2000，第223页。

天被成千成百的牛羊所包围，她们骨瘦如柴，面带菜色，脸上没有一点光泽，年轻的女人都显得很苍老，满面灰尘"。① 这些来自外族部落的女性秉持着哈萨克族对女性所要求的容忍、坚强和乐观的品质，但同时她们又都满怀着对本部落的思念情怀而忧伤。这种共同的人生经历使得哈萨克族女性之间产生了某种情感的认同和依赖，因此当任何一个哈萨克女性在经历生产的痛苦时她们都能彼此联合在一起，相互自愿而且相当主动地去充当彼此新生儿的"脐带母亲"，通过这种拟亲属关系的结合来承载彼此远离亲生父母的寄托。在新生儿出生后的第四十天，这位新生儿的女性亲戚朋友便聚集在一起，每人往盆子里倒一汤勺的盐水，必须倒够四十一汤勺的盐水，在这盛水的盆中放着七件不同的饰物，然后给新生儿洗澡，每个参与的女性都要说一些祝福的话语来祈求真主赐福予这个新生儿。在哈萨克族中，已婚女性想要充当"脐带母亲"的欲望是很强烈的，甚至这种欲望可能会造成相互之间的仇恨和猜疑。因此一个新生儿的母亲在选择孩子的"脐带母亲"时是非常谨慎且困惑的，一方面女性联合的必要性要求这位母亲必须做出选择；另一方面，对于如何选择、选择谁、怎样的选择才不会伤及本地女性群体的整体意愿等都要有考量。从某种意义上来说，"脐带母亲"的选择具有非常重要的意义。

（三）选择"脐带母亲"考量的因素

对于新生儿"脐带母亲"的选择是非常慎重的，会有各个方面的选择因素，包括"脐带母亲"与孩子生母的关系远近，"脐带母亲"本人对充当这个角色的欲望强烈程度，"脐带母亲"本人的思想道德以及想要充当"脐带母亲"的人的其他因素，例如大龄未婚女性，或是大龄已婚却无己出等因素都会被考量。总体来说，能够充任"脐带母亲"的女性的基本资质就是必须具有诚实、善良、有智慧、坚强等性格特点。因为作为新生儿的母亲希望自己的孩子具有和他的"脐带母亲"一样的高尚品格和智慧，或者是能够具有她的美丽外表。在哈萨克族中认为一个孩子和他的"脐带母亲"之间有非常紧密的联系，甚至新生儿以后的性格和气质都可能随他的"脐带母亲"而不是自己的亲生母亲。因此"脐带母亲"的选择会综合

① 〔英〕阿托尔逊：《横跨亚洲大陆》，沈青、季元中译，新疆人民出版社，2000，第169页。

考量这位脐带母亲的人品、能力、相貌。访谈对象告诉笔者："我家的这个老三，性格脾气都和家里面的其他孩子不一样，那么冲，怎么说都不听，看来性格是像极了她的'脐带母亲'。"从这段话中可以看出，哈萨克族人认为自己的孩子和其"脐带母亲"具有超越血缘关系的联系，一个孩子的性格脾气甚至是相貌都可能受到"脐带母亲"的影响。

哈萨克族"脐带母亲"的选择，也要综合考量群体内其他女性的感受。在哈萨克族中经常会有因为选择这个女性而不选择那个女性当"脐带母亲"而造成彼此之间的猜忌和不满的情况。哈萨克族女性认为能够充当新生儿的"脐带母亲"是一种很神圣、庄严的任务，能够充当这一角色也是社会对自己能力、价值、地位的一种肯定。

"我的小儿子出生时，因为热××最先来医院看望我们母子，我就让她当了我孩子的'脐带母亲'，可是我的朋友古××也想当孩子的'脐带母亲'，为了照顾到她的感受，我让古××的女儿当了我的孩子的'脐带姐姐'。"从这段访谈中可以发现，哈萨克族"脐带母亲"的选择不是随便或是无意义的，而是基于多种因素的考量，为了群体利益的考虑，有时候也必须做出适当的让步。通过"脐带母亲"这种形式扩大了家族的范围，增进了群体关系，特别是增进女性群体之间的团结，"脐带母亲"甚至被赋予某种神圣、光荣的使命。然而，并不是所有的已婚女性都想要成为"脐带母亲"，因为一旦某个人选择成为一个新生儿的"脐带母亲"，她必须承担一定的责任和义务，并且这种纽带关系将持续一生。

（四）"脐带母亲"所承担的责任和义务

哈萨克族认干亲，特别是认"脐带母亲"这种纽带关系是从新生儿生下开始就确立并持续一生的关系，它不同于某些民族是一种形式或是某一时期因为是婴幼儿特殊的生长期而缔结的阶段性关系，例如在一些地方回汉之间缔结干亲"是找认识的或关系较好的回族认为小孩的干大或干妈，多选择多子多福、家门兴旺的回族家庭。汉族普遍认为，历史上回族来自异域，历经艰难困苦，跋山涉水才在中国立足，民族性格坚强，对小孩更有保佑的作用"。[①] 在哈萨克族认干亲的过程中较少有这类

---

① 戴佩丽：《突厥语民族的原始信仰研究》，中央民族出版社，2002，第59页。

巫术性的考量。哈萨克族"脐带母亲"的选择一般是在孩子出生前。哈萨克族社会没有关于孩子在母亲肚子里是男是女的性别观念,因此,无论即将出生的是男孩还是女孩,"脐带母亲"都必须一样重视。在哈萨克族中"脐带母亲"更多的是一种自愿行为,当这种干亲关系确立后将是终生的纽带关系。"脐带母亲"具有和小孩亲生母亲一样的职责去教育小孩,尽一个母亲应尽的责任,特别是当小孩在经历一些有关人生的成长仪式时,例如男孩的割礼或是女孩的戴耳环礼时,"脐带母亲"要全程参与到这些仪式当中,并且作为家族的一分子给予财力或是物力上的帮助和支持,作为小孩也应该将他的"脐带母亲"当作自己的亲生母亲一般尊重和照顾。

三 成为"脐带母亲"所必须经历的仪式

一旦一位女性被选为新生儿的"脐带母亲",她必须与这位新生儿之间建立某种仪式性的对接,其中最主要的就是这位"脐带母亲"要亲手缝制一件衣服叫作"狗衣"(it xapan)。这件衣服的制作不同于普通的衣服。首先,这件衣服必须是这位"脐带母亲"亲手制作而成;其次,衣服的材质必须是棉织品,具有吸汗、通气的作用;最后,此件衣服必须反向缝制,就是说,衣服的纽扣必须内衬在外,这样制作的原因是避免衣服缝制的纹理或是纽扣的金属部件压迫到新生儿脆弱的皮肤。这件衣服被缝制好后,在新生儿出生四十天内当作内衣穿着,当四十天满后,也就是孩子出"月子"之后,这件衣服要被缠绕在狗的脖子上,并被狗环绕一周后,解下并好好地保存,放在家中的箱子里,当孩子长大后,需要出远门或是结婚等离开居住的房子时,要带着这件衣服,因为这件衣服能够保佑这个孩子在外一路顺风,一切如意。此外,当小孩稍微长大后,作为"脐带母亲",要给这个小孩购置一些衣服,因为在过去的哈萨克草原社会,布料还是一种奢侈品,一个小孩能够拥有一件布料缝制的衣服是很幸运的事情。

(一)"狗衣"所具有的文化含义及禁忌

"狗衣"是新生儿的"脐带母亲"赠予自己干儿子或是干女儿的信物,这件衣服倾注着这位"脐带母亲"好像对自己孩子一样的爱和期望。但笔者认为这也和哈萨克族古老的图腾禁忌有一定的联系。为什么把这件衣服叫作"狗衣"（it xapan）？这是因为狗在哈萨克族中被认为是有灵性的动物，受到哈萨克人的喜爱，狗在哈萨克族中象征着忠诚、勇敢、有生命力，而且狗夏天不惧炎热，冬天不惧严寒，为觅食能够四处奔波，自食其力，因此哈萨克人希望自己的孩子也能具有狗的这些品质，能够具有顽强的生命力同时也具有诚实、忠诚的品质。在笔者的访谈中一位老者告诉笔者狗忠诚伺主的真实故事。

"那年气候干旱，庄稼歉收，牲畜因为牧草干旱而大量死亡，人们饥饿不堪，有生吃草皮或是树叶的。我已经好几天没有吃到像样的东西了，但是我出去一两天都没有见到家里的狗，我想可能它也饿得四处寻食去了吧，我没有再想那么多。第二天一大早就听见家里的狗在叫，我出门一看，看见我家狗坐在门前，在它跟前还有一大块肉，我欣喜万分，之后这条狗常叼来一些肉或是酥油等食物来，让我们一家度过了那段艰难的岁月。"通过这个故事人们会发现，狗在哈萨克民族中具有的重要性，一方面狗是忠诚的看护家畜，甚至是小孩的好"保姆"；另一方面狗在哈萨克族游牧生活中起着重要的作用，它可以看护牲畜，在牧民转场时是牧民的好帮手，同时，在兼具游牧狩猎生计方式的哈萨克社会中，狗在狩猎中也能起到很大的作用，带给哈萨克人额外的食物。但笔者认为"狗衣"（it xapan）中的"狗"并不是指牧民生活中圈养的狗，而应该是作为哈萨克族图腾崇拜的狼的一种变体。在哈萨克族中，狼是十分神圣的动物，人们相信狼具有某种神力可以保护人类免受恶魔或是霉运的困扰。因此，在哈萨克语中对于狼的称呼也发生了改变，不能直呼狼（kasker），而是称为"鸟狗"（it kus）。"突厥语民族的狼族神话充分体现了它的神性，它被突厥语民族看作史祖母。当作祖国之祖先，护国之神兽。"[1] 而在哈萨克族神话传说中对狼的崇拜可以追溯到其母系社会时期，在哈萨克族中存在着人类和白狼幻化而成的女性结合的传说。"狼在突厥诸部落的生活中具有神秘的神性和无限的神力，人们在日常生活的某些仪礼习俗上就自然体现了这种图腾崇拜的心理。"[2] 哈萨克族把作为图腾崇拜的狼作为自己部落或是

---

[1] 戴佩丽：《突厥语民族的原始信仰研究》，中央民族出版社，2002，第55页。
[2] 戴佩丽：《突厥语民族的原始信仰研究》，中央民族出版社，2002，第59页。

民族的保护神，相信它们能赋予部落子民以某种神力和超人的力量。而用于制作这种"狗衣"（it xapan）的材料，笔者认为，早期的哈萨克社会衣服面料的选择也主要以兽皮为主，因为作为中亚草原游牧民族的哈萨克族来说，能够穿上布料缝制的衣服是一件非常奢侈的事情，对于绝大多数民众来说，穿着布料的衣服需要一定地位和社会等级，普通哈萨克族人还是以家畜或是动物皮缝制的衣服为主，这也符合哈萨克族生活的环境气候类型。"在某些庄严的宗教仪式和场合下，人们披上某种动物的皮。在这种情形下，图腾崇拜仍然发挥着作用，因为，他们是图腾动物。"[①] 因此笔者相信，哈萨克族将对本民族图腾崇拜的狼的崇敬和希望狼保护部落民众的愿望注入"狗衣"（it xapan）的制作，赋予它某种保护力。因为哈萨克族人认为新生儿是非常脆弱的存在，他的周围有太多的妖魔鬼怪想要夺取他脆弱而又纯洁的肉体，这时候就需要一件具有保护意义的狼外衣去阻绝那些对小孩的伤害。

另一种解释认为，取"狗衣"（it xapan）之意，是因为狗命贱，在任何环境下都能够生存，对周遭环境的适应能力较强，因此，家长也希望自己的孩子能够从小就命硬一些。因为哈萨克族人认为小孩，特别是未出四十天的新生儿非常脆弱，很容易受到疾病或是一些未知因素的影响而夭折，这时候就需要用一些普通甚至低贱的事物来除去晦气。

（二）"脐带""脐带母亲""乌玛伊"女神之间的象征一致性

早期成为"脐带母亲"的人，都是那些亲手给产妇接生，并将孩子与母亲之间连接的脐带剪断的人。她们大多是上了年纪的女性，在哈萨克草原上得到人们的普遍尊重和爱戴。在现代社会，产妇生产一般在医院产房，更多的是产科的医生剪断孩子的脐带，但是"脐带母亲"这一民俗文化现象并没有因此而消失。这是因为哈萨克族相信女性的生产、生育是神圣、伟大的过程。脐带在这一过程中也同样具有神圣的魔力。因此，哈萨克族在女性生育后，由该女性的丈夫将脐带包裹在一块纯洁的白布中，选择一处干净、偏僻的地方将脐带掩埋。脐带不能被随便丢弃或是让别的牲

---

① 〔奥〕西格蒙德·弗洛伊德：《图腾与禁忌》，文良、文化译，中央编译出版社，2005，第89页。

畜吃了，这是很大的禁忌。

在哈萨克族的宗教信仰中，还保留着伊斯兰教信仰的痕迹。例如对掌管女性及孩子生育、安全的保护神"乌玛伊"女神的崇拜。"乌玛伊，在一些民族中的形象，就是子宫、孩子、脐带和胎盘。"[1] 哈萨克族相信女性的生育是神秘、神圣的，在生产过程中掉落的器官——脐带也同样是神圣的，同样参与这一过程的"脐带母亲"也是神圣、光荣的。生育对于游牧哈萨克族具有重要的意义，在居无定所、医疗设施相对匮乏的哈萨克草原，女性的生育具有很大的危险性。哈萨克族人认为，女性的一次生育过程就像是一次重生，而在这过程中女性因为孩子的出生，整个身体内部器官都会发生很大的改变，对母亲的身体可能造成严重的伤害，甚至危及母亲和孩子的生命安全。早期游牧哈萨克族因为地理环境、医疗设施的制约，女性生育过程中母亲和新生儿的死亡率较高，在这一过程中能保障母亲和孩子的平安，对于哈萨克族来说就像得到了神灵的庇佑，得到了"乌玛伊"女神的祝福。而作为孩子"脐带母亲"的人，亲眼见证了这个神圣的过程，甚至参与到这个过程中，让母亲和孩子得以平安健康地生存下去。这时候"脐带母亲"就和"乌玛伊"女神之间具有了象征的一致性，是"乌玛伊"女神在人间的化身，保佑着产妇和新生儿的健康平安。

四 哈萨克族认"脐带母亲"的社会文化意义分析

哈萨克族认"脐带母亲"的习俗是一个具有悠久历史的传统，笔者向一些哈萨克族的长者询问时，他们都认为这是在很久以前就存在的习俗，特别是已婚女性之间相互成为彼此孩子的"脐带母亲"这种传统习俗。这种一根脐带连接两家人的方式在传统的草原游牧社会具有非常重要的现实意义。

（一）多子多福的传统观念

哈萨克族人认为一个家庭的幸福是看他有多少儿女，如果一个家庭子孙满堂，人丁兴旺，那就是最大的财富；相反那些子女很少或是没有子女的家庭会被认为是受到诅咒或是父母亲行为不善而造成的，这样家庭的女

---

① 孟慧英：《中国原始信仰研究》，中国社会科学出版社，2010，第45页。

性需要去一些圣地、圣山或是古代圣人的陵墓去忏悔、去祈祷。同时，那些生育能力较弱的女性认为，如果能够和一些生育能力较强的女性结成"脐带母亲"的关系，那么这个生育能力很强的女性的能力也能转移到自己身上。哈萨克族人特别是一些老年人认为家族人群的旺盛也是自己在人世中立下的一个功绩。当他去世后，能有无数的儿女来给他哭丧，是非常有安慰作用的事情，也是对祖先的一种告慰，作为与"脐带母亲"缔结亲属关系的这个孩子也有义务作为其家中的孩子之一尽孝道。

（二）传统生计方式的需求

哈萨克族的游牧生计是非常艰苦的，春夏季的牲畜转场，秋冬季的割草、畜草和应付大量牲畜的生产，周而复始，需要大量的人力来协作完成不同的工作。通过认干亲的方式，哈萨克族人无形中增加了家族的力量，能更有力地应付草原上繁杂的游牧生活和恶劣多变的气候环境带来的影响。同时，哈萨克族的婚丧嫁娶都是非常重要的仪式，在这些仪式的进行过程中，需要大量的人力来帮助完成，作为与"脐带母亲"缔结亲属关系的孩子也必须在这些繁杂的劳务中尽心尽力。

（三）加强部落联系，促进民族认同

传统哈萨克族是以不同的部落为纽带关系结成的相互独立的若干群体，不同部落有着独立的草场和生计空间，相互的来往较少。但是一旦不同部落之间因为草场、牲畜发生纠纷，双方便会发生冲突，甚至是野蛮而残酷的斗争。因为维护家族、部落荣誉是每个哈萨克族青年的义务，这种为荣誉而战的习俗让哈萨克族对本部落的认同超过对其民族的认同。现代社会，随着哈萨克族传统游牧生计方式的改变，部落观念在年轻人中逐渐淡薄。但是，哈萨克族的部落外婚制以及哈萨克族强调每个人必须清晰地记得自己七代以内的父辈的名称的习惯，使得部落意识还是深深扎根在每一个哈萨克族人的脑海里。认干亲，特别是认"脐带母亲"打破了这种不同部落之间的隔阂，促进了不同的哈萨克族部落之间的交往和联系，部落不再是难以逾越的鸿沟，"脐带母亲"让哈萨克族不同部落之间因为这种仪式的纽带关系而走得更近、更亲密。

"我们这里有克宰部落、克列依部落、阿勒班部落等很多不同的哈萨克族部落，但是，我的孩子的'脐带母亲'并不是和我一个部落的，我也从没有想过一定要找本部落的，谁对我的孩子好，谁看起来真的适合这个位置，我就让谁当孩子的'脐带母亲'。"这个个案访谈清楚地说明了"脐带母亲"在连接不同哈萨克族部落中具有的功能，"脐带母亲"让孩子的身份超越了部落、血缘的界限，将不同的部落联系在一起，促进了哈萨克族部落间的理解和融合，更进一步地促进了哈萨克族民族认同。

五 结语

哈萨克族认干亲的习俗内容多种多样，所指认的对象也在发生变化，例如，现在很多哈萨克已婚男性之间也在彼此孩子出生后相互缔结"干爸"（owkil ake）的关系，但是与哈萨克族女性之间缔结"脐带母亲"关系的意义有本质的区别。哈萨克族的"脐带母亲"是在悠久的历史发展过程中，因哈萨克族独特的社会文化环境而产生的一种拟亲属关系，是哈萨克族部落图腾信仰和文化禁忌的产物，在新时期又衍生出新的社会文化功能，对哈萨克族传统文化有一定的教化功能，同时也加强了哈萨克族内部不同部落之间的联系，促进了哈萨克族的整体民族认同。

试论西迁及其对柯尔克孜族形成的影响[*]

杨亚雄[**]

摘　要： 柯尔克孜族先民最早生活在叶尼塞河流域，后因战争等原因不断向西迁徙。历史上，柯尔克孜族有过五次西迁，时间跨度从西汉一直到清朝中叶，迁徙路线主要是从叶尼塞河流域到天山和中亚地区。西迁是柯尔克孜族历史上的重大事件，对现代柯尔克孜族的最终形成产生了深远的影响。从某种意义上说，长途迁徙成为现代柯尔克孜族形成的一个重要原因。本文旨在通过介绍柯尔克孜族西迁历程，进而论述西迁对柯尔克孜族形成的影响。

关键词： 柯尔克孜　西迁　影响

　　柯尔克孜族是我国众多游牧民族之一，大部分分布在我国新疆维吾尔自治区，少部分生活在黑龙江省。根据第六次全国人口普查，我国柯尔克孜族人口总数为 186708 人，在 56 个民族人口总数排名中名列第 32 位。柯尔克孜，是柯尔克孜语的音译，意思是"四十个姑娘"，[①] 指柯尔克孜最初的四十个部落。柯尔克孜族是一个历史悠久的民族，"从公元前 206 年汉

　　* 　基金项目：本文系徐黎丽教授主持的 2014 年国家社会科学基金西部项目"古丝绸之路与丝绸之路经济带民族关系比较研究"（14XMZ002）和 2015 年兰州大学中央基本科研费自由探索项目"丝绸之路经济带民族关系研究"的系列成果。

　　** 　杨亚雄，兰州大学西北少数民族研究中心、民族学研究院 2014 级博士生。

　　① 　中央民族大学教授胡振华认为"四十个姑娘"的神话故事，是跟柯尔克孜族名有关，而不是其族源。胡振华教授认为，神话故事不是历史，"柯尔克孜"在柯尔克孜语中的发音同"四十个姑娘"在柯尔克孜语中的发音非常相似，这一神话只是对"柯尔克孜"这个族名的一种解释，而不是对这个民族的族源的解释。参见胡振华《柯尔克孜族的〈四十个姑娘〉》，《黑龙江民族丛刊》2005 年第 4 期。

高祖刘邦建立西汉计算，柯尔克孜族出现在我国历史舞台上的时间有明确记载的已经有 2200 多年的历史了"。① 柯尔克孜族在历史上有不同的自称或他称，秦汉时期，被称为"鬲昆"②或"隔昆"③，此处的"鬲昆"便是史书中最早记载的柯尔克孜族先民。西晋至初唐，柯尔克孜族被称为"契骨"。④ 唐肃宗时期，坚昆败服于回纥的统治之下，从此坚昆又被称为"黠嘎斯"。⑤ 契丹族建立辽国统治北方时，黠嘎斯成为辽的属国，此时，被辽称为"辖戛斯"。宋、元时将黠嘎斯称为"乞尔吉思""吉利吉思"等，元太祖铁木真时，乞尔吉思成为成吉思汗昆弟豁尔赤的封地。元亡后，柯尔克孜人又臣服于北元部落汗国之一的瓦剌。17 世纪初，柯尔克孜各部被西蒙古准噶尔部落汗国所统治。清朝称柯尔克孜人为"布鲁特"。⑥ 柯尔克孜人在清康熙以前，主体部分游牧于叶尼塞河流域，在准噶尔汗国策妄阿拉布坦统治时期

---

① 阿地里·居玛吐尔地：《中国柯尔克孜族》，宁夏人民出版社，2012，第 6 页。

② 《史记》卷一百五十《匈奴传》记载：匈奴先东击东胡，西袭月氏，南败楼烦、白羊河南王，"后北服浑庾、屈射、丁零、鬲昆、薪犁之国。"

③ 《汉书》卷九十四上《匈奴传》列传六十四上记载："后北服浑窳、屈射、丁零、隔昆、薪犁之国。"

④ 《北史》卷九十九《突厥传》列传八十七记载："突厥之先，出于索国，在匈奴之北。其部落大人曰阿谤步，兄弟十七人……娶二妻，云是夏神、冬神之女。一孕而生四男：其一变白鸿；其一国于阿辅水、剑水之间，号为契骨；其一国于处折水；其一居跋斯处折施山，即其大儿也。山上仍有阿谤部种类，并多寒露，大儿为出火温养之，咸得全济，遂共奉大儿为主，号为突厥。"

⑤ 《新唐书》卷二百一十七下《回鹘传》列传一百四十二上记载："黠嘎斯，古坚昆之国也。当地伊吾之西，焉耆北，白山之旁。或曰居勿，曰结骨。其种杂丁零，乃匈奴西鄙也。匈奴封汉将李陵为右贤王，卫律为丁零王。后郅支单于破坚昆，于时东距单于廷七千里，南车师五千里，郅支留之。故后世得其地讹为结骨，稍号纥骨，亦曰纥扢斯云。众数十万，胜兵八万，直回纥西三千里，南依漫山。地夏沮洳，冬积雪。人皆长大，赤发，皙面，绿瞳，以黑发为不详。黑瞳者，比曰陵苗裔也。男少女多，以环贯耳，俗趫伉，男子有男黥其手，女已嫁黥项。杂居多淫佚。"

⑥ 清朝把生活在伊犁河流域和天山山区（主要指今克孜勒苏柯尔克孜自治州阿合奇和阿图什市一带）的柯尔克孜人称为"东布鲁特"，把居住在葱岭以西（尤其包括今克孜勒苏柯尔克孜自治州乌恰县和阿克陶县以及帕米尔高原以西）的称为"西布鲁特"。我国著名满族史学家王钟翰教授认为，之所以称柯尔克孜人为布鲁特，传说是在准噶尔统治时期对柯尔克孜人的称呼，意思是高山上的居民，后来被清朝使用。他还认为准噶尔统治者对柯尔克孜族的掠夺和压迫，常遭到柯尔克孜族的顽强抵抗，大批柯尔克孜族退守到中亚塔什干、费尔干那盆地及其附近山区，一部分到了帕米尔高原、兴都库什山脉和喀喇昆仑山一带，形成东西布鲁特的分布局面，即以纳纶河和天山为界，天山以北为东布鲁特，天山以南为西布鲁特。参见王钟翰《中国民族史》，武汉大学出版社，2012，第 1736～1738 页。

被驱逐出叶尼塞河上游，自此，柯尔克孜人大部分向西迁徙至葱岭以西，即今天的帕米尔高原，在高山黑水之间游牧生活。鸦片战争之后，沙俄通过武力威胁等方式，强占我国帕米尔高原，将帕米尔高原以西之柯尔克孜人划归俄国，从而造成柯尔克孜族（吉尔吉斯族）的跨国而居。

一　柯尔克孜族的迁徙

柯尔克孜族最早生活在中亚地区的叶尼塞河流域，从先秦时期至 18 世纪中叶，主体一直在这一地区繁衍生息，成为叶尼塞河河谷地带最优秀的骑手和射手。作为古老的游牧民族之一，柯尔克孜族跟其他游牧民族一样，在广阔的草原上到处移动寻找水草丰美的牧地，这种活动成为其日常生活的常态，只不过这种移动除了自然环境的推力之外，更多的是人为因素，其中最大的人为因素是战争。由于草原资源的稀缺，为了争夺更多资源，草原上各民族或部落之间的争斗甚至是战争，成为草原历史的一个主轴。无论是高原牧场还是高山牧场，草原游牧生活的迁徙是这一群体的谋生常态。在不断的迁徙中，势力较小的游牧族群往往被势力强大的民族控制或胁迫。纵观历史，由于游牧民族的这种特性，草原曾上演一幕幕征服和被征服的历史大戏，而征服者大多胁迫被自己征服过或受其影响较大的部落或民族选择离开其生活的地方，远徙他乡。这是因草原易主而发生的普遍现象。叶尼塞柯尔克孜人，在你方唱罢我登场的草原舞台剧中扮演过重要的角色，前期曾被多个民族统治或征服，后来强大起来，甚至建立了"黠嘎斯汗国"而纵横蒙古高原，在中国历史上，尤其是少数民族历史上占据了重要一席。正是战争征服等原因，柯尔克孜族先民被迫离开自己生活了千年之久的故乡，迁徙至西域天山和中亚地区，成为目前我国最西的一个戍边民族。纵观柯尔克孜族先民迁徙史，其自西汉初期至清乾隆中期，陆续向西向南迁徙，直至准噶尔汗国策妄阿拉布坦统治时期，柯尔克孜族举族西迁，彻底离开叶尼塞河流域。

柯尔克孜族先民在历史上的西迁可以分为五个时期。

第一次：西汉武帝时，汉朝和匈奴争雄，被称为"坚昆"之柯尔克孜先民隶属于匈奴的统治。匈奴在汉军的打击下北移和西迁，部分坚昆人也被匈奴胁迫一同西迁。公元前 60 年左右，匈奴帝国因老单于虚闾权渠之死而发生了五单于的内讧，以郅支单于为代表的北匈奴集团和呼韩邪单于为代表的南匈奴集团的斗争甚为激烈。公元前 49 年，郅支单于在同呼韩邪单于争夺大漠王廷领导权不利的情况下，带领所部匈奴向西攻击乌孙，占领丁零、呼揭、坚昆等方国或部族，在平定西部后，郅支单于"都坚昆"，控制了坚昆等族所居之叶尼塞河流域。后在汉军、南匈奴、乌孙以及坚昆的联合打击下，北匈奴一部分离开坚昆之地，向西迁徙。在此过程中，部分坚昆人也被迫同匈奴一起西迁。这次西迁的柯尔克孜人大部分来到了大山南北以及中亚地区，游牧在西域的高山河谷地带。

第二次：唐朝初期，突厥汗国对外扩张，威胁到了唐王朝的统治。双方经过数次战争，唐朝打败了雄霸漠北草原的突厥人。6 世纪末，突厥因内部斗争而大量西迁。由于柯尔克孜先民一度臣服于突厥的统治，突厥在西迁之时，带走了一部分柯尔克孜人。

第三次：唐朝中期，即大致 9 世纪中叶，黠嘎斯部落崛起，并攻灭当时的蒙古草原之主回鹘汗国，回鹘各部落被迫离开蒙古高原，分三路向西迁徙。"黠嘎斯南下、西征，追击逃亡的回鹘各部，并与西迁回鹘展开较量，黠嘎斯终未能取胜，南下之中很快又退回故地。"① 西征的黠嘎斯大量军队及其军属后来大部分也返回到了叶尼塞河流域，但仍有一部分在七河流域留了下来。② 总之，早在 10 世纪前天山地区就已经有了柯尔克孜人的分支。

第四次：蒙元时期，在 13 ~ 15 世纪，成吉思汗的骑兵征服了被称为"森林中的百姓"的柯尔克孜人，在蒙古大军西征时，柯尔克孜人被迫随蒙古军西征。明朝北元时期，由于北元遭受明朝的打击以及内部的激烈斗争，又有一部分柯尔克孜人跟随蒙古贵族统治者西迁至天山地区，甚至一部分迁徙到费尔干那盆地和楚河流域。15 世纪上半叶，柯尔克孜人被瓦拉蒙古统治，"也先时期，曾迫使一部分柯尔克孜人从叶尼塞河流域向楚河及塔拉斯河一带移动。16 世纪，东蒙古向瓦拉大举进攻，一部分柯尔克孜

---

① 杨建新主编《中国少数民族通史》（隋、唐、五代卷），民族出版社，2009，第 611 页。

② 马曼丽主编《中亚研究——中亚与中国同源跨国民族卷》，民族出版社，1995，第 134 页。

人被迁到天山南北的伊塞克湖、阿克苏和喀什噶尔一带"。①

第五次：17 世纪中期，卫拉特蒙古准噶尔部兴起并建立汗国。在噶尔丹为汗时，汗国一度征服卫拉特其他部落，成为西蒙古实力最强的部落。作为准噶尔汗国的近邻，柯尔克孜人遂成为准噶尔的奴属。噶尔丹将柯尔克孜地作为其对外扩张的战略后方之一，逼迫其向准噶尔提供粮饷和兵丁，叶尼塞河流域的柯尔克孜人生活在准噶尔的血腥蹂躏之下。另外，沙皇俄国觊觎叶尼塞河流域丰美的水草已久，他们对柯尔克孜人不断骚扰，而作为宗主的准噶尔汗国统治者策妄阿拉布坦为了获得沙俄的支持以巩固自身的统治，非但没有积极抵抗沙俄的侵略，反而逼迫柯尔克孜人迁出叶尼塞河流域，一路向西迁至今新疆和中亚地区。"对沙俄的侵略采取妥协退让政策，最终导致了 1703 年柯尔克孜人的举族迁徙。"② 柯尔克孜人这次举族性的迁徙，首先越过萨彦陵，迁至额尔奇斯河流域，其中有一部分柯尔克孜人在萨彦陵和唐努山之间的河谷地带定居下来，成为今天的图瓦居民。另外的柯尔克孜人继续西迁，同历史上西迁的柯尔克孜人汇合。持续西迁的柯尔克孜人分为两部分：一部分西迁至伊塞克湖、费尔干那盆地的山区地带，成为今天中亚国家吉尔吉斯斯坦的主体民族；其余迁至帕米尔高原、喀喇昆仑山附近的高山地带，形成我国的柯尔克孜族。至此，柯尔克孜人完成了从叶尼塞河流域到帕米尔高原以及中亚费尔干那等地艰难而伟大的迁徙。

西迁后的柯尔克孜人依然没有摆脱被侵略和骚扰的厄运。19 世纪中期，中亚浩罕汗国在征服迁徙至费尔干那盆地的柯尔克孜人后，又将侵略的触角伸向了帕米尔高原的中国柯尔克孜人。沙俄吞并浩罕汗国之后，被浩罕征服之柯尔克孜人遂成为俄国的属民，被称为吉尔吉斯。第二次鸦片战争期间，沙皇俄国强迫清政府签订了《中俄北京条约》《中俄勘分西北界约记》，根据"人随地走"的原则，野蛮占据了中国西北边境的大片领土，将伊塞克湖、楚河、塔拉斯河以及纳林河流域的柯尔克孜部落划归俄国。19 世纪 90 年代后，俄国和英国私分我国帕米尔高原，又有一部分柯

---

① 徐黎丽主编《突厥人变迁史研究》，民族出版社，2009，第 238 页。
② 徐黎丽主编《突厥人变迁史研究》，民族出版社，2009，第 242 页。

尔克孜人被划属俄国。直至清朝在新疆建省时，留在清政府管辖范围之内的柯尔克孜人所剩无几。叶尼塞时期统一的柯尔克孜各部经过西迁散居在天山和中亚，柯尔克孜人作为一个整体被碎片化了。

柯尔克孜族历史上的迁徙跟其他游牧民族的迁徙相比，既有共性，也有特殊性。共性主要表现在因战争而造成的被动性。特殊性主要表现在柯尔克孜族在迁徙过程中，依然保持本民族的传统文化和民族精神，这与该民族的发展历程有关。柯尔克孜族虽然曾经被他族辖治，但该民族并没有真正臣服于他族的统治。攻灭回鹘汗国后，柯尔克孜人在北方大漠建立强大的黠嘎斯汗国，后被草原上另一雄族契丹打败，黠嘎斯部众退回到叶尼塞河流域。汗国虽遭覆灭，但黠嘎斯这个游牧民族并没有消失，而是再次回到原来居住的地方，在清朝中期举族西迁之前，又在叶尼塞河流域生活了9个世纪左右。"正因为黠嘎斯没有像其他北方民族一样，迅速崛起，骤然灭亡，才使自己的历史保持了完整性和连续性，这点可以说是黠嘎斯民族的历史特征之一。"①

二　西迁对柯尔克孜民族形成的影响

西迁是一个伟大而艰辛的历程。从叶尼塞河流域到天山和中亚地区，无论从时间和空间上，柯尔克孜人的西迁都可称为人类的一次伟大壮举，是一次真正的民族"大挪移"。柯尔克孜人全部西迁后，除了族群再次实现聚合，并融合、吸收了当地民族成分，壮大了整体力量外，还经过一个"西域化"的过程，主要包括宗教信仰的伊斯兰化，语言文字的突厥化，计生方式的本土化，而这些方面的变化促进了柯尔克孜族的最终形成。

（一）西迁对柯尔克孜族族体的影响

古代民族的迁徙对该民族族体的最终形成有着重要的影响。"民族的迁徙，促进和形成了民族的交往和杂居，推动了有关民族之间在族体上的吸收、融化和整合。使我国各民族在族体上发生了密切的内在联系。"② 因

---

① 杨建新主编《中国少数民族通史》（隋、唐、五代卷），民族出版社，2009，第240页。
② 杨建新：《民族迁徙是解释我国民族关系格局的重要因素》，《烟台大学学报》2006年第1期，第66～78页。

此，柯尔克孜族的西迁对其族体的形成影响甚大。整个 17 世纪的叶尼塞河流域，风云变幻，柯尔克孜人同时面临着准噶尔的压迫和沙俄的欺凌，虽然与沙俄进行过不屈不挠的斗争，但失去准噶尔汗国的支持，柯尔克孜人孤军奋战注定要失败。为了种族的延续和民族的发展，柯尔克孜人不得不离开叶尼塞河流域，向西迁徙，同已经在天山和中亚地区游牧的柯尔克孜人聚合。相比较而言，先期西迁的柯尔克孜人基本摆脱了战争困扰，生活相对稳定。这成为拉动叶尼塞河流域饱受战乱之苦的柯尔克孜人西迁的主要引力。战乱的减少，相对稳定的新牧场生活，有利于安定之后的柯尔克孜人继续进行自身的民族构建过程，这构成柯尔克孜族最终形成的基本保障。在西迁后民族的形成过程中，柯尔克孜人不仅实现了民族族体的再次聚合，还融合、吸收了汉族等当地其他民族成分，为柯尔克孜族族群注入了新鲜血液，促进了现代柯尔克孜族族体的发展壮大。

（二）西迁对柯尔克孜族经济生活的影响

叶尼塞河流域柯尔克孜人主要的经济活动是集体放牧。"这里的古柯尔克孜人，虽然被称作游牧民族，但游动性不大，基本上有固定的居住地，并无冬夏草场之分，其放牧形式多为大群放牧，有的甚至是一个部落的畜群集中放牧。"① 除畜牧外，古柯尔克孜人还凭借叶尼塞河流域地势平坦、河水充沛、森林茂密等得天独厚的自然条件，从事农业、林业以及渔猎等经济活动。据考古发现，柯尔克孜族先民居住过的叶尼塞河流域存在诸多发达的灌溉体系，这说明古柯尔克孜人从事过农业生产，有过定居农耕生活。古代柯尔克孜人有"森林中的百姓"之称，因此，他们的林业生产在当时比较发达。此外，由于叶尼塞河丰厚的河产，渔猎也是柯尔克孜人重要的计生方式。

迁徙至天山以及中亚地区后，由于所居之处皆为高山地带，以前在河谷地带采集、渔猎、放牧的生活方式发生了极大变化。"因西迁前后平原草原畜牧业和高山畜牧业的生产经济方式不同，他们失去了以往水草丰美的牧地，布鲁特人的畜牧业只有一小部分为纯畜牧业，而大多则与农业经

---

① 阿地里·居玛吐尔地：《中国柯尔克孜族》，宁夏人民出版社，2012，第 37 页。

济结合。"① 半农半牧的计生方式促进了柯尔克孜人的族群聚合，促进了柯尔克孜族物质生产方式的变迁。

（三）西迁对柯尔克孜族民族精神的影响

民族精神是一个民族在其民族形成过程中沉淀下来的重要特质。从西迁过程来看，柯尔克孜族先民前后经历了五次之多的迁徙，每次迁徙都无比艰辛，都是柯尔克孜先民与自然和他族做斗争的过程，是血与火的历程。柯尔克孜人经过多次苦难洗礼，铸就了勇敢、坚毅、爱国、豁达、乐观、吃苦耐劳以及坚忍不拔的优良品质和民族精神。因此，西迁史在某种程度上就是柯尔克孜族的民族精神养成史。在此基础上形成的伟大史诗《玛纳斯》成为柯尔克孜族西迁的历史文化记忆，成为其民族精神的光辉写照。值得一提的是，18 世纪初，面对准噶尔汗国的压榨和沙俄帝国的欺侮，当时被称为"布鲁特"的柯尔克孜人同侵略者进行了可歌可泣的斗争，虽然最终被迫离开了叶尼塞河，但这种抵御外侮的爱国精神无疑对整个民族精神的形成有着重要的影响。

（四）西迁对柯尔克孜民族与宗教文化的影响

民族文化是一个民族不同于其他民族的本质特征，也是之所以能够成为民族的独特属性。因此，民族文化在民族形成方面的地位至关重要。从西迁的历程和结果来看，柯尔克孜人同西迁至西域的众多民族一样，其民族文化存在一个突厥化和伊斯兰化的过程。先期迁至天山和中亚地区的柯尔克孜人首先经历了突厥化过程，这一点体现在其语言的变化方面。柯尔克孜族最早使用的是叶尼塞文，西迁后的柯尔克孜人在语言上受到当时西域强势民族如维吾尔族、哈萨克族影响，采用察合台文字，呈现出突厥语化的特征，"这对拥有悠久历史和灿烂文化的柯尔克孜族先民来说是一次艰难的文化转型"。②

宗教文化作为民族文化的重要组成部分，它对一个民族的形成、生存和发展具有重要的作用。比如我国回族的形成，伊斯兰教在其中起了重要

---

① 阿斯卡尔·居努斯：《西迁前后柯尔克孜族经济生活的变化》，《西域研究》2003 年第 4 期，第 46~50 页。
② 万雪玉：《伊斯兰教对柯尔克孜文化的影响》，《中国宗教》2003 年第 6 期，第 42~43 页。

的凝聚作用。在宗教方面，柯尔克孜人宗教信仰呈现出以日、月、星辰、山、水、动物、植物等自然崇拜和祖先崇拜为主的初级信仰，到以萨满教、伊斯兰教等为主的高级信仰之演变过程。萨满教是叶尼塞时期的柯尔克孜人最早信仰的宗教。先期迁徙的柯尔克孜人在当地伊斯兰民族的影响下，改信了伊斯兰教。① 18世纪初举族西迁后，柯尔克孜族进行了伊斯兰化，绝大部分柯尔克孜人放弃萨满教，皈依伊斯兰教，只有伊犁河流域之少数柯尔克孜人信仰佛教。作为伊斯兰化的民族，整体皈依伊斯兰教是从叶尼塞河流域迁徙至西域之后才完成的。换句话说，伊斯兰化是柯尔克孜族西迁的结果之一。从此，伊斯兰教成为柯尔克孜人生活的一个重要内容。"柯尔克孜族皈依伊斯兰教的时间虽然不长，但是伊斯兰教的教义、教规、教法以及婚姻、丧葬等制度，却渗透到柯尔克孜族思想、文化、道德、生活等各个方面，特别是对其语言文字、文学、宗教教育、艺术、建筑艺术以及风俗习惯等方面影响很大。"②

从柯尔克孜人迁徙历程中可以看出，萨满教、佛教、伊斯兰教这些不同形式的宗教信仰在不同的历史阶段融入柯尔克孜人的日常生活。这种信仰内容方面的变化，基本上是以柯尔克孜人不同阶段的迁徙为基准的。由于经济生活方式的游动性，柯尔克孜族日常的宗教活动比较单一，但真主信仰在整个民族文化心理方面的聚合作用仍然不容忽视，信仰伊斯兰教是柯尔克孜族最重要的民族特征之一。此外，虽然信仰真主安拉，但或多或少地留有部分萨满教的痕迹，成为柯尔克孜人伊斯兰信仰的特色。总之，西迁后的柯尔克孜人的宗教信仰呈现出"一种以伊斯兰教信仰为主导，同时兼有多种原始宗教信仰形式的特征"。③ 正是因为有了从叶尼塞流域向西的迁徙，才出现宗教文化的变迁，才形成了现代柯尔克孜族民族宗教文

---

① 胡振华教授认为，在17世纪末，居住在靠近新疆喀什、莎车一带和靠近吉尔吉斯斯坦南部安集延、奥什一带的部分柯尔克孜人，在维吾尔、乌孜别克等族的影响下，已有一批人先改信伊斯兰教了。参见胡振华《伊斯兰教与柯尔克孜文化》，《西北民族研究》2002年第2期，第136~145页。

② 万雪玉：《伊斯兰教对柯尔克孜文化的影响》，《中国宗教》2003年第6期，第42~43页。

③ 艾莱提·托洪巴依：《新疆乌恰县黑孜苇乡柯尔克孜族宗教信仰调查》，《西域研究》2004年第4期，第89~95页。

化。西迁后柯尔克孜人语言的突厥化和宗教的伊斯兰化成为其民族形成过程的重要方面，促进了柯尔克孜族的形成。

从柯尔克孜人西迁的结果来看，由于迁徙而形成的共同的地域、共同的经济生活、共同的民族精神和共同的宗教文化心理，最终促进了现代柯尔克孜民族的形成。

三　结语

柯尔克孜族西迁的原因不是单一的，除了北方草原上诸多强势民族的强迫外，还受某些外在势力的影响，尤其是在18世纪初的举族迁徙中，沙俄的影响甚大。虽然沙俄没有直接将叶尼塞河流域的柯尔克孜人驱逐出故地，但它假手于准噶尔，因此主要责任者非俄莫属。柯尔克孜人完成西迁并安定下来不久，沙俄如同梦魇一般，再一次追随而至，侵略柯尔克孜人的西迁住地，将凝聚为一体的柯尔克孜族再次撕裂，形成柯尔克孜和吉尔吉斯这两个同源跨国民族。从叶尼塞河流域向西迁徙，有着沙俄的"推力"，西迁后的柯尔克孜族族群被分割更是因为沙俄侵略所致，真所谓成也沙俄，败也沙俄。

从游牧社会发展演进的历程看，柯尔克孜族迁徙具有一定的必然性。众所周知，游牧社会是一个内部流动性较强的社会，它与突出表现为人对土地的绝对依赖的农耕社会不同，游牧民族"逐水草而居"的特点决定了实时迁徙成为其发展壮大的动力。西迁在柯尔克孜族历史上是具有深远影响的事件，其民族形成过程中最重要的阶段就是在西迁之后才开始的，无论是族体的形成、计生方式的变化，还是民族精神的沉淀、民族文化的变迁等方面，都是柯尔克孜族西迁的重要结果，而这些方面是一个民族形成最不可或缺的。因此，西迁不仅仅是柯尔克孜人脑海里一个永久的历史记忆，更为重要的是，西迁对柯尔克孜族的最终形成产生了至关重要的影响和作用。另外，西迁后的柯尔克孜人在经过一个多世纪的民族化过程后，终于形成了稳定的具有独特的民族特征的柯尔克孜族，成为我国西域的众多伊斯兰化的民族之一。

"一带一路"战略与
边疆安全研究篇

论边疆安全问题对"丝绸之路经济带"战略实施的影响*

徐黎丽**

摘　要："一带一路"战略中的"丝绸之路经济带"战略是当代中国促进西部社会发展和周边国家友好合作的综合战略。但由于"丝绸之路经济带"是跨越亚欧众多国家疆界的合作与发展大计，因此，因多源性、突发性、跨国性、交织性和破坏性而上升为边疆安全问题就会对这一战略的实施带来负面影响。这些边疆安全问题从内而外依次是边疆地区群体性事件和暴力事件、边界纠纷、边疆重大自然灾害、跨国民族生存发展问题、"丝绸之路经济带"沿线各国关系问题、恐怖与极端组织活动等。解决以上问题的途径是：达成保护和重建"丝绸之路经济带"沿线生态环境的长效机制；进一步落实亲诚惠容的外交政策；逐步实现兴边富民的国内发展战略目标；强调文化认同在前，经济社会合作在后；在战略实施过程中逐渐将中国倡议、"一带"沿线国家响应更改为中国与"一带"所有国家实质合作共同推动的亚欧腹地发展战略；在战略实施的人文环境方面，重视"丝绸之路经济带"战略的安全合作。从而真正化解上述边疆安全问题，实现"丝绸之路经济带"沿线各国安全发展。

关键词：边疆安全问题　"丝绸之路经济带"战略

"丝绸之路经济带"和"21世纪海上丝绸之路"，是习近平主席分别

---

* 基金项目：本文系2014年度国家社会科学基金西部项目"古丝绸之路与新丝绸之路经济带民族关系比较研究"（项目批准号：14XMZ002）成果。

** 徐黎丽，兰州大学民族学研究院、中国边疆安全研究中心教授。

在 2013 年 9、10 月提出的中国内外发展战略，简称"一带一路"战略。①
其中的丝绸之路经济带战略提出时间较早，经过不断调整和完善，日臻成
熟，渐成体系。在概念上，丝绸之路经济带由两个子概念组成。其中，
"丝绸之路横跨亚欧大陆，绵延 7000 多公里，途经多个国家，总人口近 30
亿"。"经济带是经济地理学范畴。经济带发展需要依托一定的交通运输干
线，并以其为发展轴，以轴上经济发达的一个和几个大城市作为核心，发
挥经济集聚和辐射功能，联结带动周围不同等级规模城市的经济发展，由
此形成点状密集、面状辐射、线状延伸的生产、贸易、流通一体化的带状
经济区域。"② 在范围方面，国内部分涉及"西北五省区，包括陕西、甘
肃、青海、宁夏、新疆。西南四省区市包括重庆、四川、云南、广西
等"。③ 国外部分则涉及上合组织内的"6 个成员国（中、俄、哈、吉、
塔、乌）、5 个观察员国（蒙古、巴基斯坦、印度、伊朗、阿富汗）、3 个
对话伙伴国（白俄罗斯、土耳其、斯里兰卡）"。④ 这一战略涉及的五大支
柱内容有：加强政策沟通；加强道路联通；加强贸易畅通；加强货币流
通；加强民心相通，加强人民友好往来和社会交往。其中道路联通是基
础，贸易畅通是本质内容。"与五大支柱相对应的五大具体措施包括：开
辟交通和物流大通道；实现贸易和投资便利化，打破地区经济发展瓶颈；
推进金融领域合作；成立能源俱乐部；建立粮食合作机制。"⑤ 在线路方
面，"丝绸之路经济带可以有三条路线，即在空间走向上初步形成以欧亚
大陆桥为主的北线、以石油天然气管道为主的中线、以跨国公路为主的南
线三条线"。⑥ 由此可见，关于丝绸之路已经形成具有较为完善体系的区域

---

① "2013 年 9 月 7 日，习近平主席在哈萨克斯坦纳扎尔巴耶夫大学发表重要演讲，首次提出
了加强政策沟通、道路联通、贸易畅通、货币流通、民心相通，共同建设'丝绸之路经
济带'的战略倡议；2013 年 10 月 3 日，习近平主席在印度尼西亚国会发表重要演讲时明
确提出，中国致力于加强同东盟国家的互联互通建设，愿同东盟国家发展好海洋合作伙
伴关系，共同建设'21 世纪海上丝绸之路'"。http：//baike. baidu. com/view/
12241799. htm? fr = aladdin，2014 年 9 月 21 日。

② http：//www. rmlt. com. cn/eco/caijingzhuanti/special/sichouzhilu/，2014 年 10 月 7 日。

③ http：//www. chinairn. com/news/20140102/103122546. html，2014 年 10 月 7 日。

④ http：//www. rmlt. com. cn/eco/caijingzhuanti/special/sichouzhilu/，2014 年 10 月 7 日。

⑤ http：//www. rmlt. com. cn/eco/caijingzhuanti/special/sichouzhilu/，2014 年 10 月 7 日。

⑥ http：//www. rmlt. com. cn/eco/caijingzhuanti/special/sichouzhilu/，2014 年 10 月 7 日。

国际合作战略。但是我们也必须意识到，由于这是一个宏大的跨国合作战略，一经提出，就面临诸多挑战，如如何建设规划跨国道路、边境管理和安全保障。更大的挑战来自以边疆为基础的国家安全方面，如"在制度建设上实际需要处理好两个平衡：一是主权让渡与不干涉内政原则的平衡。另一个平衡是缺乏主导国与推进制度建设之间的平衡关系"①。在国内方面也面临边疆安全发展的挑战。比如国内丝绸之路经济带途经的西北边疆就生活着十个跨国民族，它们分别是维吾尔、哈萨克、乌孜别克、柯尔克孜（中亚各国称吉尔吉斯）、塔塔尔族（俄罗斯称鞑靼族）、塔吉克、俄罗斯、回族（中亚各国称东干）、蒙古、汉等。② 如何公平公正发展多民族边疆社会也是这一战略不得不面临的国内挑战。因此，"由陆、海、空三位一体的硬边疆和国家利益延伸于国界之外或内缩于国界之内的软边疆的复合体"③ 的丝绸之路经济带沿线国家，面临既要保卫体现其主权、人民、政权、领土的边疆安全，又要实现丝绸之路经济带所要求的道路畅通、经济文化交流合作的挑战，于是冲突和矛盾在所难免。本文拟从影响丝绸之路经济带实施的边疆安全问题入手，探讨解决这些问题的策略，为"一带一路"战略中的丝绸之路经济带战略顺利实施提供力所能及的借鉴，同时弥补这方面研究的缺失。

---

① http://www.rmlt.com.cn/eco/caijingzhuanti/special/sichouzhilu/，2014 年 10 月 7 日。
② 丁建伟认为："中亚国家间同源跨国民族数目较多，与中国西北边疆地区的同源跨国民族有 9 个，即哈萨克族、吉尔吉斯族（柯尔克孜族）、塔吉克族、俄罗斯族、鞑靼族（塔塔尔族）、乌孜别克族、东干族（回族）、维吾尔族和汉族等民族。"参见丁建伟《中亚与我国西北边疆地区同源跨国民族问题》，《西北第二民族学院学报》2004 年第 1 期，第 7 页。安俭认为："中国西北边疆的少数民族有哈萨克族、维吾尔族、柯尔克孜族（境外称吉尔吉斯人）、塔吉克族、俄罗斯族、塔塔尔族（境外称鞑靼人）、乌孜别克族（境外称乌兹别克人）和回族（境外称东干人）等。"参见安俭《论中国西北边疆的跨国民族问题》，《西北师大学报》2011 年第 6 期，第 48 页。笔者认为蒙古族和汉族也应该是西北边疆的跨国民族，因为"蒙古族的跨国，虽有清代蒙古土尔扈特部举族迁出和以后回归的移民因素，但主要还是沙俄侵占唐努乌梁海地区和支持蒙古独立造成这两次国界变更的结果。"[参见冯瑞（热依曼）、艾买提《中国西北疆界变迁及周边跨国民族特征》，《广西民族大学学报》2007 年第 5 期，第 19 页。]除此之外，地处西北的甘肃是与蒙古人民共和国接壤，马鬃山口岸是中蒙两国之间的口岸。至于汉族在中亚各国的跨国居住也具有悠久的历史，当代更多的汉族移居中亚等国。关于汉族在中亚等国的跨国历史与现状，值得研究。
③ 徐黎丽：《国家利益的延伸与软边疆概念的发展》，《云南师范大学学报》（哲学社会科学版）2011 年第 5 期，第 41～47 页。

一 影响丝绸之路经济带畅通的沿线国家边疆安全问题

既然沿途国家边疆安全问题会影响丝绸之路经济带战略的实施，那么我们就有必要对那些影响丝绸之路经济带战略实施的边疆安全问题进行梳理，将其对丝绸之路经济带战略实施的负面影响降低。从目前各国影响丝绸之路经济带战略实施的边疆安全问题来看，依据源头上的多源性、爆发过程的突发性、区域上的跨国性、内容上的传统安全与非传统安全交织性、后果上的严重破坏性等进行安全等级评估，① 按照从国内向国外延续的顺序，可以分为以下六种。

（一）各国边疆地区的群体性事件和暴力事件

从丝绸之路经济带沿线多数国家来说，都存在着国家中心与边疆社会发展不平衡的问题，因而边疆的社会矛盾比中心表现得更为激烈，且一些社会矛盾与族群问题、干群矛盾、界别矛盾、职业之争交织在一起，最终上升为群体性事件。比如在中国云南，"利益受损、民族矛盾、宗教渗透、干群关系恶化是云南边疆民族地区群体性事件诱发的主要原因"。② 从群体性事件的类型上来说可以分为"民族群体性事件、宗教群体性事件和其他群体性事件"。③ 丝绸之路经济带沿线国家也是如此。比如"中亚国家政治局势基本保持稳定，但也出现了一系列比较复杂的问题，如突发的群体性事件和恐怖事件依旧困扰着各国政府，中亚国家坚持世俗化的政治制度，而下层则出现了伊斯兰教迅速复兴的状况，极端势力对中亚国家来说是现行政权的最大敌人。"④ 可见中亚各国群体性事件危害最大。群体性事件不断升级或恶化，就成为暴力事件。比如"印度独立后，锡克人要求建立锡克人占多数的大旁遮语邦，政府不允，从而引发了旁遮普问题。锡克宗教

---

① 徐黎丽、易鹏飞：《中国陆疆安全问题的识别与界定》，《云南师范大学学报》（哲学社会科学版）2013 年第 4 期，第 27~33 页。

② 田东林、唐滢、王珊珊、雷磊华：《云南边疆民族地区群体性事件诱因状况调查研究》，《价值工程》2010 年第 32 期，第 314~316 页。

③ 佴澎：《边疆民族地区群体性事件处置机制研究》，《云南行政学院学报》2011 年第 4 期，第 89~92 页。

④ 孙壮志：《当前中亚五国政治形势及未来走向》，《新疆师范大学学报》（哲学社会科学版）2011 年第 3 期，第 77~82 页。

狂热分子和分裂主义者从此开始年复一年地制造暴力恐怖事件和大规模骚乱，最终导致 1984 年英迪拉·甘地总理命令军队袭击锡克教圣地金庙的所谓'蓝星行动'。英迪拉·甘地因此而被锡克教徒刺杀。旁遮普问题直到上个世纪末才基本平息"。① 以上事实表明以群体性事件和暴力事件的形式爆发的各类边疆地区的社会冲突，已经给各国安全造成威胁，因而影响丝绸之路经济带战略的实施。

（二）边界纠纷

边界冲突不仅导致相邻国家关系的恶化，更会阻碍丝绸之路经济带战略的实施。位于丝绸之路上的中亚五国普遍存在边界问题。"哈萨克斯坦与乌兹别克斯坦关于位于哈、乌两国边界的南哈萨克斯坦州的萨拉哈什的归属之争；哈萨克斯坦与土库曼斯坦关于曼格什拉克州的归属之争；哈萨克斯坦与吉尔吉斯斯坦关于阿拉木图、塔尔迪库尔干州和伊塞克湖州之间的边界问题；吉尔吉斯斯坦与乌兹别克斯坦关于奥什州的归属之争；乌兹别克斯坦与塔吉克斯坦关于圣城（撒马尔罕和布哈拉）之争以及乌兹别克斯坦和塔吉克斯坦与吉尔吉斯斯坦的飞地之争等等。"② 由此可见边界冲突是影响丝绸之路经济带通过中亚的问题。同样位于丝绸之路经济带的印度与孟加拉国、尼泊尔之间的边界冲突③也是影响丝绸之路经济带建设的边疆安全问题。中印作为丝绸之路经济带战略涉及的大国，两国"边界全长约 2000 公里，分东、西、中三段。西段是中国新疆和西藏同印度扭达克接壤部分，有争议地区 5 万多平方公里；中段是中国西藏阿里地区同印度喜马偕尔邦和北方邦接壤部分，有争议地区约 2000 平方公里；东段是不丹以东一段边界，有争议地区约 9 万平方公里"。④ 从 1961 年起，印度军事人员在中印边界新疆段设立了 25 处据点。1962 年 10 月 20 日，印度军队向中国发动大规模的武装进攻，中国军队被迫进行自卫反击，爆发了边界冲突。中印边境

---

① 陈晓阳：《印度锡克教、锡克人和旁遮普问题》，《阴山学刊》2007 年第 4 期。
② 李淑云：《地缘政治与中亚五国民族问题》，辽宁人民出版社，2007，第 177 页。转引自王尚达《中亚国家之间的边界问题》，中国世界史研究论坛第五届学术年会论文，2008。
③ 如 2001 年 4 月中旬，印度与孟加拉国在边境上突然发生近 30 年来最严重的武装冲突。参见叶正佳《印孟边境冲突与印度的邻国外交》，《南亚研究》2001 年第 1 期，第 23 ~ 26 页。
④ 康民军：《试析中印边界问题的历史与现状》，《南亚研究》2006 年第 1 期，第 55 页。

自卫反击战以后，中国政府于 1962 年 11 月主动将边防部队后撤，使两国军队脱离接触，在中印边界全线实现停火，才使中印边界局势得以缓和。① 直到现在，中印边界问题仍在谈判当中。2014 年 9 月习近平主席在上合组织峰会结束后对印度进行国事访问表示："双方要以积极和向前看的态度管控和处理分歧，通过友好协商，尽早找到公平合理、双方都能接受的边界问题解决办法。在最终解决前，共同维护好边境地区和平安宁。"② 这就为丝绸之路经济带在中印边境通行奠定了良好的政治与地缘基础。但不可否认的是，边界冲突是影响丝绸之路经济带战略实施的显性问题。

（三）边疆重大自然灾害

古代绿洲丝绸之路之所以成为连接亚欧的大动脉，源于路上具备通道的条件和相对良好的生态条件。比如绿洲丝路之所以分为南线和北线，是因为这两条线分别在昆仑山和天山的山脚下，相对丰富的水源孕育的绿洲自然成为绿洲丝绸之路的驿站，因而在漫长的古代和草原丝绸之路一起成为可以从西方进入东方的通道。但正是古代人类过于频繁走过和自然生态条件的不断恶化，如今丝绸之路经济带沿途生态条件急剧恶化，构成各种自然灾害频发地带，如中亚各国首都多次遭受地震破坏。"据不完全统计，近百年来中亚地区共发生过较大的地震 3000 多次。例如，原哈萨克斯坦首都阿拉木图，位于天山北麓的山前地区，处于 9 级地震带。而且，在 1887 年、1910 年、1950 年曾发生过三次强烈地震，城市建筑物遭受严重破坏。""乌兹别克斯坦首都塔什干，也位于天山西部余脉的山前地区，处于 7~8 级地震带，并于 1866 年、1868 年、1886 年、1924 年、1946 年、1966 年和 1980 年多次发生强烈地震。尤其是 1966 年的大地震使整个城市被毁，目前的塔什干是震后重建的。土库曼斯坦的首都阿什哈巴德也处于 9 级地震带，且在 1929 年和 1948 年发生过两次大地震。吉尔吉斯斯坦首都比什凯克和塔吉克斯坦首都杜尚别，也都处于山前地区和 8~9 级地震带，而且发生过多次强烈地震，城市遭到很大的破坏。"③ 除了传统的地震、雪灾、旱灾、沙漠化、

---

① 康民军：《试析中印边界问题的历史与现状》，《南亚研究》2006 年第 1 期，第 57 页。
② http://finance.ifeng.com/a/20140716/12728581_0.shtml，2014 年 10 月 9 日。
③ 蒲开夫、王雅静：《中亚地区的生态环境问题及其出路》，《新疆大学学报》2008 年第 1 期，第 106~110 页。

洪水、泥石流等之外，近年来越来越频繁的沙尘暴不仅是沙漠化的直接后果，更对丝绸之路经济带各项基础设施建设和文化遗产保护不利。仅以中国的新疆来说，气象学者"整理出 1961~1999 年 39 年新疆 90 个气象观测站的沙尘暴天气现象资料并进行统计分析，给出新疆沙尘暴的时空分布特征，并以分钟为单位得到沙尘暴的日变化和持续时间，结果表明：①新疆沙尘暴的地理分布特点是北疆少南疆多、山区少盆地多，高发区在南北两大沙漠中，沙漠南缘、山脉北麓出现的沙尘暴多于其他周边地区。②沙尘暴的高发年代多在 60 年代和 70 年代，90 年代沙尘暴的出现日数明显减少。③沙尘暴主要出现在 4~8 月，10 月到次年 3 月少有沙尘暴发生。多发时段在 16~21 时，持续时间北疆一般不超过 60 分钟，南疆一般不超过 90 分钟，塔里木盆地南部沙尘暴的持续时间最长"。[①] 但从 21 世纪头 10 年每年春夏时节的沙尘暴数量和强度来看，又有不断增强之势。众所周知，丝绸之路经济带途经的中国境内部分秋冬时节长，春夏时节短，春夏时节正好是商贸、旅游、交通等事业进行的好时节，但沙尘暴却在这个时节来，严重影响丝绸之路经济带战略的实施。

（四）跨国民族生存发展问题

丝绸之路经济带各国边疆地带都居住着跨国或跨界民族。跨国民族跨两国或跨两国以上居住的事实使得他们的生存严重受跨居国家的影响。一般来说，跨居的哪个国家政策相对宽松、谋生容易、文化得以传承，他们就愿意往哪个国家迁徙居住。一旦政局不稳，他们又会离开这个国家迁往其他跨居国家。因此在丝绸之路经济带沿线国家都能看到这样的现象：跨国民族的跨国迁徙。结果造成跨国民族的存在成为影响国际政治经济的一个举足轻重的因素，它可以成为动荡与冲突的根源，也可以成为其跨居国家间和平相处的纽带。[②] 我们以居住在丝绸之路经济带区域的库尔德人为例说明。库尔德人"主要分布在土耳其东南部、伊拉克北部、伊朗西北部和叙利亚东北部这一战略地位十分重要、呈新月形的区域内。西方学者称这一地区为库尔德斯坦，即库尔德人之地。库尔德斯坦从来没有正式作为

---

① 王旭、马禹、陈洪武：《新疆沙尘暴天气的气候特征》，《中国沙漠》2003 年第 5 期，第 63~68 页。

② 马曼丽等：《中国西北跨国民族文化变异研究》，民族出版社，2009，第 175 页。

一个国家的名称使用过。库尔德人约占该地区总人口的 3/4。据统计，全世界共有库尔德人 2000 万，其中土耳其约有 800 万，伊朗约有 400 万，伊拉克约有 300 万，叙利亚约有 100 万"。① 但在整个 20 世纪，"在库尔德武装力量和政府军发生冲突的地区，村庄被夷平，农田遭毁灭，人、畜大量伤亡和失散。在伊拉克，60 年代政府军与库尔德武装力量之间的战争造成 6 万人伤亡、30 万人无家可归；1974 ~ 1975 年的战争则使 5 万人伤亡、60 万人流离失所"。② 因此生存与发展成为库尔德始终面临的问题，这一问题不解决，丝绸之路经济带推进也会在这一地区受阻。但问题是丝绸之路经济带沿线大多数国家存在跨国民族的生存与发展问题，如果这一问题处理不当，必将对丝绸之路经济带的畅通、维系产生负面影响。

（五）丝绸之路经济带沿线各国关系问题

丝绸之路经济带战略是由习近平主席首先提出的战略构想。其目的是使欧亚各国经济联系更加紧密、相互合作更加深入、发展空间更加广阔。此构想一经提出，便得到丝绸之路沿线各国的积极响应，如塔吉克斯坦总统拉赫蒙在 2014 年 9 月谈到习主席提出的建设丝绸之路经济带的倡议时说道："塔吉克斯坦欢迎和支持这一伟大倡议，因为这也契合塔吉克斯坦的需要。中国在上合组织框架内做了很多工作，特别是在塔吉克斯坦、吉尔吉斯斯坦、乌兹别克斯坦等国实施了很多项目。建设丝绸之路经济带为塔吉克斯坦等国提供了宝贵的发展机会。"③ 但从丝绸之路经济带沿线各国的总体关系来判断，总体良好，局部矛盾。对丝绸之路倡议国中国来说，与中国接壤的中亚各国、俄罗斯、南亚大部分国家因为唇齿相依的邻居关系，加上中国政府的外交努力，丝绸之路经济带在中国段与中亚段的畅通是可行的；但丝绸之路经济带是否能够到达终点站的欧洲则受中欧关系和中亚与欧洲关系的影响。我们可以从中欧关系 60 年的回顾看出此点，"60 年来，中国与欧洲国家关系经历了跨越式的发展。双方的合作关系逐步深化与扩展，并建立起全方位、宽领域、多层次的合作格局，上升至全面战略伙伴的高度。但是，国际形势的复杂性、中欧间意识形态、社会制度、

---

① 唐裕生：《库尔德人的发展历程与前景》，《世界民族》1998 年第 1 期，第 39 ~ 45 页。

② 杨兴礼：《简论中东库尔德民族问题》，《世界民族》1997 年第 2 期，第 23 ~ 29 页。

③ http：//www.chinacourt.org/article/detail/2014/09/id/1448705.shtml，2014 年 9 月 21 日。

经济发展水平,以及文化与历史传统方面的差异性,使中欧关系中存在杂音"。① 如"'西藏问题'就是中国与欧洲国家关系中的一个症结。双方在对西藏问题的看法和对达赖喇嘛的身份定位上都有差异。欧洲国家之所以介入'西藏问题',除了其实用主义原则之外,还有人权和人文主义因素"。② 还有在反恐等问题上的不同意见等,这些都有可能影响丝绸之路经济带的建设。中亚与欧洲关系也存在许多不稳定因素。比如"在能源领域,欧洲国家与中亚国家和里海国家之间的合作以'纳布科'管线的形式得到充分显示。虽然,普京总理以非常慷慨的态度表示,对于'纳布科'管线乐观其成,但是,该管线尚未落实的天然气气源供应问题,不可能不成为一个俄罗斯与欧盟之间利益相左的问题"。③ 处于与俄罗斯、欧盟三边关系中的中亚,必然会受到影响,不仅如此,由于"中、俄、美和欧洲国家与中亚国家开展能源合作具有各自的优势和劣势,目前在中亚地区已形成'四面竞争'的能源竞争格局,未来中、俄、美、欧在中亚地区能源领域的合作与竞争将继续存在"。④ 因此需要四方坚持平等相待,相互照顾核心利益,解除消极因素,从战略角度出发共同推进丝绸之路经济带战略的实施。

(六) 恐怖与极端组织活动

恐怖与极端组织活动是丝绸之路经济带战略实施面临的威胁最大的边疆安全问题。从近年来恐怖和极端组织的活动场域来看,与丝绸之路经济带沿线各国有密切关系。比如在俄罗斯,"车臣恐怖势力的猖獗活动、国内魔鬼崇拜邪教的泛滥、高科技恐怖主义的危害都给俄罗斯的社会安全带来了极大的挑战。针对国际恐怖主义威胁度的增加,俄政府尤其是普京执政后的俄政府相继出台了一系列新举措,包括从民族凝聚力、打击力度、军事科研、新闻媒介、外交渠道等方面着手出击,以对抗国际恐怖势力"。⑤ 在丝绸之路经济带必经之地的中亚各国,"伊斯兰教发展在国家独

① 邢晔:《中欧关系的跨越式发展》,《国际问题研究》2010 年第 1 期,第 10~15 页。

② 张会丽:《当前中欧关系中的西藏问题》,《阴山学刊》2010 年第 3 期,第 110~115 页。

③ 冯绍雷:《多重三边关系影响下的中亚地区》,《俄罗斯研究》2009 年第 6 期,第 7~14 页。

④ 吴恩远:《中、俄、美欧与中亚国家能源合作现状及前景》,《国际石油经济》2009 年第 11 期,第 31~33 页。

⑤ 谢炜:《试析普京政府怎样对付俄罗斯的恐怖主义活动》,《俄罗斯研究》2002 年第 2 期,第 39~44 页。

立后出现了两种不同的情况：'回归'与冲突。前者主要表现为民族传统的认同与政治精英的选择，后者则更多地体现为极端主义与传统宗教宣传和世俗观念的对抗。其特点为：具有明显宗教政治化特征；以费尔干那为核心向外扩散；与外部势力渗透与影响密切相关；体现了乌兹别克斯坦国内政治与社会斗争的延续；彼此间缺乏必然有效联系；各类组织不断出现新的变种或分支。中亚伊斯兰极端主义活动将危害中亚国家的政治安全，影响周边事态发展，组织变异会加速，宗教名义下的政治运动可能成为新的斗争方式的突破口"。① 中国作为丝绸之路经济带战略的倡议者，西部边疆地区的恐怖和极端组织活动在近年有愈演愈烈之势。例如 2009 年 7 月 5日 "发生在乌鲁木齐的 7·5 严重恐怖暴力事件造成了 184 人死亡，1860人受伤的惨痛结果。恐怖分子不仅常常在境外接受培训，而且发生于一国境内的恐怖活动往往由身处境外的恐怖头目遥控指挥"。② 不仅如此，"信息时代的到来，也使基于恐怖主义目的而使用互联网的网络恐怖主义得以产生，它具有网络化、国际化、信息化等新特征，是具有更大影响力和破坏力的综合形式的恐怖活动类型，给国际社会和各国带来新的严峻挑战"。③ 丝绸之路经济带战略是横跨亚欧的国际合作战略，必然受到利用各种高科技手段进行跨国跨区域的恐怖与极端组织活动的严重威胁。

以上六大问题，不是针对某个国家的边疆安全问题，而是丝绸之路经济带沿线各国在丝绸之路经济带战略实施过程中共同面临的边疆安全问题。这些问题之间互相联动、交织，边疆重大自然灾害一旦发生，总会影响跨国民族的生存与发展，从而带来更难以解决的安全问题。因此我们在丝绸之路经济带战略实施过程中不仅要考虑到每个问题，而且也要考虑到问题之间的联动性带来的破坏性后果，从而针对这些问题进行分析和解决，保障丝绸之路经济带伟大战略的顺利实施。

---

① 石岚：《中亚伊斯兰极端主义："回归"与冲突》，《新疆大学学报》（哲学人文社会科学版）2007 年第 5 期，第 109～115 页。

② 李娜、王雨、景孝杰：《跨境打击恐怖主义与国家自卫权研究》，《法制与社会》2009 年第 30 期，第 214～215 页。

③ 皮勇：《网络恐怖活动犯罪及其整体法律对策》，《环球法律评论》2013 年第 1 期，第 6～30 页。

二 如何解决影响丝绸之路经济带战略实施的边疆安全问题

鉴于以上丝绸之路经济带沿线各国共同面临的边疆安全问题会影响丝绸之路经济带战略实施，而丝绸之路经济带战略作为中国发展西部边疆社会和加强与周边国家合作的国际战略必须实行，那么就要在丝绸之路经济带战略实施过程中重点关注这些问题，最终在实施丝绸之路经济带战略过程中促进各国边疆安全、丝路畅通、经济发展、文化互动。针对以上会影响丝绸之路经济带战略实施的边疆安全问题，笔者提出以下解决策略。

第一，达成保护和重建丝绸之路经济带沿线生态环境的长效机制，这是防止丝绸之路经济带沿线重大自然灾害破坏丝绸之路经济带战略实施成果、保障丝绸之路经济带战略可持续发展的生态基础。习近平主席在哈萨克斯坦提出丝绸之路经济带战略并在大学演讲时明确把生态环境保护摆在更加突出的位置。他说："我们既要绿水青山，也要金山银山。宁要绿水青山，不要金山银山，而且绿水青山就是金山银山。我们绝不能以牺牲生态环境为代价换取经济的一时发展。我们提出了建设生态文明、建设美丽中国的战略任务，给子孙留下天蓝、地绿、水净的美好家园。"① 如今丝绸之路沿线各国已经开始落实丝绸之路经济带中的生态战略。例如中国甘肃省张掖市委书记陈克恭在丝路论坛中指出："丝绸之路是一条绿洲之路，绿洲是张掖经济社会发展的基本面。在特定区域内，绿洲与荒漠、天然绿洲与人工绿洲之间以水为要素保持偶对平衡，它们相互依存、此消彼长。人工绿洲最大化的时候就是沙漠化的开始，因此我们主张人工绿洲面积要适度，与天然绿洲保持一种平衡状态"。② 为此，"张掖立足生态安全屏障、立体交通枢纽、经济通道的区域定位，秉持'立于生态、兴于经济、成于家园'的理念，把发展生态经济作为转变经济发展方式的基本途径，把建设生态经济功能区作为经济结构战略性调整的主攻方向"。③ 中亚各国针对水资源短缺的现实，实施"引里济咸"工程、"北水南调"工程（把额尔齐斯河和鄂毕河的河水引调到中亚）、进一步开发地下水、

---

① http：//www.cnr.cn/gundong/201309/t20130908_513537400.shtml，2014 年 10 月 16 日。

② http：//zy.gansudaily.com.cn/system/2014/09/29/015200815.shtml，2014 年 10 月 16 日。

③ http：//zy.gansudaily.com.cn/system/2014/09/29/015200815.shtml，2014 年 10 月 16 日。

采取严格的节水措施、适当加大"北水南调"工程的调水量、尽快组建两河流域（阿姆河和锡尔河）跨国供水机构、控制人口高速增长、迁都等等。① 但由于丝绸之路经济带战略是沿线各国长期发展战略，就需要各国联合起来达成保护和重建生态环境与合理利用生态资源的长效机制。目前有关丝绸之路经济带生态环境与资源方面的合作仍有待进一步深入。

第二，进一步落实亲诚惠容的外交政策，化解与周边国家的边界冲突，构建丝绸之路畅通的道路、物流、文化、外交交流与合作环境。习近平主席提出的亲诚惠容外交政策是中国自 20 世纪 50 年代以来"互相尊重主权和领土完整、互不侵犯、互不干涉内政、平等互利、和平共处"② 等和平共处五项原则的外交纲领性政策的延续和发展。所谓亲，"要坚持睦邻友好，守望相助；讲平等、重感情；常见面，多走动；多做得人心、暖人心的事，使周边国家对我们更友善、更亲近、更认同、更支持，增强亲和力、感召力、影响力"。所谓诚，要诚心诚意对待周边国家，争取更多朋友和伙伴。对周边国家做到承诺必践。所谓惠，就是"本着互惠互利的原则同周边国家开展合作，编织更加紧密的共同利益网络，把双方利益融合提升到更高水平"。所谓容，"要倡导包容的思想，强调亚太之大容得下大家共同发展，以更加开放的胸襟和更加积极的态度促进地区合作"③。这一外交政策，不仅从精神层面加强了中国与丝绸之路经济带沿线国家之间的坦诚、亲切、包容和理解，更在社会经济层面体现了利义兼顾认同原则。正如习主席强调："要对外介绍好我国的内外方针政策，讲好中国故事，传播好中国声音，把中国梦同周边各国人民过上美好生活的愿望、同地区发展前景对接起来，让命运共同体意识在周边国家落地生根。"④ 这样，我们不仅能够化解与周边少数国家的边界冲突，更能建立长久和平与共荣的丝绸之路经济带沿线国家关系。

---

① 蒲开夫、王雅静：《中亚地区的生态环境问题及其出路》，《新疆大学学报》2008 年第 1 期，第 106～110 页。

② http：//baike. so. com/doc/5384722. html，2014 年 10 月 17 日。

③ http：//news. china. com/domestic/945/20140821/18726035_ 1. html，2014 年 10 月 9 日。

④ http：//wenku. baidu. com/link? url = N_ FUN0MInIN0EsMQW9oc2wqYDVt19aSQ3vnhZJu gI - X4xfEDBgFyMkxTD0e0NuEzngDYQ _ - f - ZQEiQwwV7nUaE - pleZht03QwQ6bouPnGUu，2014 年 10 月 17 日。

第三，逐步实现兴边富民的国内发展战略目标，化解各国边疆地带的群体性事件。丝绸之路经济带沿线各国都在为化解边疆地区的群体性事件而努力，中国也不例外。中国目前就是在逐步解决中国内部东西经济社会发展不平衡的基础上，化解日益严重的边疆群体性事件、暴力事件，保证丝绸之路经济带战略在国内获得安全稳定的实施环境。众所周知，中国东部是国内公认的经济社会发展最快的地区，中国中部的经济社会发展速度虽然不如东部沿海地区，但与西部社会相比，仍然属于稳中有升。中国西部社会在生态环境相对脆弱、人文环境相对复杂的境遇下发展速度远远落后于东中部。关于此点，我们可以从中国这些年东中西部之间的经济社会发展差异原因分析中得知。比如经济学者认为："自 1978 年至今，我国国民经济取得了'奇迹般'的增长，整体水平大幅度提高，但东西部地区在经济社会发展方面的缺口逐渐扩大，并已影响到整个国民经济的持续稳定发展。"① 有人从更全面的角度总结了东西部经济发展差距加大的原因：地理环境的巨大差别形成自然差异；计划体制下农业经济遭受损失导致差异扩大；"渐进式"改革造成的体制落差是改革开放以来东西部差距日益拉大的主要原因；全社会固定资产投资带来的差距扩大。② 因此改革开放三十多年来，西部社会始终处于市场经济的边缘地带，加上西部与边疆密切相关，地缘政治、国际关系等因素交替影响，因此西部经济社会发展不仅始终落后于东中部，且差距越来越大。这是西部边疆安全问题产生、发展、扩大的内源动因。以习近平主席为首的中央领导看到了中国国内问题的症结所在，高瞻远瞩，以古论今，确立了"一带一路"战略构想解决中国面临的内外问题，其中的一带——丝绸之路经济带战略就为解决中国内部东中西部之间的经济社会发展差距问题提供了蓝图。但是我们要看到，东中西部经济社会发展差距不是一天形成的，也不可能在一天内解决，必须花时间精力将战略意图落实到每个经济行业和社会各个界别和阶层中。只有通过大量细致地落实工作，才能逐步解决东中西部之间经济社会差距，西部各族各界各职业群体的广大人民群众才能安居乐业，已经上升为

① 陶军、刘靠柱、张振：《自然地理环境对民营企业发展绩效的影响——一个基于东西部地区的比较分析》，《市场现代化》2005 年第 26 期，第 304～305 页。
② 冯岚：《论东西部经济的协调发展》，《常州工学院学报》2001 年第 3 期，第 34～37 页。

群体性事件的各类矛盾才可以逐步解决，边疆才能够在发展中得到安全保障。而安全发展的边疆又会保障丝绸之路经济带国内段、国内外连接段畅通，最终保证丝绸之路经济带战略的良性循环。

第四，强调文化认同在前，经济社会事务合作在后，从而为解决丝绸之路经济带战略中的跨国民族生存与发展问题提供现实方案。中国是一个具有悠久历史和传统文化的国度，以文教化、以文治国是我们的传统；中国古代中央王朝治边思想的核心则是"守中治边""羁縻四夷""德泽洽夷""守在四夷"。① 比如"不以蛮夷而劳中国""欲理外，先理内""治安中国，而四夷自服"② 等话语就是这种思想的反映。也就是说，中国历来是以文德治理国家，强调国家文化力量，并以文化的力量吸引外族外邦友好交流、共谋合作。在丝绸之路经济带战略实施过程中，也必须学习中国古人的做法，尊重丝绸之路经济带沿线各国的多元文化，虚心学习他们文化中的精华，同时也把中国多民族丰富多彩的文化传播到丝绸之路经济带沿线各国，让他们了解中国、认识中国。在丝绸之路经济带沿线各国文化得到尊重、理解和认同的基础上，再进行经济、社会事务的合作。在文化认同方面，首先是认同和理解跨国民族的文化。我们以中国西北跨国民族为例说明。西北跨国民族以历史悠久、顺应自然、民族特色、跨国多元为特征的民族文化共同构成了历史与生态为基础、民族特色为核心、跨国多元为形式的三层一体的西北跨国民族文化体系。这一文化体系不仅架起了中国与中南亚各国文化交流与合作的桥梁，而且发挥着不同的戍边功能，如"以历史和生态为特征的第一层次文化体系注重的生态与传统是跨国民族安全和平戍边的基础；以民族为特征的文化体系第二层次是跨国民族得以安全和平生存和发展的手段与保障；以跨国多元为特征的第三层次文化体系则为跨国民族安全和平戍边提供了对其他文化的包容和理解"。③ 更可贵的是，兼容并蓄、开放包容的跨国民族文化体系整体价值观则为跨国交

---

① 方铁：《古代"守中治边"、"守在四夷"治边思想初探》，《中国边疆史地研究》2006 年第 4 期，第 1~8 页。
② 司马光：《资治通鉴》卷一百九十三《唐纪九》"贞观三年十二月"条，中华书局，1956。
③ 徐黎丽、唐淑娴：《论西北跨国民族文化体系的戍边作用》，《思想战线》2014 年第 4 期，第 40~43 页。

流与合作奠定了基础。如果我们在丝绸之路经济带战略实施过程中充分认同和理解跨国民族的文化，那么，在文化认同的前提下，再以跨国民族为纽带，将丝绸之路经济带沿线各国的交通、物流、信息连接起来。这样通过给跨国民族的生存与发展创造条件而化解跨国民族的生存与发展的各种具体问题，从而使跨国民族依靠丝绸之路经济带战略而得到良性发展。因此文化认同先行、经济社会事务合作在后是既能解决跨国民族生存与发展又能促进丝绸之路经济带畅通的办法。

第五，在战略实施过程中，逐渐改变中国倡议、"一带"沿线国家响应的模式为中国与"一带"所有国家实质合作共同推进亚欧腹地发展战略，促进丝绸之路沿线国家关系的良性循环发展。一年来，"一带一路"战略已从理念设计、总体框架到完成战略规划，开始进入务实合作阶段。仅对丝绸之路经济带来说，我们与沿线各国一道，着力打造中国—中亚—西亚、新亚欧大陆桥、中蒙俄三大经济走廊。从打造的后果来看，仍然处于中国倡议实施、国内各省区和沿线国家积极响应阶段。比如这一年来，中国西北各个省区均召开过由政府、高校、研究机构组织的涉及丝绸之路经济带的各类别会议，这是对丝绸之路经济带战略的积极响应，但有些会议的影响只限于会议本身，有些会议的会后落实工作仍有待于进一步检验；有些会议则真正将丝绸之路经济带战略逐步分批落实到实际工作中。对于丝绸之路经济带沿线国家来说，中亚各国、俄罗斯、阿拉伯国家积极响应。比如俄罗斯远东发展部部长加卢什卡在论坛现场表示，"俄罗斯对丝绸之路项目具有与生俱来的亲近感"。他称，"在跨欧亚铁路建设方面，俄罗斯政府已经投入 180 亿美元，新的高速公路项目也已开始启动。在未来，俄罗斯还将建立与中国、日本和韩国的能源大通道"。① "巴基斯坦总理纳瓦兹·谢里夫针对如何实现'一带一路'国家间的政策制定和应用一体化，提出了'四个促进'的建议，即促进区域内各国共同理解及合作的展开；促进区域协调，使之能够形成一体化的法律和条规；促进区域内的基础设施建设，建立更好的交通运输网络；促进金融和银行业的一致性，

---

① http：//baike.baidu.com/view/12241799.htm？fr=aladdin，2014 年 9 月 21 日。

从而进一步确保各国高层与基层间的交流。"① 科威特大学亚洲研究中心主任穆罕默德则认为："'一带一路'有着良好的基础，以丝绸之路经济带为例，第一欧亚大陆桥、泛西伯利亚铁路已建成。然而，由于路轨的差异，区域内统一的铁路网尚未形成。我们有必要建成一个专门的委员会对该项目进行探讨，并用充分的时间对整个项目进行整体规划。"② 沙拉夫也认为："阿拉伯各国在共建'一带一路'中具有明显的比较优势：处于中西方交流的中转站，地缘优势明显，自然、人力资源丰富。中国的资本充足，这有利于双方间的交流互通，也有利于阿拉伯各国承接中国的产业转移。中阿人民和睦友好，阿拉伯人对中国人的接受度普遍较高，两种文明也具备共同的价值观，可以和平共处"。③ 这些积极响应，除俄罗斯的项目响应外，多数仍停留在话语层面。因此作为丝绸之路经济带战略的倡议国，中国必须将倡议与响应的关系转变为实质性的合作关系。

第六，高度重视丝绸之路经济带战略的安全合作，打击恐怖极端组织活动。2014 年 9 月 11～19 日，习近平主席应邀赴杜尚别出席上海合作组织成员国元首理事会第十四次会议，并对塔吉克斯坦、马尔代夫、斯里兰卡、印度进行国事访问。此次行程，再次表明丝绸之路经济带战略的目标就是"推动上海合作组织发展，带动安全和经济两个'轮子'一起转。上合组织是地区国家维护安全、共同发展的重要机制，也是我国发展同中亚国家关系的重要平台，正处于发展壮大关键阶段。习近平主席在会上提出的主张倡议既着眼长远，又实实在在，得到各方积极响应，充分吸纳并体现在会议成果文件中。成员国一致同意继续协作严打'三股势力'，当前重点打击宗教极端主义和网络恐怖主义，积极参与共建丝绸之路经济带，尽快研究建立上海合作组织发展基金和开发银行，加强对阿富汗等周边热点问题的政策协调"。④ 习主席的倡议得到周边国家领导人的响应，如沙拉夫认为："要重视发展与消灭恐怖主义之间的关系，

---

① http：//baike. baidu. com/view/12241799. htm？ fr = aladdin，2014 年 9 月 21 日。

② http：//baike. baidu. com/view/12241799. htm？ fr = aladdin，2014 年 9 月 21 日。

③ http：//baike. baidu. com/view/12241799. htm？ fr = aladdin，2014 年 9 月 21 日。

④ http：//news. 163. com/14/0921/16/A6M96EKJ00014AED. html，2014 年 9 月 21 日。

应认识到，实现发展是消除恐怖主义的根本途径。"① 因此安全合作是丝绸之路经济带战略的有力组成部分。

总体而言，如果由中国倡议的丝绸之路经济带战略在实施过程中能够关注以上几点，那么既可以达到构建丝绸之路经济带的目标又可以保障沿线各国边疆安全，最终使中国和丝绸之路经济带沿线国家在安全中求发展，在发展中求共荣。

_____

① http：//baike. baidu. com/view/12241799. htm？ fr = aladdin，2014 年 9 月 21 日。

"一带一路"战略对解决云南边疆民族地区发展问题的启示[*]

李智环^{**}

摘要： 在"一带一路"的国家战略视野下，边疆既是中国与沿线国家经济、文化交流互动的通道，又是国家利益的有形保障。西南边疆民族大省——云南，是这一"经济大走廊"战略规划南线上的重要"端口"，其社会发展正面临着人口安全、宗教信仰、生态环境退化以及国际与地缘政治因素干扰等现实问题。而云南借助"一带一路"战略实现跨越性发展的过程，需要政策、经济以及文化等多方面系统性工程的启动与配合实施，同时也与其边疆繁荣稳定示范区建设紧密相连。

关键词： 战略　边疆　民族　发展

"丝绸之路经济带"和"21世纪海上丝绸之路"简称"一带一路"，是新时期中国扩大开放、提倡与周边和沿线国家合作发展的理念，也是三十多年来中国首次提出的将影响国际经济秩序的国家发展战略。它不是中国在国力日渐强盛过程中的民族主义（或超级民族主义）扩张，而是中国与沿线国家协同发展共建跨国经济走廊的多元格局规划。历史上的"丝绸之路"可以说是不同民族参与国家间经贸往来的通道，而进入经济全球化

---

 * 本文为2014年度国家社会科学基金西部项目"古丝绸之路与新丝绸之路经济带民族关系比较研究"（项目编号：14XMZ002）和一般项目"边疆安全视角下傈僳族妇女发展问题研究"（项目编号：14BMZ061）的阶段性成果。

 ** 李智环，云南民族大学云南省民族研究所副研究员，硕士生导师。

时代，中国的"一带一路"战略是对新一轮对外开放的布局，因而"在提升向东开放水平的同时加快向西开放步伐，助推内陆沿边地区由对外开放的边缘迈向前沿"① 即为它的题中之义。

从民族社会发展的角度上说，"东牵亚太经济圈，西系欧洲经济圈"的"一带一路"可谓世界上跨度最长的经济大走廊，但其在国内的沿线区域却多为少数民族生存、活动和迁徙之地。"一带一路"战略涉及南北两线，② 而云南可以说是南线集边疆、民族、宗教以及文化多样性为一体的代表性省份：它北上连接丝绸之路经济带，南下连接海上丝绸之路，历史上就是沟通中华文明与南亚印度文明的路桥和通道。并且，云南自古以来就是"藏彝走廊"中的藏缅语族诸民族南下，"壮侗（南岭）走廊"中的壮侗、孟高棉语族诸民族北上的交通走廊以及他们的汇合、交融之地。简言之，在"一带一路"的语境中探讨以云南为代表的西南边疆民族地区的发展，不但有利于中国与邻近东南亚国家积极民族关系的建设，而且对于边疆安全和社会发展更是有着不言而喻的现实意义。

一 "一带一路"语境中的云南边疆民族社会

在"一带一路"国家发展战略的语境中，云南成为南线"经济走廊"的重要"端口"，因此其在新时空背景下与时俱进的社会变迁过程，无疑将大幅度提高区域内各族民众的物质生活质量，并进一步促进民族内部、民族间以及与周边国家的人口流动、文化交流和经济互动。

从国家利益的角度上说，"一带一路"在境外的延伸路线一定程度上也是国家主权的发展性内涵即利益边疆的体现③，在这条以经贸、文化交流为主，掺有地缘政治因素的民族国家间的"时空廊道"中，国家的边疆处于中心，各国的政治、经济中心则属于利益终端，而对于多民族国家而言，边疆通常又是与民族这个较为关键性的因素相交织的地理区域。具体

---

① 王敬文：《习近平提战略构想："一带一路"打开"筑梦空间"》，中国经济网，2014 年 8 月 11 日，http：//www. co. cn/xwzx/gnsz/szyw/201408/11/t20140811_ 3324310. shtml。

② 北线涉及陕西、甘肃、宁夏和新疆，南线则主要为重庆、四川及云南等省区市。

③ 参见杨成《利益边疆：国家主权的发展性内涵》，《现代国际关系》2003 年第 11 期，第 7 ~ 22 页。

说来，在我国政府正式发布的信息中，重点建设的经济走廊主要包括"孟中印缅"[1] 与"中国喀什—巴基斯坦瓜达尔港"等两个方向的经济走廊。同时，老挝、柬埔寨、泰国等国领导人参加了中国政府推动的"加强互联互通伙伴关系对话会"，说明"中国昆明—老挝万象—泰国曼谷"经济走廊也正式纳入中国对外经济走廊建设的规划。由此可见，云南在"一带一路"战略规划的南线区域中处于较为核心的地位。而从区域内活动主体的角度上说，生活在边疆地区的少数（特别是其中的跨境）民族是中国与"一带一路"沿线国家发展经济互通、文化交流的桥梁，他们经济生活水平的提高从某种程度上说也是国家利益边疆的拓展。以云南为例，越南、老挝以及缅甸都与其接壤，而跨境的少数民族或族群主要有壮、傣、布依、苗、瑶、彝、哈尼、景颇、傈僳、拉祜、怒、阿昌、独龙、佤、布朗、德昂族以及克木人、莽人等近20个，在漫长的历史时期中形成了大杂居、小聚居的居住格局。这些民族或族群与境外的同源民族拥有对共同历史文化的认同和记忆，彼此之间有着千丝万缕的社会联系，有的在现实生活中甚至还存在血亲或姻亲的亲属关系。现今，主要由少数民族构成的边民不但是"经济走廊"里传统边贸互市中的"主角"，我们还时常会在昆明的"南亚博览会"期间或是螺蛳湾国际商贸城中，见到在中国的亲戚或朋友引荐下来做生意的邻国商贩。此外，近年来中国在越南、老挝、缅甸等邻国以及距离较近的泰国的多项大型水、电项目或是跨国公司事务中，边疆各族民众成为建设大军的重要组成部分。不可否认，他们既是国家利益边疆拓展的重要参与者，同时也分享着建设过程中不断产生的发展成果。

二　新时期云南社会经济发展所面临的突出问题

在社会转型、扩大对外开放的新形势下，多民族聚居的内陆边疆大省——云南在发展过程中面临着人口安全、宗教信仰、生态环境退化以及国际与地缘政治因素影响等较为突出的非传统安全问题。

---

[1]　即"中国昆明—缅甸曼德勒—缅甸仰光—缅甸皎漂"和"中国昆明—缅甸密支那—孟加拉国达卡—印度加尔各答"。

（一）人口安全问题

农业时代"民族走廊"的分布是以中原向四周发散至边疆地区的格局，因为远离中央王朝政治中心的边疆通常是不易被控制和开发的地带。而进入现代社会，大量的农业剩余劳动力向工业部门流转，此时"民族走廊"中的少数民族人口也遵循着这样的规律，而开启了与历史流向相反的足迹历程——当大量的包括妇女在内的青壮年劳动力在外出打工潮中涌向中东部经济发达地区后，"经济走廊"端口地带——边疆地区因而出现了一系列的人口问题。

其一，常住人口以老人、小孩和部分已婚妇女为主。一个比较典型的例子是：2010年笔者在调查中，麻栗坡县猛硐瑶族乡小坪寨的一位瑶族村民曾悲哀地说："现在年轻人都到外边打工去了，所以村里老人过世了，有时连抬棺材的人都找不到。"① 其二，由于女性人口借婚姻的"单向迁移"，少数民族男性单身人群不断扩大，他们是内地省份出生性别比多年持续失衡造成的"婚姻挤压"现象的终端承担者。比如，笔者在滇西北边境地区调查的每一个村寨（主要人口为傈僳族）都有少则十人左右多则几十人的"光棍汉"。而这些边疆地区的少数民族大龄单身男性，缺乏家庭责任感和参与社会发展的动力，易出现心理失衡和行为失范。实践已证明，这一群体很容易被境外宗教势力进行宗教渗透所利用，或者成为有吸毒和艾滋病问题的脆弱人群，或者成为有效控制非法跨境婚姻的问题根源，对边疆地区的社会稳定与安全构成了潜在的威胁。其三，非法跨境婚姻问题。适龄男女人口比例严重失衡，加之边民普遍在境外有亲戚和朋友，导致许多单身男性娶境外女性。2013年根据民政部门的不完全统计，在云南省118个边远乡镇所调查的10575对涉外婚姻中，98%以上的是缅甸、老挝、越南等国的境外女性与我方男性结合后留在中国的事实婚姻，中方人员到境外组建家庭的极少。② 随之而来的问题是，政府对这些非法事实婚姻家庭的户籍管理难以掌控：在田地分配、多生多育、人口素质下降以及随嫁子女的社会保障等问题上无法跟进。同时，因为多数外籍女子

---

① 受访人：FWL，男，33岁，未婚。受访时间：2010年6月。

② 参见普丽春《桥头堡建设中云南跨境民族的文化交往与安全》，《云南民族大学学报》（哲学社会科学版）2013年第2期，第12~16页。

是非法入境嫁入中国而不被双方国家法律所认可，并且中国边境地区相对内地和沿海较为贫困的现实为这类婚姻和家庭的维持带来了困难，进而给边境地区的稳定造成一定负面影响。其四，因吸毒、贩毒引起的人口健康问题。近年来，云南因毒品交易而引发的性病、艾滋病等问题日益成为公害：特别是女性受毒品控制后，买不起毒品就要靠卖淫来供养，随之因吸毒而导致的男女两性性病、艾滋病患者都不断增加，① 严重危害着边疆地区各民族人口的身心健康与整体发展。

（二）宗教信仰问题

作为中国连接东南亚、南亚各国的陆路通道和文化传播的重要渠道，云南境内宗教信仰的状况是多元的：原始宗教、佛教、伊斯兰教、基督教均有相当数量的少数民族信众。而世界性宗教在中国的传播路线往往是由境外向中国渗透：如南传上座部佛教（俗称小乘佛教），"历史上就是从印度向南传入斯里兰卡、缅甸、老挝、泰国、柬埔寨，再由缅甸传入云南西南部地区，它是傣、布朗、阿昌、德昂等跨境民族所共同信仰的宗教"；② 基督教则是在 19 世纪末 20 世纪初随西方传教士进入中国西南边疆地区的。不可否认，相邻国家边疆居民之间文化相通、宗教信仰相同，无疑对于"一带一路"战略的实施具有积极作用。但同时，近年来在云南的中缅、中老以及中越边境地区，境外敌对势力利用中国宗教信仰自由的政策，通过宗教活动对中方的信教群众进行意识形态方面影响的"气焰日益嚣张"：双方宗教活动的交流情况多是出境人数少于入境人数，外来影响占据优势。田野调查中，笔者在中缅边境地区时常会见到由中方请来的缅甸佛爷、牧师在佛寺或教堂中讲经布道，他们所使用的语言都是民族语言，而在这些民间性质的宗教活动中，很少有政府工作人员参与或在场，所以（包括笔者在内的）部分相关人士认为其间存在许多潜在的不安定因素。此外，众所周知的情况还有：一些别有用心的受某些国家政治势力控制和资助的境外宗教团体还打着发展经济、扶贫帮困的幌子，向中国进行渗透活动。

---

① 根据国家卫生和计划生育委员会 2014 年 12 月 1 日公布的数据显示，云南艾滋病感染病例最多，已超过 10 万。

② 纳文汇：《中国面向西南开放桥头堡建设中的宗教文化建设》，《东南亚南亚研究》2011年第 3 期，第 61 ~ 66 页。

（三）生态环境退化

生态环境一定程度上决定着一个民族的传统生计方式和生存状况。而在追求利益回报的市场经济驱动下，包括汉族在内的边疆居民代代相传的非强制性的传统生态保护观念逐渐淡化。比如，在傈僳族、怒族等跨境民族聚居的怒江地区，虽然高黎贡山保护区一带生态环境的保护和建设值得肯定，但保护区以外的地区由于多年来的毁林开荒，已经出现了一定程度的生态环境退化现象。以笔者调查所见为例，在六库镇至片马口岸未进入高黎贡山保护区的公路沿线两侧，许多山间近一半的面积都被开垦作为农田使用，但植被生长却并不茂盛。当地的傈僳族、怒族群众也多次向笔者反映，近年来旱灾和泥石流较以往发生更加频繁；而在处于多个"民族走廊"出口因而多民族交融、交会的西双版纳地区，大面积的热带雨林已经陷入因水资源危机加剧而引发的物种减少的困境。究其原因，在过去的几十年里，受乳胶价格上涨因素影响，人们用橡胶林取代了曾经广袤的热带雨林。而橡胶林在涵养水源等方面的生态功效远不如热带雨林，从而导致了区域内气候的干热化即雾气减少和旱季高温，[①] 生态环境的不断恶化，事实上加大了生活于其中的边疆居民提高生活质量的难度，进而"一带一路"沿线区域内社会、经济的可持续发展不可避免地要受到制约。

（四）国际与地缘政治因素影响

一方面，21 世纪以来随着美国经济地位的相对衰退，世界地缘政治重心出现了由西向东转移的态势，因而奥巴马政府提出了将美国战略重点倾斜至亚太地区的"重返亚太"战略，这一战略拉拢亚洲国家遏制中国的意图十分明显。而与中国邻近的东南亚国家多为弱国、小国，与中国有着千丝万缕的联系（部分国家历史上还曾属中国的势力范围），他们既希望能够在中国经济实力不断增长的过程中借助中国的力量争取到自身社会、经济发展的机会；同时也存在对中国可能会主导地区事务与安全的担心；此外他们在制造业和吸引国际投资等方面对中国也有担忧。这种喜忧参半的心态导致这些国家希望借助美国的力量来实现区域权力"再平衡"，有时甚至还会暗中连横对抗中国以从中获利。而另一方面，在云南 25 个世居的

---

① 参见张乃剑《云南西双版纳傣族自治州经济和社会发展战略研究报告》，2012。

少数民族中有 16 个跨境而居，这正是历史上国内、国外的"民族走廊"向各自境外延伸所致。尽管反映国家意志的政策都只针对各自的国民发生效力，但政策作用却会通过日常生活中边民之间客观存在的"串亲戚""赶圩（赶街）"等活动，潜移默化地影响这些民族成员主观上对国家的政治认同，进而对国家发展战略的顺利实施产生不利影响。

三　西南边疆民族大省——云南借助"一带一路"战略实现跨越性发展的思考

云南作为在中国以"世居少数民族种类、跨境少数民族、实行区域自治"等均为最多而著称的边疆省份，如何借助在"一带一路"国家发展战略整体中的重要地位和作用，来实现自身的跨越发展，需要政策、经济以及文化等多方面的工作和努力。

（一）政策"通边"

近年来，云南省充分利用其与东盟接壤的区位优势和中国—东盟自由贸易区建成等有利条件，围绕大湄公河次区域经济合作与建设面向西南开放桥头堡等国家西南边疆发展规划，具体构建了由泛亚铁路和泛亚公路为主要骨架的印度洋国际大通道，重点培育 4 条国际和 5 条国内旅游经济走廊，[①] 并适时启动跨境贸易人民币结算试点，使得边境贸易软、硬环境得到进一步提升。从 2014 年全国各省区进出口贸易状况来看，云南增速一直大幅度领跑全国："云南与东盟的经济联系越来越紧密，在整个外贸中占比越来越大。2014 年，云南与东盟贸易额 879.3 亿元，增长 30.5%，占全省外贸额的 48.3%，其中与缅甸、越南、老挝贸易额分别增长 67.4%、16.5% 和 30.7%，是全省与东盟的前三大贸易伙伴。"[②] 加之"兴边富民"工程的适时推进，边境地区各民族生活质量均有了较大幅度的提高。简言之，围绕"一带一路"战略而制定的促进边疆地区经济发展的具体政策，既要充分发挥国家边界在国与国经济、政治、文化交流中"通"大于

---

① 四条国际旅游经济走廊：昆明—河内、昆明—曼谷、昆明—仰光、昆明—加尔各答；五条国内旅游经济走廊：滇桂、滇黔、滇川、滇渝、滇藏。

② 黄超：《2014 年云南省外贸进出口额 1819.8 亿元》，云南网，2015 年 1 月 21 日，http://yn.yunnan.cn/html/2015－01/21－content_3562743.html。

"堵"的功能;同时又要兼顾政策本身的惠民性,避免因强调国家利益而淡化、稀释地方和沿线民众的利益,令边民切实享受到利用传统的地理和经济交流渠道的优势而带来的发展成果。

(二) 经济"固边"

一方面,以铁路和公路为基础,促进边境口岸的城镇化建设。既要鼓励边境地区的少数民族利用自身民族文化的特点在口岸城镇创办一些具有民族特色、市场适应性强、经营灵活的小型企业或商铺,使得他们能够更快地适应城镇化的建设,又要注重强调发挥边疆小城镇对周围农村社区在政治、经济、文化和信息等方面的中心功能及辐射作用。以口岸为依托,建设边疆小城镇,不仅能够使边疆各民族通过口岸城镇的经济文化交流建立和谐融洽的民族关系,而且还会发挥口岸在促进不同国家边民之间加深理解和认识方面的作用,真正成为国家间友好交往的纽带。[1] 另一方面,在生态保护的基础上,进行文化产业建设。以云南为代表的西南边疆地区多拥有高山峡谷、奇特优美的自然景观,如果能与区域内民族历史文化沉积的人文景观相结合,即会使"民族经济走廊"成为高品质的文化旅游景点。而实践也已证明,以民族旅游业为代表的文化产业的发展,能够使得社区居民快速摆脱贫困。但在旅游开发的过程中,更需要保护环境而不能以破坏、牺牲环境为代价,因为生态环境不但是旅游业发展的基石,更是世代生存于此的边民的生存之本。口岸经济、文化产业的蓬勃发展,不但会为边疆各民族提供相当数量的就业机会,切实改善人们的物质生活条件,还会在一定程度上抑制边疆地区的人口外流,提高戍边人口质量,从而巩固国家的边疆安全,最终达到通过国家发展战略促进边疆民族地区发展的目的。

(三) 文化"戍边"

"古丝绸之路既是一条通商互信、经济合作之路,也是一条文化交流、文明对话之路,'一带一路'的战略构想就是要继承和弘扬这一具有广泛亲和力和深刻感召力的文化符号。"[2] 特别是在"一带一路"战略的南线,

---

[1] 参见徐黎丽、易鹏飞《陆疆安全问题的识别与界定》,《云南师范大学学报》(哲学社会科学版) 2013 年第 4 期,第 27~33 页。

[2] 蔡武:《坚持文化先行,建设"一带一路"》,http://Nws. xinhuanet. com/culfure/2014 - 05/C_ 126461919. html. 2015 年 5 月 15 日。

民族间的人口流动、经贸与文化往来历史悠久，在新的时空背景下"民族经济走廊"的文化内涵更显突出，因而通过发挥文化（尤其是边疆各民族传统文化）的非传统安全功能来治理边疆，也是"一带一路"题中应有之义。一方面，维护国家意识形态安全，做好"文化边防"，用文化"守边"。这就需要抵御境外宗教和文化渗透，不给境外渗透活动留下可乘之机。比如，对境外广播电视信号加强压制，改变边境沿线在境内可以直接收听、收看到境外的无线广播电视节目的现象。同时，要有效扩大少数民族语言文字的宣传覆盖面，增强少数民族语言文字类文化产品的供给能力，以确保边疆地区少数民族特别是跨境民族间文化交往的安全。笔者在怒江做调查时亲眼见到，当地政府引导傈僳族、怒族基督教徒把一些革命歌曲翻译成傈僳文在教堂里演唱。这一做法既是对跨境民族宗教文化安全的有效保障，也是通过宗教活动在一定程度上对跨境民族国家认同意识的加强，值得推广。另一方面，通过民族传统文化的保护与发展实现"文化拓疆"。因为尤其对于边民的重要组成部分——跨境民族而言，对于共同历史文化的认同是其维持民族整体性的关键性要素。① 他们的传统歌舞、饮食、服饰以及节日等文化符号，是民族凝聚力的保证。境外的同源民族到中国来寻找祖居地、学习民族的历史与主流文化，再将之带回到居住国，与之相随的还有国家的价值观、理念等。事实上使得作为中华文化组成部分的少数民族文化有了更为广泛的传播空间，相应地，国家的文化及利益边疆得到了拓展。

四 结语

在"一带一路""经济大走廊"的规划中，边疆成为"战略前沿"，而西南边疆民族大省——云南在这一国家战略规划下的发展过程，更是与其边疆繁荣稳定示范区的建设紧密联系。从国家对外开放的整体性层面来看，云南是中国通往东南亚、南亚的陆路交通枢纽，更是能够彰显"连接东南亚、南亚及印度洋沿岸"门户功能的"端点"，因而应该成为探索与周边、沿线国家合作新模式的突破口。进言之，云南在现有的良好基础

① 参见周建新《中越中老跨国民族及其族群关系研究》，民族出版社，2006，第265页。

上，要抓住"一带一路"的契机，形成与沿海地区开放模式不同的新"典范"，从而为中国内陆沿边开放整体水平的提高和对外开放新格局的全面展开做出表率。"国家发展战略的整体性是云南建设'民族团结进步边疆繁荣稳定示范区'的实质意义所在"①；从边疆安全的角度上说，新一轮的对外开放和经济结构的深化调整，会因其推进过程中民族间利益需求和文化诉求的不同而令已经存在的各种民族问题有所激化。云南则有着各族群众长期和睦相处、与周边国家人民友好交往的历史，即"民族团结进步边疆繁荣稳定"的"云南现象"。因此，建设有效防范边疆非传统安全问题的"云南模式的示范区"，对于国家边疆安全具有重大现实意义。最后，就民族和民生工作的"示范效应"而言，边疆民族地区因远离国家权力中心，通常是社会利益施惠链条中的"薄弱环节"，而兼有改善民生性质的"一带一路"战略在促进区域社会经济发展的同时，将尽可能地为边疆民族提供参与边疆社会经济发展的机会（诸如要求话语权利平等、利益分配均等以及制度设计等），并给予其享受机会的合理保障。可见，云南这样一个"边境线长、多民族、多宗教、多元文化"在"一带一路"（特别是南线）战略中特点鲜明的代表性省区，把握战略机遇实现经济社会跨越性的发展，其实也是推动边疆繁荣稳定的民族与民生工作的理论提升和转化过程。

简言之，边疆作为包容民族、历史、经济、政治等多重因素的地理区域，在"一带一路"国家发展战略的视角下，既是中国与沿线国家经济、文化交流互动的通道，又是国家利益的有形保障。因而边疆民族地区借助这一战略实现社会经济发展目标的过程，也是国家边疆治理策略之体现。

---

① 阎德华：《民族团结进步边疆繁荣稳定示范区建设的跨越性》，《云南民族大学学报》（哲学社会科学版）2014年第2期，第10～16页。

"一带一路"方略与"和合共赢"理念

余潇枫[*]

摘　要："和合共赢"理念的思想渊源可以追溯到中国古代的"和合论"与"共存论"思想。它作为"一带一路"方略的价值内核，有别于霸权主义国家战略的价值取向与利益追求；也不完全等同于欧盟成员国国家战略的价值取向与利益追求。"和合共赢"理念的基本内涵是：通过和平共处前提下的平等合作与价值共创，实现利益共享、责任共担的发展目标，打造人类命运共同体。

关键词：和合共赢　命运共同体

方略是基于总体发展考虑的长远规划。国家方略则是基于全球视野的具有大时空尺度的长远规划。为了抛弃冷战思维，用"方略"代替"战略"一词具有特别的"和合共赢"意味。目前，统合"丝绸之路经济带"与"海上丝绸之路"的"一带一路"方略正是中国新近向世界展示的、为促进区域一体化和促成人类命运共同体所设计与倡导的多边性长远规划。

任何方略都有其内在的价值取向以及作为价值内核的重要理念，表征"一带一路"方略内在价值取向的重要理念是"和合共赢"。"和"是"和平"，"合"是"合作"，"和合"则是和平共处前提下的平等合作与价值共创；"共"强调"共生""共存""共建"，"赢"强调"利益获得"与"价值实现"，"共赢"则是平等协作基础上的利益共享与责任共担。"和合共

---

* 余潇枫，浙江大学非传统安全与和平发展研究中心主任，浙江大学公共管理学院教授，博士生导师。

赢"理念的基本内涵是：通过和平共处前提下的平等合作与价值共创，实现利益共享、责任共担的发展目标，打造人类命运共同体。"和合共赢"理念既是中国致力于和平发展的价值基点，也是中国与其他国家在"一带一路"中互联互通、休戚与共的价值旨归。

一

"和合共赢"理念的思想渊源可以追溯到中国古代的"和合论"与"共存论"思想。《周易》是中国历史上最早系统提出"和合"与"共存"思想的重要著作，《周易》一书明确提出"保合太和"的天下大同方略与"万国咸宁"的人类安全理想。《尚书》是另一部早期强调"和合"与"共存"思想的重要典籍，《尚书》明确提出"协和万邦"的治世方略。数千年来，在历史分分合合的变迁中，"和合"与"共存"思想生发出中国人处事待人、治世理国的"和而不同"与"天下大同"的人文理想，前者是一种能承认差异性的相互包容，后者则是一种以"不同"之"和"达成"大同"之"天下"的价值追求。正是中国人崇尚"共为先""和为贵"的价值自觉，形成了中国人爱和平、重防御、讲团结、求统一的安全态度与非扩张性国策，促成了中国人爱公平、重共存、讲中庸、求和合的安全方略与非排他性思维。基辛格在其新近出版的《论中国》一书中，把中国的围棋与西方的国际象棋作了对比，指出西方国际象棋"全胜全败"的安全思维在战略层面上远不如中国围棋的"共存共活"来得高远与博大。

"和合共赢"理念不仅是中国对世界的思想贡献，而且十分符合当今人类发展的时代趋势，符合国际社会共同的认知取向与发展追求。"一带一路"战略不是一项内含主导性、干涉性、排他性和扩张性的好"战"之方略；而是一项通过"政策沟通、道路联通、贸易畅通、货币流通、民心相通"呈现主动性、参与性、互通性和共享性的可"方"之略。"一带一路"方略的"和合共赢"的价值取向必然要求统筹考虑中国的发展、地区的发展和世界的发展所呈现的共同需求，必然要求中国作为倡议国的积极投入与示范，调动各方的积极性来共建平台和开拓新的发展空间。与世界以往的区域一体化战略相比，"一带一路"方略不是一种单向性援助，而是一种多向性共建；不是一种对抗性结盟，而是一种合作性结伴；不是一种"例外主义"的算计，而是一种"关系主义"的互惠；更不是一种"殖民主义"的强制，而是一种"和合主义"的联动。为此，新加坡对"一带一路"的热切响应，老挝、泰国、印度尼西亚以及马来西亚对此的积极欢迎，俄罗斯与蒙古国构想以"中蒙俄经济走廊"方式努力"对接"，以及中亚、西亚等国的赞赏与回应等，均表明大多数沿线国家对"一带一路"有着基本共识与共同向往。当然，有不少国家仍在观望之中，另有一些国家持怀疑态度，甚至有个别国家试图抵制等，这都是事实，也可以理解。但我们相信，"一带一路"方略的深入实施与逐步推进必然给世界带来普遍实惠与发展希望，这些消极因素自然会逐步消解。

二

"一带一路"方略是中国作为新兴大国为生成全球角色、促进区域发展、参与世界治理的全新定位与宣示，是本国利益与他国关切同时兼顾以及本国发展与各国发展共同谋求的中国方式的伟大探索。

"和合共赢"理念作为"一带一路"方略的价值内核，有别于霸权主义国家战略的价值取向与利益追求。美国国家战略制定所依据的是基于自我中心的"霸权主义"范式与冷战思维，如《美国大战略》作者罗伯特·阿特在书中告诉世界，美国大战略必须要顾及四个根本性问题：一是美国在世界上的利益是什么，二是美国可采取哪些大战略模式保卫这些利益免受威胁，三是这些大战略模式中哪一种能够最好地保卫美国国家利益，四是为了支持选定的大战略模式需要采取何种具体政策与运用何种军事力量。可见，美国大战略的核心就四个字：美国利益。冷战结束后，美国摆脱不了冷战思维的惯性，提出由美国主导世界的"霸权稳定论"，其目的正是要凸显围绕美国国家利益的"霸权护持"与"霸权安全"。在面对利益消长与文明冲突等发展趋向极不确定的国际社会中，美国惯用自己的善恶标准去判定与别国之间的冲突，惯用自己的制度尺度去衡量与别国之间的关系。因而，"霸权稳定论"说到底是一种"霸权自利论"。美国历来对"他者"的独断、强制、排斥、打压等做派，在当今国际社会追求"共生、共建、共享"的发展趋势中难以为继。

　　"和合共赢"理念作为"一带一路"方略的价值内核，也不完全等同于欧盟成员国国家战略的价值取向与利益追求。欧盟成员国的国家战略有其自身的较为包容与共享的特色。欧洲从"煤钢共同体"到"欧洲共同体"再到"欧洲联盟"的历史性拓展，欧洲统一大市场的建立和欧元的问世，欧洲共同外交与安全政策的构成以及欧洲共同努力应对欧债危机等，均是通过让渡主权基础上的"一体化"实践，表明了欧盟倡导的某种程度上的"共建共享"式发展在欧洲的现实可行性。欧盟的许多做法值得中国学习与借鉴。但欧盟战略制定所依据的仍是基于区域中心的立场，在利益的处理上欧洲某些强势大国甚至仍然是"政治先行、军事殿后"，因而欧洲在如何走出"欧洲中心主义"而更多地关注与参与全球事务治理上，尚有很长的路程要走。

　　中国学者张蕴岭在分析命运共同体的逻辑时曾指出，与欧洲构建的靠制度建设的共同体不同，中国与周边邻国构建的命运共同体所体现的是一种"共生理念"和"共利的关系"，它具有"共享发展成果，实现合作安全，人民和谐相处"之特征。因此与其他国家相比，中国在"共生、共建、共享"上更有着其独特的努力与贡献：1954年，中国与印度和缅甸共同提出了"和平共处"五项基本原则，为推动建立公正合理的新型国际关系做出了历史性贡献；1979年，中国提出了处理岛屿争端的"搁置主权、共同开发"方针，为国际上和平解决争端提供了一种全新的方式；1982年，中国提出了处理香港回归的"一国两制"方略，创造性地把和平共处原则用于解决一个国家的统一问题；世纪之交，中国提出了"互利、互信、平等、协作"为核心内容的"新安全观"，强调在文明多样性前提下的合作与共享；2012年，中共十八大报告提出了"命运共同体"意识与"合作共赢"思想；2014年，中国又提出了倡导共同、综合、合作、可持续原则的"亚洲新安全观"。这一切均证明了以"和合共赢"为价值内核的外交实践是中国政府一以贯之的追求，也是"一带一路"方略要获得成功的价值基石。

三

　　当然，"和合共赢"理念的不断传播与国际社会对"一带一路"

方略的广泛认同，还需要在国际合作上不断深化与创新，特别是要通过多层次交流与多方式沟通，增信释疑、达成共识，让更多的国家获得理解与做出响应。中国在倡导与示范过程中对不同的国家要有不同的合作方式与对策。比如针对热切响应"一带一路"倡议的国家，中国需要加强全面合作，共建一个具有包容性的发展大平台，以成就来推进"和合共赢"；针对持观望态度的国家，中国需要加强共同研讨与重点合作，探讨"一国一策"的可行设计；针对持犹豫怀疑态度的国家，中国需要加强与其相互接触与沟通，在增信释疑的基础上寻找共同合作的突破口；针对持抵制心态的国家，中国则需要主动解释，寻求利益交会点，在更广阔的视野中寻找平等合作的可能性；针对别有用心试图通过挑拨制造危机或妄图进行破坏的国家，中国则需要直接面对，敦促其改变冷战思维，制止其敌意行为。我们要让世界了解，"一带一路"作为一个开放的大平台，涵盖面宽，包容性强，将兼顾各国需求，统筹陆海两大方向。"一带一路"方略绝不是所谓的"中国式马歇尔计划"，也不是"中国式门罗主义"或"新殖民主义"，而是中国式的"和合共赢"的创新性实践，即如习近平主席所曾强调的"把中国梦同周边各国人民过上美好生活的愿望、同地区发展前景对接起来，让命运共同体意识在周边国家落地生根"。

"一带一路"西跨欧亚，南接非洲，贯连东南亚、南亚、中亚、西亚等沿线的60多个国家，如果实施顺利，将会成为世界上跨度最长、最具发展潜力与文明融合特征的经济文化走廊。中国倡导成立金砖国家银行、亚洲基础设施投资银行、上海合作组织开发银行，宣布出资成立丝路基金等，都是在帮助沿线国家的发展突破融资瓶颈。中国还将同沿线国家一起共同维护非传统安全，因为除了共建共享的美好前景外，沿线国家还共同面对着各类非传统安全威胁的挑战，如恐怖主义、跨国犯罪、能源安全问题、环境安全问题、水资源安全问题，传统安全威胁与非传统安全威胁相互交织等，尤其需要沿线国家互联互通、形成共识、联手共治。当今世界"一荣俱荣、一损皆损"的安全现实，要求我们在追求"可持续发展"的同时考量"可持续安全"，并在国家间的非传统安全合作中更具体而现实地体现"和合共赢"价值理念的可能性与可行性。

四 结语

总之，以"和合共赢"为价值内核的"一带一路"大平台的搭建，需要一切相关国家的响应与投入，进而体现"一带一路"方略实施与推进中的共建主体的多元性、共建内容的开放性、共建领域的广泛性、共建形式的多样性、共建行动的建设性、共建方式的非对抗性及共建目标的共赢性。在全球日趋一体化的"生存关联"与"命运关联"的世界发展图景中，我们要让"和合共赢"理念，透射出世界和平发展的理想之光；让"一带一路"方略，凸显出人类命运共同的价值之源。

参考文献

1. 〔美〕托马斯·库恩：《科学革命的结构》，金吾伦、胡新和译，北京大学出版社，2003。

2. 杨长福、幸小勤：《库恩的范式理论与李约瑟难题》，《四川大学学报》（哲学社会科学版）2008 年第 2 期。

3. 〔美〕托马斯·库恩：《必要的张力》，福建人民出版社，1981。

4. 张世明：《拉铁摩尔及其相互边疆理论》，《史林》2011 年第 6 期。

5. 董欣洁：《冷战期间西方边疆理论的发展》，《中国边疆史地研究》2005 年第 2 期。

6. 孙宏年：《相对成熟的西方边疆理论简论（1871～1945）》，《中国边疆史地研究》2005 年第 2 期。

7. 朱听昌、刘菁：《争夺制天权：美国"高边疆"战略的发展历程及其影响》，《军事历史研究》2004 年第 3 期。

8. 于沛：《经济全球化和现代西方边疆理论》，《云南师范大学学报》2009 年第 5 期。

9. 黄盛璋：《驳无耻的浩罕继承论——中俄关系史论文集》，甘肃人民出版社，1979。

10. 尚伟：《列宁的"民族自决权"理论及其意义》，《马克思主义研究》2011 年第 12 期。

11. 叶自成主编《地缘政治与中国外交》，北京出版社，1998。

12. 刘德斌主编《国际关系史》，高等教育出版社，2003。

13. 方铁：《古代"守中治边"、"守在四夷"治边思想初探》，《中国边疆史地研究》2006 年第 4 期。

14. 司马光：《资治通鉴》卷一百九十三《唐纪九》"贞观三年十二月"条，中华书局，1956。

15. 刘昫等：《旧唐书》卷一百九十四上《突厥传》，中华书局，1975。

16. 方铁：《古代治理边疆理论与实践的研究构想》，《社会科学战线》2008年第2期。

17. 范晔：《后汉书》卷八十七《西羌传》，中华书局，1965。

18. 王象之：《舆地纪胜》卷一《广南西路门》，中华书局，1992。

19. 金炳镐：《中国民族区域自治理论要点概说》，《中国民族教育》2007年第10期。

20. 马大正：《当代中国边疆研究者的历史使命》，《中国边疆史地研究》1992年第2期。

21. 吴楚克：《建设当代中国边疆政治学应有的理论思考》，《中央民族大学学报》2003年第6期。

22. 李星主编《边防学》，军事科学出版社，2004。

23. 余潇枫、徐黎丽：《"边安学"刍议》，《浙江大学学报》（人文社会科学版）2009年第5期。

24. 于沛：《从地理边疆到"利益边疆"——冷战结束以来西方边疆理论的演变》，《中国边疆史地研究》2005年第2期。

25. 王铁崖、田如萱编《国际法资料选编》，法律出版社，1982。

26. 黄立军编《信息边疆》，新华出版社，2003。

27. 章永俊：《西方近代边疆理论的初步发展》，《中国边疆史地研究》2005年第2期。

28. 〔美〕迈克尔·哈特、〔意〕安东尼奥·奈格里：《帝国——全球化的政治秩序》，江苏人民出版社，2005。

29. 〔美〕瓦西利斯·福斯卡斯等：《新美帝国主义》，世界知识出版社，2006。

30. 杨生茂：《美国历史学家特纳及其学派》，商务印书馆，1984。

31. 〔美〕拉铁摩尔：《中国的亚洲内陆边疆》，唐晓峰译，江苏人民出版社，2010。

32. 罗崇敏：《中国边政学新论》，中央民族大学博士学位论文，2006。

33. 马大正：《略论中国边疆学的构筑》，《新疆师范大学学报》（哲学社会科学版）2013 年第 5 期。

34. 〔美〕特纳：《历史的意义》，《世界史研究动态》1986 年第 12 期。

35. 〔英〕麦金德：《历史的地理枢纽》，商务印书馆，1985。

36. 吴文藻：《边政学发凡》，《边政公论》1942 年第 5、6 期合辑。

37. 吴楚克：《试论中国边疆政治学与边政学、民族学的关系》，《云南师范大学学报》2008 年第 4 期。

38. 〔日〕毛里和子：《论拉铁摩尔》，张静译，樊守志校，载中国社会科学院近代史研究所编《国外中国近代史研究》（第 5 辑），中国社会科学出版社，1983。

39. 李安宅：《边疆社会工作，边民社区实地研究》，《〈仪礼〉与〈礼记〉之社会学研究》，上海人民出版社，2005。

40. 马长寿：《人类学在我国边政上的应用》，周伟洲、马长寿主编《民族学论集》，人民出版社，2003。

41. 〔美〕马汉：《海权对历史的影响》，安常容、成忠勤译，中国人民解放军出版社，2014。

42. 〔意〕朱里奥·杜黑：《制空权》，曹毅风、华人杰译，中国人民解放军出版社，2014。

43. 徐黎丽、杨朝晖：《论文化戍边》，《新疆社会科学》2013 年第 3 期。

44. 张海洋、关凯、袁长庚：《国家转型与民族政策创新需求——中国少数民族政策前沿评估报告（节选）》，《共识》2011 年第 6 期。

45. 邢广程：《关于中国边疆学研究的几个问题》，《中国边疆史地研究》（社会科学版）2013 年第 4 期。

46. 祁怀高、石源华：《中国的周边安全挑战与大周边外交战略》，《世界经济与政治》2013 年第 6 期。

47. 徐黎丽、梁世甲：《论边疆与安全的关联性》，《西北师范大学学报》2013 年第 2 期。

48. 余潇枫、周贵章：《中印跨界河流非传统安全威胁识别、评估与应对》，《世界经济与政治》2014 年第 12 期。

49. 何跃：《云南边境地区主要贸易口岸的境外流动人口与边疆安全》，

《云南师范大学学报》2008 年第 2 期。

50. 栗献忠：《跨境民族问题与边疆安全刍议》，《学术论坛》（哲学社会科学版）2009 年第 2 期。

51. 李学保：《跨界民族问题与中国国家安全：建国 60 年来的探索与实践》，《中南民族大学学报》（人文社会科学版）2010 年第 1 期。

52. 张春霞：《边疆文化旅游开发与文化安全》，《广西民族研究》2010 年第 2 期。

53. 谢金林、张艺：《论网络时代舆论安全与西部边疆民族地区社会稳定》，《新疆社会科学》2010 年第 4 期。

54. 张木文：《世界地缘政治中的中国国家安全利益分析》，山东人民出版社，2004。

55. 丁建伟：《地缘政治中的西北边疆安全》，民族出版社，2004。

56. 邢军东：《特纳的边疆学说及其对我国沿边地缘政治经济研究的启示》，《社会科学战线》2006 年第 6 期。

57. 高科：《地缘政治视角下的美俄中亚博弈——兼论对中国西北边疆安全的影响》，《东北亚论坛》2008 年第 6 期。

58. 陆俊元：《中国安全环境结构：一个地缘政治分析框架》，《人文地理》2010 年第 2 期。

59. 郑永年：《边疆、地缘政治和中国的国际关系研究》，《外交评论》2011 年第 6 期。

60. 张文木：《"天堂很远，中国却很近"——中国与周边国家和地区的地缘政治互动规律和特点》，《世界经济与政治》2013 年第 1 期。

61. 程永林：《中国古代地缘战略思想：历史嬗变与现实借鉴》，《兰州学刊》2005 年第 6 期。

62. 《中国大百科全书》（第二版第五卷），中国大百科全书出版社，2009。

63. 《不列颠百科全书》（修订版国际中文版第七卷），中国大百科全书出版社，2007。

64. 王逸舟：《当代国际政治析论》，上海人民出版社，1995。

65. 潘忠岐、黄仁伟：《中国的地缘政治与安全战略》，《社会科学》2011 年第 10 期。

66. 张江河：《地缘政治理论与战略的学理辨析和历史定位》，《吉林大学社会科学学报》2007 年第 6 期。

67. 张江河：《对地缘政治三大常见问题的辨析》，《东南亚研究》2009 年第 4 期。

68. 〔美〕索尔·伯纳德·科恩：《地缘政治学——国际关系的地理学》（第二版），严春松译，上海社会科学出版社，2011。

69. 孙相东：《地缘政治学的性质：思想史上的不同视角》，《当代世界与社会主义》2005 年第 5 期。

70. 张微微：《对冲突性地缘政治观的分析与反思》，《学术论坛》2010 年第 8 期。

71. 许勤华：《评批判性地缘政治学》，《世界经济与政治》2006 年第 1 期。

72. 叶自成：《地缘政治与中国外交》，北京出版社，1998。

73. 刘盛佳：《〈禹贡〉——世界上最早的区域人文地理学著作》，《地理学报》1990 年第 2 期。

74. 李宪堂：《九州、五岳与五服——战国人关于天下秩序的规划与设想》，《齐鲁学刊》2013 年第 5 期。

75. 顾颉刚：《顾颉刚全集·顾颉刚古史论文集》（卷一），中华书局，2011。

76. 马大正：《中国边疆经略史》，武汉大学出版社，2013。

77. 吴楚克：《传统地缘安全意识和中国面临的周边安全问题》，《中国当代边疆理论创新与发展研究》，学苑出版社，2013。

78. 叶自成：《从大历史观看地缘政治》，《现代国际关系》2007 年第 6 期。

79. 〔美〕艾尔弗雷德·塞耶·马汉：《海权对历史的影响（1660 ~ 1783）》，安常容、成忠勤译，中国人民解放军出版社，2006。

80. 〔美〕艾尔弗雷德·塞耶·马汉：《海权对法国大革命和帝国的影响》，李少彦译，海洋出版社，2013。

81. 〔美〕艾尔弗雷德·塞耶·马汉：《海权与 1812 年战争的关系》，李少彦译，海洋出版社，2013。

82. 〔俄〕拉祖瓦耶夫：《论"地缘政治学"概念》，赵思辛译，《现代外国哲学社会科学文摘》1994 年第 10 期。

83. 〔美〕保罗·肯尼迪:《大国的兴衰》,蒋葆英等译,中国经济出版社,1989。

84. 〔美〕约瑟夫·奈:《美国定能领导世界吗》,何小东、盖玉云译,军事译文出版社,1992。

85. 黄硕风:《综合国力论》,中国社会科学出版社,1992。

86. 贾春峰:《加强市场经济发展中“文化力”的研究》,《党校科研信息》1993 年第 19 期。

87. 王沪宁:《作为国家实力的文化:软权力》,《复旦学报》(社会科学版)1993 年第 3 期。

88. 〔美〕约瑟夫·奈:《软力量:世界政坛成功之道》,吴晓辉、钱程译,东方出版社,2005。

89. 骆郁廷:《文化软实力:基于中国实践的话语创新》,《中国社会科学》2013 年第 1 期。

90. 〔英〕安德鲁·赛雅:《空间的重要作用》,〔英〕德雷克·格里高、约翰·厄里编《社会关系与空间结构》,谢礼圣、吕增奎等译,北京师范大学出版社,2011。

91. 《马克思恩格斯选集》(第二卷),人民出版社,1995。

92. 〔西〕胡安·诺格:《民族主义与领土》,徐鹤林、朱伦译,中央民族大学出版社,2009。

93. 〔英〕帕特里克·邓利维、布伦登·奥利里:《国家理论:自由民主的政治学》,欧阳景根等译,浙江人民出版社,2007。

94. 〔英〕安东尼·吉登斯:《民族—国家与暴力》,胡宗泽、赵力涛译,生活·读书·新知三联书店,1998。

95. 〔英〕迈克尔·伊格纳捷夫:《温和的民族主义?文明理想的可能性》,〔英〕爱德华·莫迪默、罗伯特·法恩主编《人民·民族·国家——族性与民族主义的含义》,刘泓、黄海慧译,中央民族大学出版社,2009。

96. 〔美〕吉东·戈特利布:《在联合与分离之间:调和之道》,〔英〕爱德华·莫迪默、罗伯特·法恩主编《人民·民族·国家——族性与民族主义的含义》,刘泓、黄海慧译,中央民族大学出版社,2009。

97. 〔德〕康德：《历史理想批判文集》，何兆武译，商务印书馆，1990。

98. 景天魁、朱红文：《时空社会学译丛总序》，〔英〕德雷克·格里高里、约翰·厄里编《社会关系与空间结构》，谢礼圣、吕增奎等译，北京师范大学出版社，2011。

99. 〔美〕杜赞奇：《从民族国家拯救历史——民族主义话语与中国近代史研究》，王宪明等译，江苏人民出版社，2008。

100. 范可：《"边疆发展"献疑》，《中南民族大学学报》（人文社会科学版）2011年第1期。

101. 李志华：《中国民族地理》，上海教育出版社，1997。

102. 费孝通：《中华民族的多元一体格局》，《北京大学学报》（哲学社会科学版）1989年第4期。

103. 余潇枫、徐黎丽、李正元：《边疆安全学引论》，中国社会科学出版社，2013。

104. 金晓哲、林涛：《边疆的类型划分与研究视角》，《地域研究与开发》2008年第3期。

105. 〔英〕休·希顿-沃森：《民族与国家——对民族起源与民族主义政治的探讨》，吴洪英、黄群译，中央民族大学出版社，2009。

106. 《马克思恩格斯选集》（第一卷），人民出版社，1995。

107. 赵汀阳：《论可能生活——一种关于幸福和公正的理论》，中国人民大学出版社，2004。

108. 〔瑞士〕费尔南多·德·索绪尔：《普通语言学教程》，高明凯译，商务印书馆，1980。

109. 〔法〕米歇尔·福柯：《安全、领土与人口》，钱翰、陈晓径译，上海人民出版社，2010。

110. 朱听昌：《中国成为古代东亚文明中心的地理条件探析》，《江淮论坛》2010年第2期。

111. 魏继印：《论气候变迁与中原文明中心地位的形成》，《中原文物》2011年第5期。

112. 〔美〕杰里·本特利、赫伯特·齐格勒：《新全球史》（上），魏凤莲等译，北京大学出版社，2007。

113. 〔美〕菲力普·李·拉尔夫、罗伯特·E. 勒纳、斯坦迪什·米查姆、爱德华·伯恩斯：《世界文明史》（上卷），赵丰等译，商务印书馆，1998。

114. 〔英〕马林诺夫斯基：《文化论》，费孝通译，华夏出版社，2002。

115. 〔美〕哈维兰：《文化人类学》，瞿铁鹏、张钰译，上海社会科学院出版社，2006。

116. 〔美〕克利福德·格尔茨：《文化的解释》，韩莉译，译林出版社，1999。

117. 〔英〕埃文思·普里查德：《阿赞德人的巫术、神谕和魔法》，覃俐俐译，商务印书馆，2006。

118. 〔美〕罗伯特·路威：《文明与野蛮》，吕叔湘译，生活·读书·新知三联书店，2005。

119. 高丙中：《民族志的科学范式的奠定及其反思》，《思想战线》2005 年第 1 期。

120. 〔美〕卢克拉斯特：《人类学的邀请》，王媛、徐默译，北京大学出版社，2008。

121. 丁建伟：《中亚与我国西北边疆地区同源跨国民族问题》，《西北第二民族学院学报》2004 年第 1 期。

122. 安俭：《论中国西北边疆的跨国民族问题》，《西北师范大学学报》2011 年第 6 期。

123. 冯瑞（热依曼）、艾买提：《中国西北疆界变迁及周边跨国民族特征》，《广西民族大学学报》2007 年第 5 期。

124. 艾娣雅·买买提：《漠北游牧与西域农耕——维吾尔文化嬗变之窥》，《广西民族大学学报》2010 年第 4 期。

125. 钱伯泉：《哈萨克族族源新探》，《民族研究》2001 年第 5 期。

126. 赵尔巽等：《二十五史·清史稿》（缩印本），中华书局，1997。

127. 马合木提·吐尔逊：《关于我国塔吉克族人口形势的初探》，《干旱区地理》1995 年第 3 期。

128. 熊坤新、张少云：《国内乌孜别克族研究概述》，《新疆师范大学学报》2009 年第 3 期。

129. 万雪玉：《近三十年国内柯尔克孜族研究的回顾与反思》，《西域研究》2010 年第 1 期。

130. 程虹：《俄罗斯人在布尔津县的发展历程》，《新疆地方志》2007 年增刊。

131. 刘迎胜：《寻访东干人》，《寻根》1994 年第 2 期。

132. 热汗古丽、哈得江：《维吾尔文化中的绿色审美》，《喀什师范学院学报》2002 年第 1 期。

133. 刘明：《帕米尔高原塔吉克族水文化调查研究》，《新疆社会科学》2008 年第 6 期。

134. 徐黎丽：《论民族的三个基本属性》，《西北民族研究》2013 年第 4 期。

135. 沙吉丹牧：《麦西莱甫：维吾尔文化的锦囊》，《中国民族》2008 年第 2 期。

136. 努尔夏提·别尔迪别克：《哈萨克族民间艺术盛会阿肯对唱会》，《新疆社会科学》2005 年第 6 期。

137. 刘宝军：《生活在中亚的"东干人"见闻录》，《中国穆斯林》2002 年第 5 期。

138. 王建新：《哈萨克斯坦东干人的民族教育与群体建构》，《西北民族研究》2012 年第 2 期。

139. 艾买提、冯瑞：《中国新疆维吾尔族群的跨国过程及其分布和动因》，《新疆大学学报》2008 年第 4 期。

140. 王虎：《哈萨克斯坦独立前后的民族人口政策及其实践》，《新疆大学学报》2006 年第 3 期。

141. 纳森：《我国当前部分哈萨克族民众外迁问题研究》，西南民族大学硕士学位论文，2008。

142. 刘启芸：《塔吉克斯坦》，《东欧中亚市场研究》1997 年第 3 期。

143. 丁宏：《从东干人反观回族的文化认同》，《中央民族大学学报》2005 年第 4 期。

144. 木哈买·贺宝山：《生活在阿勒泰地区的"东干人"》，《穆斯林生活点滴》2004 年第 5 期。

145. 段石羽：《塔吉克族文化特征及其传统风俗》，《新疆大学学报》1994年第3期。

146. 刘仕国：《牧区乌孜别克族生活方式的变迁》，《昌吉师专学报》2001年第3期。

147. 周菁葆：《柯尔克孜族音乐舞蹈》，《新疆艺术学院学报》2009年第4期。

148. 房若愚：《新疆乌孜别克族经商传统与人口城市化》，《新疆社会科学》2005年第5期。

149. 郎樱：《柯尔克孜族狩猎史诗所体现的古代先民生态观》，《西域研究》2007年第4期。

150. 阿依登：《哈萨克族古老习俗之一：小孩奇特发型》，《伊犁师范学院学报》2005年第4期。

151. 郎樱：《〈福乐智慧〉与维吾尔文化》，《喀什师范学院学报》1990年第4期。

152. 白振声、黄华均：《单系继嗣：对塔吉克族财产继承习俗的文化阐释——以民族学和应用人类学为研究的视角》，《西北民族研究》2008年第1期。

153. 阿尔斯朗·马木提：《新疆维吾尔文化地理特征研究》，《干旱区资源与环境》2009年第12期。

154. 吴占柱：《黑龙江省柯尔克孜族历史文化特征研究》，《黑龙江民族丛刊》2011年第2期。

155. 范鹏：《宗教文明建设对甘肃少数民族地区文化发展的影响》，《2010～2011年甘肃省文化发展分析与预测》，甘肃人民出版社，2011。

156. 甘南州委统战部：《甘南藏族自治州宗教工作基本情况简介》，2009。

157. 阮荣平、郑风田、刘力：《公共文化供给的宗教信仰挤出效应检验——基于河南农村调查数据》，《中国农村观察》2010年第6期。

158. 朱磊：《城乡一体化理论及规划实践——以浙江温岭市为例》，《经济地理》2005年第3期。

159. 薛晴、霍有光：《城乡一体化的理论渊源及其嬗变轨迹考察》，《经济地理》2010 年第 11 期。

160. 杨玲：《国内外城乡一体化理论探讨与思考》，《生产力研究》2005 年第 9 期。

161. 李丹：《城乡一体化理论回顾与分析》，《理论探讨》2008 年第 11 期。

162. 管仲：《管子·乘马》。

163. 金鹗：《求古邑之说·邑考》。

164. 于云翰：《邑、国与中国城市的起源》，《昌潍师专学报》1999 年第 3 期。

165. 管仲：《左传》。

166. 管仲：《管子·大匡》。

167. 管仲：《周礼·地官·司市》。

168. 武廷海：《从聚落形态的演进看中国城市的起源》，《建筑史论文集》（第 14 辑），2001。

169. 李晓英、许丽：《楼兰城的兴衰与塔里木盆地环境演变之间的关系》，《干旱区资源与环境》2008 年第 8 期。

170. 薛宗正：《从疏勒到伽师祇离》，《新疆社会科学》2005 年第 2 期。

171. 管仲：《汉书·西域传》。

172. 管仲：《魏书·西域传》。

173. 管仲：《北史·西域传》。

174. 管仲：《大唐西域记》卷一《屈支国》。

175. 江戍疆、李秀梅：《龟兹王都及汉唐都护府在龟兹位置考》，《喀什师范学院学报》1988 年第 5 期。

176. 孟凡人：《楼兰新史》，光明日报出版社，1990。

177. 肖小勇：《楼兰鄯善与周邻民族关系史述论》，《新疆社会科学》2008 年第 4 期。

178. 艾尼瓦尔·聂吉木：《干旱地区农业自然资源人口承载容量系统动力学研究——以新疆吐鲁番地区为例》，《干旱地区农业研究》2007 年第 3 期。

179. 管仲：《汉书》卷五十五《霍去病传》。

180. 管仲：《汉书》卷六《武帝纪》。

181. 谷苞：《论西汉政府设置河西四郡的历史意义》，《新疆社会科学》（哲学社会科学版）1984 年第 4 期。

182. 高维刚：《从汉简管窥河西四郡市场》，《四川大学学报》（哲学社会科学版）1994 年第 2 期。

183. 管仲：《元和郡县图志》卷四十。

184. 李并成：《东汉中期至宋朝初新旧玉门关并用考》，《西北师范大学学报》2003 年第 4 期。

185. 管仲：《唐会要》卷三十七。

186. 柳洪亮：《安西都护府治西州境内时期的都护及年代考》，《新疆社会科学》1986 年第 2 期。

187. 管仲：《旧唐书·地理志》。

188. 朱丽双：《唐代于阗的羁縻州与地理区划研究》，《中国史研究》2012 年第 2 期。

189. 张南、周义保：《中西古代城市起源比较研究》，《江汉论坛》1991 年第 12 期。

190. 段渝：《巴蜀古代城市的起源、结构和网络体系》，《历史研究》1993 年第 1 期。

191. 周厚勋：《拉美城市化的发展与演变》，《拉丁美洲研究》1991 年第 3 期。

192. 张培刚：《发展经济学》，经济科学出版社，2001。

193. 郭宁、吴振磊：《非均衡发展—均衡发展—城乡一体化——西方经济学城乡关系理论评述》，《生产力研究》2012 年第 10 期。

194. 许大明、修春亮、王新越：《信息化对城乡一体化进程的影响及对策》，《经济地理》2004 年第 2 期。

195. 周一星：《北京的郊区化及引发的思考》，《地理科学》1996 年第 3 期。

196. 郑慧子：《区域共同体：人与自然和谐的科学图景》，《自然辩证法研究》1999 年第 7 期。

197. 杨年：《中国城市的起源与城市的基本特征》，《齐鲁学刊》1994 年第 3 期。

198. 李泉：《中外城乡关系问题研究综述》，《甘肃社会科学》2005 年第 4 期。

199. 张伟：《试论城乡协调发展及其规划》，《城市规划》2005 年第 1 期。

200. 鲁刚：《中越边界云南段沿线地区的边境贸易与经济合作》，《云南师范大学学报》（哲学社会科学版）2009 年第 1 期。

201. 刘稚：《论跨境民族与云南的对外开放》，《民族研究》1992 年第 5 期。

202. 李金发：《中越边境边民互市中的族群互动与国家认同——以云南地区西北边民互市点为例》，《广西民族研究》2011 年第 4 期。

203. 张跃、王晓艳：《少数民族地区集市的文化内涵分析——透视昙华彝族"赶街"》，《思想战线》2010 年第 6 期。

204. 行龙、张万寿：《近代山西集市数量、分布及其变迁》，《中国经济史研究》2004 年第 2 期。

205. 厉华笑、周彧、郭波：《农村集市发展与小城镇空间布局策略探讨》，《城市规划》2010 年第 S1 期。

206. 李珂、李怡婷：《变化中的不变——基于对贵州省镇宁县某村落集市的人类学观察》，《中国农业大学学报》（社会科学版）2009 年第 3 期。

207. 马宗正、吴静：《明清时期宁夏集市发展初论》，《宁夏社会科学》2005 年第 6 期。

208. 牟军、苏斐然：《集市与纠纷解决机制的变迁——以滇中 W 县龙村定期集市为样本的分析》，《思想战线》2013 年第 3 期。

209. 张含、谷家荣：《社会互动与滇越边民认同研究》，《云南民族大学学报》（哲学社会科学版）2012 年第 1 期。

210. 〔美〕施坚雅：《中国农村的市场和社会结构》，史建云、徐秀丽译，中国社会科学出版社，1998。

211. 王晓艳：《边境集市与村落共同体的构建——基于中缅边境陇把镇的调查》，《民族论坛》2012 年第 4 期。

212. 徐黎丽：《中国边疆安全研究》（一），社会科学文献出版社，2015。

213. 文偶初主编《中国名山事典》之"马鬃山"篇，1997。

214. 贾文毓、李引主编《中国地名辞源》之"马鬃山"篇，2005。

215. 〔以色列〕耶尔·塔米尔：《自由主义的民族主义》，上海译文出版社，2005。

216. 宋小飞：《畜牧生计的可持续之道——那日苏牧民的空间理念》，中央民族大学硕士学位论文，2006。

217. 李汝凤：《中国西部边疆资源型经济锁定与消解》，云南大学硕士学位论文，2011。

218. 余潇枫、徐黎丽、米红：《中国非传统安全研究报告》，社会科学文献出版社，2012。

219. 王铭铭：《文化变迁与现代性的思考》，《民俗研究》1998 年第 1 期。

220. 王云：《旅游场域中民族文化的现代构建——湖南凤凰县勾良苗寨个案研究》，中南民族大学硕士学位论文，2012。

221. 〔美〕爱德华·W. 萨义德：《东方学》，生活·新知·读书三联书店，2007。

222. 费孝通：《边区民族社会经济发展思考》，《北京大学学报》1993 年第 1 期。

223. 黄彩文、杨文顺：《布朗族拜认干亲习俗与人际关系网络的构建》，《学术探索》2007 年第 2 期。

224. 赵旭峰、王凌虹：《云南民族拜认干亲习俗与族际共享阈的构建》，《黑龙江民族丛刊》2013 年第 5 期。

225. 李静、戴宁宁：《文化人类学视野下的回汉民族"干亲交往"——以宁夏固原市为例》，《宁夏社会科学》2010 年第 5 期。

226. 〔英〕阿托尔逊：《横跨亚洲大陆》，沈青、季元中译，新疆人民出版社，2000。

227. 戴佩丽：《突厥语民族的原始信仰研究》，中央民族出版社，2002。

228. 〔奥〕西格蒙德·弗洛伊德：《图腾与禁忌》，文良、文化译，中央编译出版社，2005。

229. 孟慧英：《中国原始信仰研究》，中国社会科学出版社，2010。

230. 胡振华：《柯尔克孜族的〈四十个姑娘〉》，《黑龙江民族丛刊》2005 年第 4 期。

231. 阿地里·居玛吐尔地：《中国柯尔克孜族》，宁夏人民出版社，2012。

232. 司马迁：《史记》卷一百五十《匈奴传》列传五十。

233. 班固编《汉书》卷九十四上《匈奴传》列传六十四。

234. 李延寿：《北史》卷九十九《突厥传》列传八十七。

235. 魏徵等编《隋书》卷四十九《铁勒传》。

236. 欧阳修：《新唐书》卷一百一十七下《回鹘传》列传一白四十二。

237. 王钟翰：《中国民族史》，武汉大学出版社，2012。

238. 杨建新主编《中国少数民族通史》（隋、唐、五代卷），民族出版社，2009。

239. 马曼丽主编《中亚研究——中亚与中国同源跨国民族卷》，民族出版社，1995。

240. 徐黎丽主编《突厥人变迁史研究》，民族出版社，2009。

241. 杨建新：《民族迁徙是解释我国民族关系格局的重要因素》，《烟台大学学报》2006年第1期。

242. 阿斯卡尔·居努斯：《西迁前后柯尔克孜族经济生活的变化》，《西域研究》2003年第4期。

243. 万雪玉：《伊斯兰教对柯尔克孜文化的影响》，《中国宗教》2003年第6期。

244. 胡振华：《伊斯兰教与柯尔克孜文化》，《西北民族研究》2002年第2期。

245. 艾莱提·托洪巴依：《新疆乌恰县黑孜苇乡柯尔克孜族宗教信仰调查》，《西域研究》2004年第4期。

246. 徐黎丽：《国家利益的延伸与软边疆概念的发展》，《云南师范大学学报》（哲学社会科学版）2011年第5期。

247. 徐黎丽、易鹏飞：《中国陆疆安全问题的识别与界定》，《云南师范大学学报》（哲学社会科学版）2013年第4期。

248. 田东林、唐滢、王珊珊、雷磊华：《云南边疆民族地区群体性事件诱因状况调查研究》，《价值工程》2010年第32期。

249. 佴澎：《边疆民族地区群体性事件处置机制研究》，《云南行政学院学报》2011年第4期。

250. 孙壮志:《当前中亚五国政治形势及未来走向》,《新疆师范大学学报》(哲学社会科学版)2011年第3期。

251. 陈晓阳:《印度锡克教、锡克人和旁遮普问题》,《阴山学刊》2007年第4期。

252. 李淑云:《地缘政治与中亚五国民族问题》,辽宁人民出版社,2007。

253. 王尚达:《中亚国家之间的边界问题》,中国世界史研究论坛第五届学术年会论文,2008。

254. 叶正佳:《印孟边境冲突与印度的邻国外交》,《南亚研究》2001年第1期。

255. 康民军:《试析中印边界问题的历史与现状》,《南亚研究》2006年第1期。

256. 蒲开夫、王雅静:《中亚地区的生态环境问题及其出路》,《新疆大学学报》2008年第1期。

257. 王旭、马禹、陈洪武:《新疆沙尘暴天气的气候特征》,《中国沙漠》2003年第5期。

258. 马曼丽等:《中国西北跨国民族文化变异研究》,民族出版社,2009。

259. 唐裕生:《库尔德人问题的发展历程与前景》,《世界民族》1998年第1期。

260. 杨兴礼:《简论中东库尔德民族问题》,《世界民族》1997年第2期。

261. 邢晔:《中欧关系的跨越式发展》,《国际问题研究》2010年第1期。

262. 张会丽:《当前中欧关系中的西藏问题》,《阴山学刊》2010年第3期。

263. 冯绍雷:《多重关系影响下的中亚地区》,《俄罗斯研究》2009年第6期。

264. 吴恩远:《中、俄、美欧与中亚国家能源合作现状及前景》,《国际石油经济》2009年第11期。

265. 谢炜:《试析普京政府怎样对付俄罗斯的恐怖主义活动》,《俄罗斯研究》2002年第2期。

266. 石岚:《中亚伊斯兰极端主义:"回归"与冲突》,《新疆大学学报》(哲学人文社会科学版)2007年第5期。

267. 李娜、王雨、景孝杰：《跨境打击恐怖主义与国家自卫权研究》，《法制与社会》2009 年第 30 期。

268. 皮勇：《网络恐怖活动犯罪及其整体法律对策》，《环球法律评论》2013 年第 1 期。

269. 陶军、刘靠柱、张振：《自然地理环境对民营企业发展绩效的影响——一个基于东西部地区的比较分析》，《市场现代化》2005 年第 26 期。

270. 冯岚：《论东西部经济的协调发展》，《常州工学院学报》2001 年第 4 期。

271. 徐黎丽、唐淑娴：《论西北跨国民族文化体系的戍边作用》，《思想战线》2014 年第 4 期。

272. 杨成：《利益边疆：国家主权的发展性内涵》，《现代国际关系》2003 年第 11 期。

273. 普丽春：《桥头堡建设中云南跨境民族的文化交往与安全》，《云南民族大学学报》（哲学社会科学版）2013 年第 2 期。

274. 纳文汇：《中国面向西南开放桥头堡建设中的宗教文化建设》，《东南亚南亚研究》2011 年第 3 期。

275. 张乃剑：《云南西双版纳傣族自治州经济和社会发展战略研究报告》。

276. 蔡武：《坚持文化先行，建设"一带一路"》，《求是》2014 年第 9 期。

277. 周建新：《中越中老跨国民族及其族群关系研究》，民族出版社，2006。

278. 阎德华：《民族团结进步边疆繁荣稳定示范区建设的跨越性》，《云南民族大学学报》（哲学社会科学版）2014 年第 2 期。

279. Halforg J. Mackinder, "The Geographical Pivot of History," *The Geographical Journal*, 23（1904）。

280. G. John Ikenberry, "America's Imperial Ambition," *Foreign Affairs*, 81（2002）。

281. Owen Lattimore, *Inner Asian Frontiers of China*（New York：American Geographical Society, 1940）。

282. Frederick Jackson Turner, *Rise of The New West*（New York：1906）。

283. Stöhr，W. B. ，& Taylor，D. R. F. （Eds.） *Development from above or be-low?：The dialectics of regional planning in developing countries* （Chichester：Wiley，1981）。

284. http：//wenku. baidu. com/link？url = CwLsuqLcn1SLL1f3EkDcUNyj6wg Ndhlfmgkr Bhn6YTXJ1Gcupknk − xWDTmgm1Can0zoEUTngq − o2EBu − rqSKaYV0uLZVT2kl0nysDB3vng3.

285. 中国政府门户网站 www. gov. cn。

286. http：//www. jyeoo. com/geography/ques/detail/4c3fb7f0 − c58b − 4295 − 973d − 130322cecc6b.

287. http：//baike. baidu. com/view/12241799. htm？fr = aladdin.

288. http：//www. rmlt. com. cn/eco/caijingzhuanti/special/sichouzhilu/.

289. http：//www. chinairn. com/news/20140102/103122546. html.

290. http：//finance. ifeng. com/a/20140716/12728581_ 0. shtml.

291. http：//www. chinacourt. org/article/detail/2014/09/id/1448705. shtml.

292. http：//www. cnr. cn/gundong/201309/t20130908_ 513537400. shtml.

293. http：//zy. gansudaily. com. cn/system/2014/09/29/015200815. shtml.

294. http：//baike. so. com/doc/5384722. html.

295. http：//news. china. com/domestic/945/20140821/18726035_ 1. html.

296. http：//wenku. baidu. com/link？url = N _ FUN0MInIN0EsMQW9oc 2wqYDVt19aSQ3vnhZJugI − X4xfEDBgFyMkxTD0e0NuEzngDYQ _ − f − ZQEiQwwV7nUaE − pleZht03QwQ6bouPnGUu.

297. http：//baike. baidu. com/view/12241799. htm？fr = aladdin.

298. http：//news. 163. com/14/0921/16/A6M96EKJ00014AED. html.

299. 王敬文：《习近平提战略构想："一带一路"打开"筑梦空间"》，中国经济网，http：//www. ce. cn/xwzx/gnsz/szyw/201408/11/t20140811 _ 3324310. shtml。

300. 黄超：《2014 年云南省外贸进出口额 1819. 8 亿元》，云南网，2015 年 1 月 21 日，http：//yn. yunnan. cn/html/2015 −01/21 − content_ 3562743. htm。

图书在版编目（CIP）数据

中国边疆安全研究 . 2 / 徐黎丽主编 . —北京：社会科学文献
出版社，2016.3
ISBN 978 - 7 - 5097 - 8127 - 2

Ⅰ.①中…　Ⅱ.①徐…　Ⅲ.①边疆地区 - 国家安全 - 研究 -
中国　Ⅳ.①D631

中国版本图书馆 CIP 数据核字（2015）第 232832 号

中国边疆安全研究（二）

主　　编／徐黎丽

出 版 人／谢寿光
项目统筹／周　丽　高　雁
责任编辑／高　雁　杨丽霞

出　　版／社会科学文献出版社·经济与管理出版分社（010）59367226
　　　　　地址：北京市北三环中路甲 29 号院华龙大厦　邮编：100029
　　　　　网址：www. ssap. com. cn
发　　行／市场营销中心（010）59367081　59367018
印　　装／三河市尚艺印装有限公司

规　　格／开　本：787mm × 1092mm　1/16
　　　　　印　张：15.5　字　数：236 千字
版　　次／2016 年 3 月第 1 版　2016 年 3 月第 1 次印刷
书　　号／ISBN 978 - 7 - 5097 - 8127 - 2
定　　价／79.00 元